Melanie Klein
Julia Segal

メラニー・クライン
――その生涯と精神分析臨床

ジュリア・スィーガル 著

祖父江典人 訳

誠信書房

Melanie Klein. Second Edition.
by Julia Segal
English language edition published by Sage Publications of London,
Thousand Oaks and New Delhi.
Copyright © Julia Segal, 2004
Japanese translation rights arranged with Sage Publications Ltd.
through Japan UNI Agency, Inc., Tokyo.

早い段階での草稿に目を通し，有益なコメントを送っていただいた Jane Milton に感謝の意を表します。

目　次

第1章　メラニー・クラインの生涯 ——————————— 1

　　メラニー・ライツェス，1882年誕生　2
　　フェレンツィと精神分析　7
　　ベルリン 1921-1926年　12
　　イングランド 1926年　15
　　喪とその躁うつ状態との関係　18
　　フロイト一家の到来　21
　　論争につぐ論争　22
　　新たなる発展 1946-1957年　24
　　梗概：『児童分析の記録』　30
　　1960年　32

第2章　クラインの主要な理論的貢献 ——————————— 37

　　幻　想　37
　　攻撃幻想　41
　　ポジション概念　43
　　妄想分裂ポジション　44
　　投影同一化　48
　　抑うつポジション　54
　　対象と部分対象　58
　　内的対象と外的対象　60
　　性の発達　62
　　父　親　64
　　赤ん坊　69
　　不　安　71
　　羨　望　73
　　象徴化　74
　　精神病状態　76
　　要　約　78

第3章　クラインの主要な臨床的貢献 ——————— 80

　クラインの発展　80
　クラインの仕事の今日的意味：実践的貢献　102
　要　約　114

第4章　批判と反論 ——————————————— 115

　イントロダクション　115
　治療者の態度　115
　認知行動療法家からの批判　128
　他の分析家からの批判　133
　精神分析の科学的ステイタス　148
　いったい私たちは，精神分析家を必要としているのか　151

第5章　メラニー・クラインのあまねき影響 ——————— 156

　精神分析へのクラインの影響　157
　子どもの分析と子どもの心理療法　159
　カウンセラーや心理療法家へのクラインの影響　160
　ウィルフレッド・ビオン　163
　精神病に取り組むこと　169
　外傷と災害研究　173
　悲嘆の仕事　177
　組織，慢性疾患，能力障害に関する仕事　177
　有力な理論家へのクラインの影響　178
　クラインに関する著作　181
　結　語　182

クライン派図書リスト　184
文　献　187
訳者あとがき　192
索　引　197

第 1 章

メラニー・クラインの生涯

　メラニー・クラインの名前は，精神分析の世界の内外で論議の的となってきた。精神分析をまったく知らない人びとにとっても，また，カウンセラー，心理療法家，精神分析家として，仕事のうえで精神分析に携わっている人びとにとっても，クラインの仕事は彼らの考えや信念に挑んでくるところがある。

　クラインが研究に着手しはじめた 1920 年代頃までには，精神分析家たちは自らの個人分析や患者の分析を通して，子どもの年代に関する知見をかなり培ってきていた。けれども，分析家のなかに母親でもある人はほとんどいなかった。クラインは精神分析に母親の洞察をもたらした。すなわち彼女は，他の同僚がなしえなかったやり方で，自分の子どもを観察したり，分析を試みたりできたのだ。後々クラインは，弟子たちには自分の子どもを分析しないように強く忠告したが，それまでにはすでに，子どもを理解する下地は整っていた。

　クラインは，フロイトの研究「夢について」(1975, *The Standard Edition*, vol. 5 : p. 629) を読み，子どもたちの空想やプレイの解釈を学んだ。彼女は自分の 5 歳の息子の分析を通して，親に対する子どもたちの見かたが，子ども自身の感情によってどんなにひどく歪められうるか，そして，子どもたちの無意識の考えや感情の分析が，どれほど効果的に働くかを発見した。そのような経験からクラインは，最深層の不安の解釈によって，子どもたちの知的で空想的な生活が解放されることを確信した。

　クラインは未刊の自伝のなかで，父にまつわる話を語っている。彼女の父親は若かりしころ，コレラの流行のなか，往診の求めに応じた。他の医者たちが窓際に佇んでいるところへ，住居のなかに入り，他の患者同様にコレラ

の患者を治療した。この話はクライン自身の仕事の寓話となっている。すなわち，他の人びとが解釈するのを恐れた際に，クラインはなんら他と変わるところなく，もっとも脅威的で混乱させる内容を解釈した。その方法によって，さまざまな患者の不安が生じるのを目のあたりにして，他の分析家は技法を修正したが，クラインはそれを拒んだ。

　おそらくは，クラインの仕事を騒擾的だと思った医者や分析家がいたとしても，驚くにあたらない。子どもや混乱した大人に関わってきた人ならわかることだが，その不快さに尻込みしてしまわずに，論理的な結論にたどり着くまで，空想，信念，感情，思考に徹底して付き合うことは，クライエントにとっても治療者にとっても，はなはだ骨の折れる取り組みなのである。重症の子どもや大人の話を一時間座って聞くのすら，ひどく消耗し，恐ろしいことなのだ。クラインは，その不快さに持ちこたえられることに気づいた。すなわち，患者は安らぎを手に入れ，分析家は洞察を獲得することもありうる，ということなのだ。これこそ，クラインをはるか深遠な洞察に導き，正常なプロセスの深い理解ばかりでなく，最終的には患者と分析家のコミュニケーションにおけるもっとも狂気じみたあり様に，理解の手をさし伸べるに至ったところなのである。

メラニー・ライツェス，1882年誕生

　メラニー・クラインは未完の自伝を口述筆記した。その自伝は手紙と一緒にロンドンのウェルカム・トラスト記録保管所 Wellcome Trust Archives で読むことができる。フィリス・グロスカース Phyllis Grosskurth はクラインの伝記（Grosskurth, 1986）のなかで，別に豊富な資料を提供している。私はグロスカースと意見が合わないところも多いが，彼女の著作を参考にした。

　クラインの自伝は，彼女の父親の若かりしころを印象深く描写している。モーリツ・ライツェス Moriz Reizes は，伝統的なユダヤ家系に生まれたが，両親の期待に反して医者になろうと勉強した。彼は10か国語を話し，とても博識だった。彼の自主独立の精神や，家族への拒絶には至らなかったけれども，宗教的ドグマに対する拒絶は，クラインが受け継ぎ，生涯を通し

て守り続けたものだった。

　クラインの母親リブサ・ドイチュLibussa Deutsch は，夫より年若かった。彼らは 1875 年に，当時モーリツは 47 歳，リブサは 23 歳で結婚した。彼女は機知に富んで美しく，夫と共に教育を尊重し，家事や子どもたちのことに専心していたようである。結婚前の手紙のなかでは，彼女は年上の高学歴の求婚者にいささか怖気づいていたようにみえる。「あんまりはっきりしすぎているんじゃないかしら」。彼女は彼に手紙を書いた。「あなたは高みの極みにいて，なおも遠くにまで熱心に成長し続けています。そんなあなたの気高くてとても情熱的な羽ばたきに私はついていけなくなりそうです。私の翼は疲れています。とても世俗的だから，あなたについていく夢をみる勇気さえなくなりそうです」(Grosskurth, 1986：p. 7)。何年も後の，彼女の娘への手紙は，「世俗的な」現実に満ち溢れている。すなわち，家事，雑事，経済的な苦労，家族の消息，などである。

　クラインは，父親は母親に誠心誠意尽くしたが，母親の方がその情愛の深さに応えられなかったと思った。彼女は自伝のなかで，母親について，知的でいきいきとして勇敢だが，控えめの女性だったと記載した。「母は多くの点でずっと私の見本でした。……忘れられないのは，母が人に対して示す忍耐強さです。兄や私が知的なあまりに傲慢になってしまい，人に対して批判的になるのを母はどんなに嫌がったことでしょう」。リブサは手紙のなかでお金の心配をいつもしていたようである。つまり，夫の死後彼女は，家計のやり繰りにさんざん苦労した。それでも彼女は，息子が健康上の理由のために外国で暮らせるように，ずっと送金していた。息子の快適さを脅かすことなく，息子の出費を抑えようとする彼女の心配りには，読むものの心を揺さぶるものがある。メラニーが結婚した後は，リブサは娘の健康を心配し続け，娘にアドバイスしたり，娘にとって結婚が気苦労すぎるのではないかと気遣って，娘を守ろうとした。

　メラニーは 4 人の子どもの末っ子だった。長女エミリーEmilie は 1876 年生まれ，長男エマニュエル Emmanuel は 1877 年，次女シドニーSidonie は 1878 年。メラニー自身は家族がウィーンに転居した直後の 1882 年 3 月 30 日に生まれた。メラニー誕生ごろまでの家庭事情は，いささか窮乏していたので，母親は暮らしの助けのために店を始めた。彼女は植物ばかりでなく，

毛嫌いしていた爬虫類まで売った。自伝のなかでクラインは，母親はお客を人柄で引き付けたと述べている。つまり，客の多くはものを買うよりも彼女と話すためにやってきた，ということである。メラニーの兄姉は皆，母親に育てられたが，メラニーはことあるごとに乳母にあずけられ養育された。

　メラニーが大人になったとき，自分の出生が「予定外」だったことを知ったが，彼女は愛情不足を感じたことはなかったという。彼女が記載しているのは，気配りの足りなさだった。それは父親からで，最初は母親からもそうだった。メラニーは3歳のとき，父親の膝によじ登り払いのけられた心痛む記憶を描写している。母親の兄弟ヘルマンHermanがメラニーを気に入ってくれたが，でもそのことは，父親が姉のエミリーを偏愛したことによる心の痛手，その痛手に対する父親の思いやりのなさを埋め合わせることはなかった。

　メラニーが4歳，シドニーが8歳のとき，シドニーは長患いの末死んでしまった（るいれき，結核の一種）。メラニーが思い出すのは，シドニーの美しさ，やさしさだった。エミリーやエマニュエルがメラニーをいじめたのに対し，シドニーは妹のことをかわいそうに思い，読書や算数を教えてくれた。姉への深い感謝や愛着は，生涯メラニーの記憶に残った。

> 　彼女の死による深い悲しみの気持ちを，完全に克服したと感じたことはありません。また，母の悲嘆の様子に，私も苦しみました。父はもっと気持ちをコントロールしていましたが，シドニーが亡くなって以来，母が私を以前にも増して必要としているように感じたのを覚えています。おそらく甘やかされたのは，私が死んだ子の代わりになったせいもあるのでしょう。(Grosskurth, 1986：p.15)

　メラニーはシドニーと良い友達になれたのに，と終生信じて疑わなかった。彼女がいなくなってからは，兄のエマニュエルがメラニーの親友となった。少なくともメラニーが9歳でエマニュエルが14歳ごろから，メラニーの詩を彼が誉めたり手直ししてくれたりするようになった。それ以来，「彼は私の無二の人であり，友人であり，先生でした。彼は私の進歩にとても関心を払ってくれて，それが私にはわかりました。彼は私がなにか大きなこと

第1章　メラニー・クラインの生涯　5

をする，と死ぬまで期待し続けました。そんな裏づけはなにもなかったにもかかわらずです」。兄はメラニーがギムナジウムに入れるようにと，ラテン語やギリシャ語を教えてくれたし，彼女の書いたものが出版されるようにと励ましてもくれた。

　メラニーは父と同じく医学を勉強しようと思っていたばかりでなく，精神医学を専攻するつもりだった。兄の影響や励ましのもとに，彼女の学生時代の終わりごろには「輝かんばかりに生き生きと」（Grosskurth, 1986：p. 17）実感される日々となった。彼女はエマニュエルや彼の友人たちから，知的にも情緒的にも刺激を受けた。彼らはニーチェ Nietzsche, アーサー・シュニッツラー Arthur Schnitzler, カール・クラウス Karl Kraus, さらには因習的な道徳に挑戦するあらゆる進歩的思想家について討論した。兄の友人のなかには，喜んで彼女と結婚したであろうものが，少なくとも4人はいたという。

　エマニュエルとメラニーは，姉や両親に対して，ある種結託していたようである。母親はエマニュエルへの手紙のなかで，彼がメラニーと仲が良すぎるのにやきもちが焼けると書いている。つまり，母親が言うには，どの子も駄目にはしなかったし，過保護にもしなかった。でも，エマニュエルには母の気持ちがわかるはずだ，というのだ。エマニュエルもメラニーに手紙を書いている。そのなかで彼はいつでもメラニーに親愛の情を示しているわけではなくて，彼に対するメラニーの情愛の表現が充分ではないといって，彼女を責めたりもしている。エマニュエルのメラニーや母親への気遣いには，若い男の横柄さや虚勢が見られるが，彼は，自分が病気であり，まもなく死ぬこともわかっていた。エマニュエルの手紙には，メラニーの叡智やすばらしい感性のみならず，彼女の美しさに対する賞賛と尊敬にあふれている。

　エマニュエルは，「反抗的でときに気難しかった」。そのひとつの要因としてクラインが考えたのは，彼が心臓病で若くして死ぬことを12歳のときに宣告されたせいではないか，ということであった。彼の父もまた，人生の残りわずかに向けて年老いつつあったので，一人息子のエマニュエルの態度が悪かったとしても不思議ではない。メラニーが精神医学を勉強したい気になったのには，このせいもあったかもしれなかった。その幾分かは，シドニーの死による自らの抑うつ的な反応を自覚していたせいもあるのだろう。

父親は，1900年4月に72歳で肺炎のため亡くなった。そのときメラニーは18歳で，エマニュエルは23歳だった。

クラインの研究において，父親はある程度役割を担ってはいるが，母親の役割に比べれば二の次である。この点で，一貫して父親の重要性を強調したフロイトに対して，クラインは強烈なカウンターを食らわしている。クラインが子どものときには，母親は主婦業をこなし，父親はよきリーダーで精神的支柱の役割を担っていたようである。後に父は，息子が成長し自分の知性が衰えるにつれ，息子の挑戦を受けることにはなったが。

父の衰えと死の少なくとも一端には，メラニーがチューリッヒの化学工学の学生だったアーサー・クライン Arthur Klein と19歳で婚約したせいもあったかもしれない。自伝のなかでメラニーは，この婚約があやまりだったことに早くから気づいていたが，母や兄にそれを話せなかったと述べている。つまり，長姉はすでに結婚していたが，いざこざを抱えており，メラニーは姉とまったくうまくいっていなかった。そして，母親は当時深刻な経済的困窮とともに，息子への心配で苦しんでいた。エマニュエルは健康上の理由で外遊していた。家族は悪い知らせが途方もなく危険な事態を招くのを恐れ，父の死の2か月後までエマニュエルにそれを教えなかった。メラニーは自分のことでエマニュエルを悩ませたくはなくて，彼の精神状態を安定させることにずっと心を砕いていた。おそらく結婚の方針を彼女が貫いたのは，愛らしい妻というよりも，きちんきちんとした母親が，ある面モデルとなったためだろう。おそらくエマニュエルも母親も強調したのは，メラニーの結婚によって，家計の苦しさが楽になり，それゆえ母親の心配も和らぐ，ということだったに違いない。

エマニュエルは1902年12月にジェノバで死んだ。メラニーはアーサーと翌年3月に結婚した。彼女の結婚は最初から不幸だった。自伝のなかで彼女は述べている。「私は母であることや子どもへの関心のなかへできるだけ身を投じました。不幸だけれども出口が見つからないと，ずっと思っていました」。彼女は夫と理解し合おうとはしなかった。何年も立った後，彼女は弟子に，結婚当初から夫が浮気をしていたと語った。1882年生まれの女性にとって，離婚は大変なことだった。彼女には3人の子どもがおり，メリッタ Melitta は1904年生まれ，ハンス Hans は1907年，エリック Erich は1914

年，夫を頼らずに子どもたちを養う術はなかった。

　自分自身の家族が成長するにつれ，クラインは子ども時代の喪失の「感情の記憶」——彼女はそう呼んだ（Klein, 1975, *The Writings of Melanie Klein*, vol. III : p. 181）——が甦ったに違いない。結婚生活中，クラインは落ち込んでぴりぴりしており，母や夫が彼女の「神経過敏」を治そうと何度も「療養」に行かせた。子どもはその間，母親が面倒を見ていた。クラインはものを書くことで，自分の困難になんとか対処しようとした。それで彼女は詩や四つの短篇を残した。それらの作品のなかで，クラインは性，不貞，愛，友情，見捨てられ，死の問題と格闘している。

　クラインの人生を通して，執筆することは，彼女の喪失の痛手を克服する手助けとして大切だったように思われる。姉は死の直前に，クラインにものを書くことを教えた。それゆえ，執筆することは学校での楽しみとなり，それによってこの喪失からの立ち直りを見出すことができた。父親とは知的な関心でつながっていた。兄のエマニュエルともそうだった。兄の死後，彼の書いたものを捜し出して出版するのに，夫が手を貸してくれたことに対して，クラインは感謝の気持ちを忘れなかった。後に息子のハンスが山で死んだときにも，クラインはその喪失に対処する術として，執筆に向かった。そのときには，自己分析が彼女を支え，そのおかげで，クラインは彼女の最重要論文のひとつである「躁うつ状態の心因論に関する寄与」を書き上げた。

フェレンツィと精神分析

　クラインは，30代になって初めて，うつ状態からいくらか解き放たれたと感じた。彼女と一家はオーストリア＝ハンガリーの小さな町から別の町へ引っ越し，やがて1910年にはブダペストに住み着いた。1914年には戦争が勃発し，またその年，第3子のエリックが生まれ，彼女の母親が死んだ。ブダペストは当時，あまり戦争の影響を受けていなかったようである。それでクラインは同年，シャンドア・フェレンツィ Sandor Ferenczi の分析を受けにいくことができたようだ。フェレンツィはたいへん魅力的で知的なハンガリーの著名な医者で，精神分析のアイデアに進取の気性を持ち，それに貢献してきた人だった。フェレンツィとの分析は，クラインにとってとても重要

だった。彼女は分析のなかに，精神的な棲み家を見出したようである。クラインはフロイトの著作「夢について」を読み，精神分析に完全に傾倒するようになった。

　フロイトは無意識の研究の扉を開いた。すなわち，普段はほとんど気づいていない心の部分の方が，意識している心よりも私たちの行動，感情，思考を決定づける，というのである。フロイトは，心のこの部分には，性に関する幼児期の思考，願望，恐怖のなごりが含まれるが，それらは意識から抑圧され，現実から隔離されるので，それらを修正することはできない，と考えた。無意識の思考や願望は，それらを意識に許容しない心の「検閲」を通過することで，とても歪曲された様式で夢のなかに表現されたり，象徴化されたりする。それらはまた，「錯誤行為」（たとえば，言いまちがい）や神経症症状としても，歪曲されたり表現されたりする。

　また，フロイトは，自分や人の夢を分析することで，エディプス・コンプレックスを発見した。フロイトは，少女の性的発達に関してはあまり自信をもてなかったが，3～5歳くらいの少年については，父を殺し，母と結婚したいという願望を募らせると考えた。この段階はひとしきり続き，その願望が消失するときには，少年は超自我を持つようになると考えた。その超自我は，検閲や良心に基づいており，性的思考や願望に対する父親の禁止から成っていた。分析家のなかには，子どもがそれほど権威的に育てられなかったなら，そのような思考や感情の抑圧は避けられるのではないかと感じる人もいた。もしそうならば，子どもたちは後の人生で神経症症状を発症させることもないし，知性を伸ばすこともできるだろう。性的な考えをことさら制限することで，普通の知的な好奇心まで抑圧されてしまうこともあるのだ。

　フロイトは，大人のなかにもこうした内的プロセスを観察していた。彼は，ひとりの少年を父親を通じて分析したことはあったが，直接子どもを治療したことはなかった。フロイトは，女性が分析家になって子どもを治療したり，また女性の性的発達をいっそう深く探求したりしてくれればと願っていた。クラインはその困難な仕事に立ち向かったひとりだったのだ。

　クラインは自分自身の幼い息子を観察しはじめた。そして，フェレンツィは彼女には精神分析的な天賦の才能があると伝えた。この言葉に励まされ，クラインは息子の心を，真実に対する不必要な禁止や歪曲から自由にしよう

と決心した。彼女自身，無神論者だったので，息子に神の存在を教えようとはしなかった。また性についても，息子に率直で誠実でありたいと願った。こういったことは，当時は途方もなく過激なことだった。神を信じていたクラインの夫は，それを嫌った。彼女の努力の賜物は，ブダペスト精神分析協会に1919年に提出された論文に記載されている。それは，「子どもの発達」という題名で，副題が「子どもの知的発達に及ぼす性教育と権威の軽減の影響」である。

　この論文のなかでクラインは，5歳の息子が日毎に理解力を伸ばしていくことを記載している。「〜しよう」「〜しなくちゃ」「〜したい」「〜できる」という意味を，息子が学ぶありさまを示している。このテーマに関するさまざまな観察の後に，クラインは息子がガチョウを見て，走ることができるのかどうか尋ねた様子を記載している。「まさにそのときガチョウが走りはじめた。息子は尋ねた。『ぼくがそう言ったから走っているの？』。そうではないと言われて，息子は続けた。『ガチョウが走りたいから？』」（Klein, 1975, vol. I : p. 14）。クラインは息子の「万能感」を記述し，現実を学ぶにつれてそれが衰えることに注目している。

　子どもを性教育しようとするなかで，クラインは，息子の質問を待とうとした。彼女は息子に母の内部で卵が成長することを語った。しかし，息子は父親の役割について一度も直接尋ねなかった。その代わり，彼の質問は同じことの繰り返しになり，関心や意味を失っていった。少し経ってからは，彼はプレイにも興味をなくし，ついには「母と一緒にいて退屈な表情さえ見せた。それは以前には一度もなかったことだった」（Klein, 1975, vol. I : p. 29）。クラインは，子どもがお話を読んでもらうのに気乗りしない様子も含めて，子どもの混乱した変化についていろいろ記載している。

　「抑圧された性的好奇心が，子どもたちにおける心の変化の主要な原因のひとつだという確信が次第に強くなったが，それは私が少し前に受け取った的を射たヒントによって確証された」。アントン・フロイント Anton Freund 博士のヒントであった。

　　　彼は私が意識的な問題ばかり考慮に入れて，無意識的な問題を斟酌していないと指摘した。当時私は，もっともな反証がなければ意識的な問

題を扱っていれば十分だという意見を返した。しかし今になってみると，彼の意見が正しいのがわかった。意識的な問題を扱うだけでは，不十分なのが明らかになったのである。(Klein, 1975, vol.Ⅰ：p.30)

　こうしてクラインは，「受精行為」についてエリックに語る方法を発見した。彼は知りたがらなかったが，クラインは彼にひとつのお話をこしらえた。

　　まったく自発的に彼は話しはじめた。それ以後彼は，長短さまざまの幻想的 phantastic な話を語るようになった。それらの話のなかには，もともと彼に話して聞かせたものもあったが，たいていはまったく独自なもので，たくさんの分析材料を提供してくれた。これまで彼は，プレイほどには話したい素振りを見せてはこなかった……。こうした話は……二次的加工の欠如している夢と同様の効果を生み出した……彼は並々ならぬ意気込みでそれらの話を語った。時折，抵抗が生じると――注意深い解釈にもかかわらず――彼は話を止めてしまったものだった。しかし，すぐにまた喜んで話を再開した。(Klein, 1975, vol.Ⅰ：p.31)

　クラインはエリックが，馬，牛，兵士，建物について物語った空想 fantasies を詳細に記載している。それらにおいて，彼は自分のまわりのあらゆる対象をあきらかに象徴的に使用している。エリックは，空想を母親に語ることからいつのまにか空想を演じることに移り，そしてまた，やすやすと話すことに戻っていった。彼は母の身体に玩具を走らせ，山を登っているんだと言った。彼は赤ん坊がなにからつくられるのかについて話し，赤ん坊を彼の「うんこ poo」で作っているんだと言った。そして，彼は赤ん坊を母親とつくりたいと語った。「彼はもうひとつの幻想について話した……その幻想のなかでは，子宮は家具類完備の家として描かれ，とりわけ胃は，完璧に装備され，バスタブや石けん皿まで所有されていた。彼はこの幻想について自分で寸評した。『ぼくは実際にはそんな風でないことはわかっているんだ。でも，ぼくにはそう見えるんだ』」(Klein, 1975, vol.Ⅰ：p.35)。
　彼は自由にお話を語るとともに，質問したり，プレイを何度も繰り返した

りした。「今や彼は，とりわけ他人と楽しんで根気よくプレイした。……彼は絞首刑のまね事をし，兄や姉を打ち首にして，切り落とした頭の両耳を箱に詰めたと宣言した。『こんな風に頭の両耳を箱に詰めても，耳はやり返すことができないんだ』。そして自分のことを『絞首刑執行人』と呼んだ」。クラインが次に述べるがごとく，例には事欠かない。

　　幻想と同様にゲームにおいても，彼は父親に対する並々ならぬ攻撃性を表した。一方，母親に対しては，すでに明白な情愛の念を示していた。それと同時に彼は，おしゃべりで快活になり，他の子どもたちと何時間も遊ぶようになった。そして，最近は知識や学習のあらゆる分野で，とても向上心に富んだ意欲を見せ始めたので，わずかな時日の間にほとんどなんの手助けもなくて，彼は読書できるようになった。

いささかできの悪い子だったのが，今や彼は「ほとんど早熟といってもいいくらいに」見えた。彼の質問には，おきまりの強迫的な特徴がなくなっていた（Klein, 1975, vol.Ⅰ: pp. 30-31）。

この時期クラインは，子どもたちを2か月間残して家をあけたことがあった。戻ったときには，エリックはおびえた風で，恐怖症の徴候を発現させていた。そして，クラインは解釈した。エリックは，夢中になって応答した。

　　そもそも彼はあれこれ話し出したりせずに，次のようにとても楽しげに質問してきた。「ぞっとする」ことを私が説明してくれたら，これまで他のことでもそうだったように，それは彼にとって愉快なことにもなるのかしら，と語った。いったん説明がつけば，それについて考えたところで，もう恐くないんだとも言った。（Klein, 1975, vol.Ⅰ: p. 42）

エリックとのこのやりとりは，クラインのその後の人生の道標を決定づけた。たとえば，息子が彼女のことを（留守から戻ってみると）毒を盛る魔女だとみなすこともある，と気づいたので，クラインは子どもの患者がその両親について語ることすべてが本当だと信じる罠に陥らなくなった。彼女は当時，子どもの空想が子どもにとってはどれほど真に迫ったものであり，しか

もそうした空想が思考や現実と接触するように手助けされたなら，子どもはどれほど安心できるのかを知った。母親というものは，たとえどんなに悪かろうとも，魔女ほどではない。母親を魔女とみなすエリックの恐怖は，母親に向けた彼自身の怒りの衝動に由来する，とクラインは認識した。そして，エリックによってそれは裏づけられたのだ。

　クラインは，フロイトがとても重要だと考えた子どもの性理論の証拠を見出した。彼女は息子が性について知ることに抵抗し，知的にも社会的にも抑制されてしまうことを目のあたりにした。その後彼女は，息子が抵抗しながらも性の知識を受け入れるのを目撃し，さらにプレイを発展させて，その後の知的，空想的な生活において，父親や同胞に向けてあからさまな怒りや攻撃的な感情を表出するのを観察した。こうして，子どものプレイや話の象徴性を解釈することの有効性が立証された。あとはそれを，性についての考えや疑問が押さえつけられて，その結果創造性が阻害されている他の子どもたちに試してみさえすればよかった。その機会は，クラインがベルリンに到着してはじめて訪れた。

ベルリン 1921-1926 年

　1919年にクラインは，ブダペスト精神分析協会のメンバーとなった。しかし，ハンガリーにおける反ユダヤ主義の高まりや政治情勢の混乱によって，クラインは移住を迫られた。この5年後にとうとう彼女は夫と別れたが，そもそもこの時点が破局の始まりであった。つまり，アーサーはスウェーデンに赴き，結局そこでスウェーデン市民となった。メラニーは，スロヴァキアのローゼンバーグの姻戚のもとに子どもたちを預けていき，その後1921年には精神分析の勉強を続けるためにベルリンに居を移した。彼女は，家族と子どもたちを引き取ることができるまで，彼らをあとに残していった。

　クラインは，1920年9月のハーグでの国際精神分析学会で，ベルリンの精神分析家カール・アブラハムと出会った。そして，彼女は1922年にベルリン精神分析協会に加入した。同年には，フロイトの娘のアンナもウィーン協会のメンバーとなった。また，当時，子どもの分析への関心は膨らみつつ

あり，さまざまな方向へと発展の兆しを見せ始めていた。フロイトは，馬恐怖のハンスという子どもの分析をはじめて詳しく報告した。アンナ・フロイトは，父の足跡を継ぐのに熱心で，彼女もまた子どもの分析に取り組み始めた。彼女が教師としての教育を受けていたことや，そしておそらくはフロイトが考案した技法の有効性や危険性に関するフロイト自身の懸念も手伝って，アンナはクラインよりももっと教師然とした方向性に向かった。一方，クラインは，権威的で厳格にするよりも子どもの自由に任せることが大切だと感じ，子どもを教育するよりも，子どもとプレイをし，子どもの話に耳を傾けることに喜びを見出していた。また，ベルリンのフグ=ヘルムス Hug-Hellmuth 博士も，子どもの分析に取り組み始めていた。

　当時クラインは，フェレンツィとの分析の結果に不満を抱くようになっていた。それで彼女は，アブラハムに分析を申し込んだ。彼はそれを受け入れ，1924年に分析は始まったが，翌年12月のアブラハムの急死により，分析は終わりを告げた。クラインは，精神分析臨床・理論を彼女に真に教えてくれたのは，アブラハムとのこの短期間の分析だった，と後に語っている。また，クラインが，ある子どもの患者の分析を手がけていたときに出現してきた不安の対処に思い悩んでいた際には，彼は彼女のことを支えてくれた。その子の不安を他の方法で静めようとするのではなく，解釈し続けるというクラインの決意をアブラハムは擁護した。結果はうまくいき，その子の不安は解釈によって緩和した。

　アブラハムが生きている間は，プライベートでも子どもの治療においても，クラインはベルリンで彼に支えられていた。しかしながら，すでに彼女は対抗勢力に出くわしていた。子どもの無意識をあまりに詮索しすぎるのは危険だという危惧が，すでに顕在化していた。1924年には，子どもの分析にはじめて取り組んだ分析家である，ヘルマイン・フグ=ヘルムス Hermine Hug-Hellmuth が，18歳の甥によって殺害された。その少年は，彼女が養育し，分析を試みたのだが，おばの仕事のために生の臨床素材として利用されたとして，他の分析家たちに金を無心した。

　クラインは，分析によって援助される子どもたちもいることを，ずいぶんたくさん見てきたので，分析をやめることはできなかった。彼女は，自分の分析技法はまったく独自だと主張した。フグ=ヘルムスは，「部分的成功」に

甘んじるべきであり，子どもの心にあまりに深入りするのは良くないと述べていた。というのは，抑圧された傾向や衝動が強烈に賦活されてしまうし，子どもの同化吸収能力では，手におえないほどの要求をつくり出してしまう恐れもあるからだ，というのだ。またフグ=ヘルムスは，分析家は子どもに対して教育的効果を及ぼすべきだともかたく信じていた。クラインは同意しなかった。クラインは，教師と分析家を同時に行うことはできないと反駁し，3歳から6歳までの子どもの最深層の不安を率直に分析することが，「成功と前途の見込みを握っている」というのである（Klein, 1975, vol. I : pp. 139-140）。

しかしながら，クライン自身，自分の子どもの分析を記載した論文を，1925年を最後に出版するのを取りやめたことは注目に値する（これらの論文のすべてにおいて，子どもたちは偽名だが，その前の版も存在している）。彼女の娘はもはや母の論文を読めるほどの年齢に達していた。そのうえ翌年ロンドンに移住したので，子どもたちの分析を任すに足る同僚を見つけることも可能になった。もう片方でクラインは，子どもたちが自分の親によって分析される際に生じる真の問題に，少なからず気づいていたに違いない。彼女はこれについては一度も書き著さなかったが，それはおそらくは，フロイトが娘のアンナの分析を行ったことに敬意を払ってのことだろう。それゆえ彼女は弟子たちに警告するに留めていた。クラインが考えるには，子どもたちは親からプライバシーを守られる必要があるし，親は，子どもの内奥にある罪深さに満ちた秘密を侵入的に解釈することで，子どもの心にことさら立ち入るべきではない，ということだ。

アブラハムの死により，クラインはベルリンで孤立し，寄る辺をなくした。それと同時に，9歳若いジャーナリストとの短くも情熱的であった関係も終わり，クラインに理解や友情を示していたアリックス・ストレイチーAlix Strachey——英国人女性で，彼女もまたアブラハムから分析家としてのトレーニングを受けていた——とも離反した。クラインは他の分析家から屈辱的な攻撃を受けていた。たとえばシャンドア・ラド Sandor Rado は，子どもの分析についてほとんどなにも知らないのに，彼女に敵対的であった。ラドは，分析家はすべて医者にすべきだと考え，『国際精神分析雑誌』*Internationale Zeitschrift für Psychoanalyse* の編者であることやベルリン

精神分析協会主幹の地位を利用し，クラインの論文に対して出版妨害を行った。アリックス・ストレイチーは，ベルリン協会の雰囲気を次のように記載している。

> クラインは子どもの分析の諸原則に関する論文を著した。そして遂に対抗勢力は，その古めかしい白髪の頭をもたげた。……使用された言葉は，もちろん精神分析的である。つまり，自我理想 Ich ideal を弱める危険性等々。しかし，その意味するところは，私が思うにまったくの反精神分析にすぎなかった。すなわち，私たちは子どもたちの抑圧されたもろもろの傾向について，恐るべき真実を彼らに伝えてはならぬ云々。こうした子どもたち（2歳9か月以降）がすでに，願望の抑圧や極めてぞっとする Schuld Bewusstsein［原文のまま］［罪悪感］によって打ちのめされていることを，クラインが極めて明瞭に論証したにもかかわらず，である。(Grosskurth, 1986：p. 124)

アーネスト・ジョーンズ Ernest Jones，すなわち，イギリス精神分析協会の創設者（後にフロイトの伝記作者）は，クラインの1925年の論文について噂を聞きつけた。そして，他のイギリスの分析家にも推されたので，彼は同年7月にイングランドでの連続講義のためにクラインを招聘した。「その講義を行った3週間は，人生のなかでもっとも幸福な時間のひとつのように彼女には思えた」(H. Segal, 1979：p. 34)。その講義は，クラインの著作『児童の精神分析』*The Psychoanalysis of Children* の種本となった。ベルリンでの猜疑や拒絶とは違い，イングランドで彼女は自分の仕事を評価し，尊重してくれる同志のような分析家たちに出会った。ベルリンに留まる理由はなにもなかったし，故郷に戻る理由もなかった。彼女は夫とすでに別れていた。3人の子どもを持ち離婚したユダヤ人女性にとって，当時のヨーロッパの未来は間違いなく荒涼として見えたことだろう。

イングランド 1926年

1926年，44歳のときに，クラインはイングランドに移住し，イギリス精

神分析協会内で地歩を築きはじめた。彼女はそこで支持され，友情を見出した。それはアーネスト・ジョーンズばかりではなく，他の幾人かの女性分析家たちもそうだった。すなわち，ジョアン・リヴィエール Joan Riviere, スーザン・アイザックス Susan Isaacs, そして後にはポーラ・ハイマン Paula Heimann らである。彼女たちはみな，クラインを励まし，彼女に患者を紹介してくれた。また彼女たちは，クラインの考えの解説もし，もっとわかりやすく広める手助けもしてくれた。

　子どもの分析家としてのクラインの臨床実践は，ベルリンで開始されたが，ロンドンではそれが拡大した。彼女の著作『児童の精神分析』で，幼い子どもたちとの分析作業をクラインは書き著した。その本では子どもたちの恐怖や信念，プレイや空想が詳細に記述されている。彼女は，子どもの頃をいくらかなりとも記憶している読者に，まったく新たな世界を伝達したが，もう一方では「そう，そんな風だった！」という懐かしい感覚をも抱かせてくれた。だが，この本の理論的な章はそれほど読むに値しない。クラインは当時，彼女の観察に似つかわしくない理論立てを行おうとしていた。彼女の観察の方がずっと先に進み，フロイトの考えに疑問を呈しているのに，クラインは自分の考えをできるだけフロイトにぴったり合わせようとしていたのだ。

　クラインがロンドンに到着した1926年，そして，フロイト一家が到来し，イギリス精神分析協会に分裂の恐れが生じるほどの論争が巻き起こった1938年，その間は，クラインにとっては大いに生産的な年月であった。この時期に，彼女は子どもの無意識の生活に関して多くの新しい発見を成し遂げた。エディプス・コンプレックスは，フロイトの考えよりもだいぶ早期に始まると彼女は考えた。彼女は，罪悪感と不安，愛と憎しみ，さらに子どもたちの内的世界と外的世界の複雑な相互作用について，まったく新しい瞠目すべきやり方で観察を行った。フロイトやアブラハムは，子どもたちにはなんの葛藤もなく母親を愛する時期があると考えた。クラインは，そうではないことに気づき，どんな小さな赤ん坊でも愛と憎しみのせめぎ合う感覚に対処しなければならないと確信を深めた。第2章では，この考え方を見ていくことになろう。

　1930年にクラインは，「自我の発達における象徴形成の重要性」(Klein,

1975, vol. I）を発表した。その著作には，精神病の明白な徴候を示している4歳の少年（「ディック Dick」）の分析が記載されている。当時，子どもの精神病の分析は，一般に認知されていなかった。したがってディックの分析は，新しい研究の幕開けとなった。ディックは普段なら人には示さない様子で，クラインの解釈に反応した。そして，数セッション立つと，乳母にいくらか愛着を見せ始めていた。そうした愛着は以前には一度も人に見せたことはなかったものだった。この分析は，精神病の大人を分析する可能性をも切り拓いた。そしてまた，診断のつかない精神病を患っている多くの子どもたちの窮状にも耳目を集めたし，子どもの統合失調症や自閉症の診断の発展にも寄与した。

　母親との関係がごく早期からうまくいかない様子について，ディックはクラインに重要な手がかりを与えてくれた。たとえば彼は，クラインに貨車を切り刻んでと頼んだことがあったが，次にはそれを部屋から持ち去った。そのことからクラインは，ディックが貨車を排除することで自分の破壊性にどのように対処するのかを，彼女に見せてくれたのだと理解した。ディックの分析は，障害児においても正常発達の子においても，切断や排出が不安に対処するための最早期の手段であるという，後年のクラインの見解を裏づけるもととなった。そうした観点は，第2章において取り上げられる投影同一化概念にも繋がっていった。

　当時のクラインの同僚のひとりにスーザン・アイザックスがいたが，彼女は，ケンブリッジ大学のモールティング・ハウス・スクール Malting House School の創設者で，後年ロンドン大学教育学部長となった。アイザックスとスタッフは，モールティング・ハウス・スクールで子どもたちの相互の関わりや彼らの知的・情緒的発達を詳細に観察し，それらを記録した（Isaacs, 1944, 1945）。アイザックスは，大人が当時信じている以上に，子どもたちには才能があることを論証した。すなわち，子どもたちの思考力や理解力がいかに鋭敏で知的であるか，以前だったらずっと年長の子どもでさえも難しすぎるとみなされていた諸事万端に，子どもたちがいかに興味を引かれるか，に関してである。また彼女は，子どもたちの象徴使用や，性への関心をも例に挙げた。アイザックスの理解や注意深い観察は，クラインの概念を大いに後押ししたし，クライニアン理論の発展にも貢献したのである。

喪とその躁うつ状態との関係

　1933年10月に，クラインの娘でもあり分析家でもあるメリッタ・シュミッドバーグ Melitta Schmideberg が，精神分析協会内で陰に陽にクラインを攻撃し始めた。メリッタの分析家エドワード・グローバー Edward Glover もこうした攻撃に加わった。彼のメリッタへの愛着には，職業上というよりも父親然としたところがあったので，彼はクラインをライバル視していたようである。メリッタは，母を公の場で糾弾した。あるときには，「あなたの研究で父はどこにいるのか」と大声で叫び，地団駄を踏み鳴らし，荒々しく退席していった。
　母親に対するメリッタの不満には，クラインが子どもの問題に関して，外的現実に充分注意を払わなかったという見解にいささか偏向していた。けれども，メリッタの態度にどれほど弁解の余地がなかろうとも，おそらく彼女には母親に怒りを向けるだけの正当な理由があったのだろう。メリッタは，幼いころ母親がたびたび不在で辛い思いをしたうえに，さらに両親の離婚で傷ついたに相違ない。当時はそのような出来事が，なんらかの影響を及ぼすとは認識されてはいなかった。また，クラインは初期の論文において，小さなメリッタのことをお世辞にも誉めて書かなかったので，母親に対するメリッタの恨みに充分に油を注いだことであろう。彼らの背後になにがあったにしろ，攻撃は公然として，決まりが悪く，悪質になっていった。しかし，クラインは表立っては一度も報復をしなかった。結局，メリッタは母親とついに和解しなかった。クラインの葬儀の時刻に，メリッタはロンドンで講義を行っていたのである。
　こうした攻撃が始まった6か月後の1934年4月に，クラインの長男ハンスは，父の親戚のところに滞在しており，その近辺のタトゥラ Tatra 山を散策していた。しかし，彼の足元で小道が崩れ落ち，ハンスは落下し死んでしまった。クラインはうちひしがれ，ブダペストでの葬儀に駆けつけられないほどだった。メリッタは，なんら証拠がなかったにもかかわらず，ハンスは自殺したと同僚に言い触らし，クラインの苦悩を深めた。実際のところは，クラインはある女性から手紙を受け取っており，そこには彼女とハンス

が結婚するつもりだったと，書かれてあった。

　この死は，クラインに亡き兄への感情を思い起こさせたし，母や父や姉の死をも呼び戻したに違いない。C. Z. クロエツェル Kloetzel はベルリンでクラインの恋人だった男性で，ハンスと同様，兄のエマニュエルに似た人物だが，彼もまた 1933 年末にはパレスチナに旅立っていた。クラインはそれ以来，抑うつ状態に陥っていたようである。

　その夏までにはクラインは，抑うつに関する論文を展開して書けるほどには回復していた。表題は「躁うつ状態の心因論に関する寄与」で，1935 年に刊行されたが，この論文はメラニー・クライン研究歴の一時代の幕開けとなり，そのなかでクラインは新たな理論構築を成し遂げた (Klein, 1975, vol. I : p. 432)。5 年後に刊行された「喪とその躁うつ状態との関係」は，先の研究の続きだが，息子の死に対するクライン自身の反応を，適度に距離を置いて忍耐強く（偽装を凝らしながら）論述している。

　これらの論文でクラインは，彼女が「内的世界」と呼称し始めたものを記載した。彼女は以前に，赤ん坊がどのように両親を自分自身のなかに取り入れるのかを強調していた。

> 赤ん坊は両親と一体化しているので，赤ん坊は，両親が自分の身体の内部で生きている人だ，と具象的に感じている。そしてその際，深い無意識の幻想のなかでは，両親は赤ん坊の心のなかで「内的な internal」あるいは「内部の inner」対象として経験されている。……こうして内的世界は，子どもの現実の経験，子どもが他者や外的世界から得る印象に応じて，子どもの無意識の心のなかに形成されていくものである。しかもそれは，子ども自身の幻想や衝動によって変化を受ける。(Klein, 1975, vol. I : p. 345)

　クラインは，死によって内的世界の荒廃がどのようにもたらされるのかを詳細に説明している。すなわち，外的世界での愛する人の喪失によって，悲しみに打ちひしがれた人びとは，自分たちの内的世界から愛する母親がいなくなったという気持ちに置き去りにされる。こうして彼らは，内部のあらゆる悪い人物像のえじきにされる。この人物像に対処しようとして，躁的防衛

が採られるかもしれない。その防衛によって，内的世界は当面麻痺して凍結する。たとえば，この喪失に対する罪悪感や責任感はすべて否認される。クラインは，ある夢を記載しているが，A婦人とされた彼女は，その夢のなかで死ぬべきなのはA婦人の母親の息子であるかのようにしつらえて，彼女自身の喪失を否認しようとした。またクラインは，死んだ兄や息子に対する勝利感や，さらには彼女と同じく息子を失った母親に対する勝利感すら記述している。そして，当時彼女は，この喪失でなんとも孤独な気持ちになり，復讐心に燃えた母親，復讐心に満ちた息子と兄が，彼女を罰するために死んだのだ，という気持ちにさらされたことを著している。クラインは，この反応のなかで，彼女のことを支え，愛してくれる内的母親の感覚がどのように失われてしまい，さらに，この内的母親を再建するのにどれほど長くかかったかを明らかにしている。そして，外部の世界の人びとが彼女の力になるには限界があるとも述べている。

　喪失の現実性が次第に認められるようになるにつれて，迫害的な人物像の非現実性をも認識される。自分自身の喪失をいったん認めてしまうと，クラインはもはや母や兄に対して勝ち誇った気持ちはなくなり，また，自分の責任を否認しようとして喪失の責任をすべて母親のせいにすることもなくなった。つまり，母や兄たちはクラインに対してもはや復讐心に燃えているのではなくて，彼女の心のなかで，彼女の喪失を分かち持ち，理解し，彼女を支えてくれたのである。兄や母に対する嫉妬心を発見することで，母に対するクラインの見方は変化し，もっと現実的にもなったに相違ない。現実感や理解力の増大につれて，良い内的母親像は全体性や安心感を高めて修復される。

　このふたつの論文でクラインは，喪失の現実性を否認するためには，魔術的で錯覚的な営みが何度も繰り返されると論じている。それより前の1929年に執筆された「芸術作品および創造的衝動に表れた幼児の不安状況」（Klein, 1975, vol. 1）のなかでクラインが言うには，外的世界の創造的な仕事は，内的世界を比較的現実的に修復させる試みだ，ということだ。クラインは，創造性とは，喪失，罪悪感，責任感という現実を否認しないで，危機に瀕し失われているように感じられる外的世界や内的世界を再創造しようとする試みだと考えた。彼女の幾多の論文は，彼女自身が嘆き悲しんだ暁に，

自己の内的世界を再構築し，再生できたという創造性の賜物である。クラインは，1935年の論文で，そのような喪の仕事を表現するために，はじめて償いという概念を使っている。彼女自身の悲嘆の影響下で築き始めたこの新しい理論構築は，真実味があり確固たるものだった。

クラインは，上記のプロセスをすべて，子どもが離乳時に外的現実の喪失にいくつも直面せねばならない際の課題と関連づけた。そうしたときに，子どもはまずは躁的防衛で過剰反応するが，次第に新しいやり方で現実との接触を増大させていくと考えた。抑うつポジションに関する彼女の考えは，これらの論文のなかで定式化され，発展し続けた。

フロイト一家の到来

ナチスがオーストリアで勢力を増すにつれて，ユダヤ人の多くの分析家たちはウィーンを離れることを余儀なくされた。ウィーンからジグムント・フロイト，アンナ・フロイトの両名（1938年ロンドン着）や他の仲間たちがロンドンにやってくると，子どもや子どもの分析に関するアプローチの相違について，議論が先鋭化した。そのころすでにクラインは，イングランドに12年間在住していたし，指導的な理論家や訓練分析家として自らの地歩を確かなものにしていた。だが，やがて彼女は，自分や自分の仕事が攻撃にさらされることに気づいた。クライン自身の治療の方法は，フロイトの娘よりもフロイト自身に近いことが彼女にはわかっていただけに，彼女の心痛はいや増した。イギリス精神分析協会内での緊張は，戦争が始まって数年の間に高まった。おそらく数多の要因が関与していた。クラインの娘メリッタやエドワード・グローバーはとても不快なやり方で，あてつけじみて議論をふっかけた。そのうえ，戦争による経済的困窮や，分析家の外部流入により，限られた患者の奪い合いになったので，力，地位，競争力の比重が高まった。また，精神分析協会は，それまで比較的自由に，しかも，フロイトの承認する線に沿って機能しているという確固たる信念のもとに，研究を発展させてきたが，フロイトの娘が精神分析スタンダードの担い手であると暗々裏に主張されたことで，さまざまな一般感情が沸き起こった。加えて，アンナ・フロイトや他のウィーンの分析家たちを含む「異国の敵」は，空爆中にロンド

ンを離れるのを許されなかったのに，他の分析家はそれが可能であり，実際にもそうしたことで，悪感情の呼び水となった。また，決して口に出されはしなかったが，イギリスやオーストリアのナショナリズムのみならず，イギリス人の反ユダヤ主義に対処しなければという感情，分析家たちが両陣営の力を相殺したいという必要性も，伏線として蠢いていたとしても不思議ではない。

論争につぐ論争

　1942年から1943年まで続いた一連の論争において——後年，論争につぐ論争 Controversial Discussions と呼ばれた——，クラインの後継者とアンナ・フロイトの後継者とのあいだで，お互いの相違を明確にしようと企てられた。こうした論争は，フィリス・グロスカース Phyllis Grosskurth が1986年にクラインの伝記を執筆するまで，イギリス協会では内密にされていた。グロスカースは，論議の中身のみならず，複雑に関与した政治的問題もいくらか調べあげている。1990年には，こうした議論に関連書簡も追加して，『フロイト-クライン論争 1941-45』（King and Steiner, 1990）という書物が，とうとう出版された。そこで提起された数多の問題は，未だに続く意見の不一致に関する生きたトピックとなっている。それについては，第4章で取り上げることになろう。

　議論はスーザン・アイザックス Susan Isaacs の論文「幻想の性質と機能」（Klein et al., 1952）から始まった。そして結局のところ，この論文とそこで提起された問題によって，1943年の1月から4月の間に4回の会議が開かれた。議題のひとつは，クラインの仕事が精神分析なのかどうか，あるいはクラインの仕事はランク，アードラー，ライヒ，ユングがそうであったように，放擲されるべきかどうか，ということだった。種々の小委員会や職務（トレーニング，研究，出版など）のコントロールに関する問題は，深刻だった。というのは，それは，クラインの仕事および彼女の訓練生の教育に関する権限を破壊するほどのポテンシャルがあったからだ。ある時点でアンナ・フロイトは，トレーニングの問題に関して，協会から退いた。

　そのため最終的には協会は，アンナ・フロイトと彼女の同僚，クラインと

その同僚，双方ともが，訓練生の教育をできるという折衷案をどうにか拵え上げた。さらに，「中間派」と呼ばれた分析家のグループは，どちらのグループにも忠義を望まないメンバーから構成されていた。このシステムは今日まで続いている。今では「中間派」は，「独立学派」として知られている。

　クラインはこうした議論にとても心を痛めた。フロイトに彼女の観点を納得してもらえなかったことは，クラインにとって大いに落胆するところだった。グローバーのような分析家たちが，クラインの信用を落とそうと目論んだ手段の数々は，気をおかしくさせるにあまりあるものだった。その一方，クラインは，ジョアン・リヴィエール Joan Riviere，スーザン・アイザックス Susan Isaacs，ポーラ・ハイマン Paula Heimann ばかりでなく，W. R. D. フェアバーン Fairbairn のような他の多くのイギリスの分析家によって支持された。彼らは多かれ少なかれ，クラインの考えと歩調を同じくするところがあった。

　アーネスト・ジョーンズ Ernest Jones は，病気を口実に，故郷の人里離れたところに引っ込んでいた。クラインはこれには失望したに違いない。彼女はスーザン・アイザックスへの手紙で，期待はしていないと書いてはいたにしろ（Grosskurth, 1986: p. 309）。ジョーンズはあまりにも気弱なので，クラインには彼がアンナ・フロイトに対抗して彼女のことを守れるほどの度量がないことはわかっていた。もしジョーンズが本当に病気だったとしても，驚くにあたらなかっただろう。ジョーンズは若かりし頃，アンナ・フロイトとの結婚を望んでいた。一方，クラインをイングランドに招き，彼女を公私にわたって何度も支援したのも彼だった。彼は自分の子どもたちに分析を受けさせるため，クラインのもとに行かせたほどだった（クラインとアンナ・フロイト両者に対するジョーンズの懐柔的な手紙は，『フロイト-クライン論争』において公にされているが，読んで笑わせるものがある）。田舎に引っ込むことで，ジョーンズはグローバーに論争のやりとりの采配をまかせた。論争中の問題は，頗る知的で有能な非医師の女性たちによって引き起こされたのであるが，そのことがジョーンズやグローバーのような男性医師の分析家のやりにくさをいかばかり助長したかは知るよしもない。グローバーはジョーンズに，そのやっかいさについて手紙を書いている（Grosskurth, 1986: p. 343）。「女性に馬乗りにされた協会」（ジョーンズのお気に

入りの言い草）だということで，お互い意気投合したと，グローバーはコメントしている。多くの比較的有能な男性は出征中で，その討論に参加できなかった。両陣営に対するもっとも独創的で目立った貢献は，女性からのもので，しかも彼女たちの大半は医学の学位を持っていなかった。

　この論争の間，クラインやアンナ・フロイトは，当面する他の分析家たちとともに，自分たちの考えを練り上げようとしていた。論争によって彼らは，意見の不一致のなかに抜き差しならない領域がいくらかあるのをかぎ分けるようになっていたし，不十分な知識しか利用できない領域もあるのに気づくようになっていた。

新たなる発展 1946-1957 年

　1946 年に，クラインは彼女の最重要著作のひとつである「分裂的機制についての覚書」を発表した。この論文はもっとも議論の白熱した問題について，きっちりと扱っていた。すなわち，生後 3 か月の乳児の心的機能および母親と乳児との関係について，である。また，フェアバーンが統合失調症の起源に関する論文を公にしていたが，その着眼点がクラインにとても近かったことも，この論文への刺激となっていた。フェアバーンは，エディンバラで孤高に仕事をしていたので，自分の考えがフロイトといくらか相容れないからといって，クラインほど狼狽することはなかった。

　この論文でクラインは，統合失調症ばかりでなく，通常の人生の多くの局面の基底をなすメカニズムについて，いくつか論じている。この論文はクラインの新境地の幕開けとなった。これ以後，彼女の論文は，フロイトへの恩恵を認める一方で，見解の相違も明らかにしている。彼女は臨床素材をしっかりと把握し，その観察に一致するように自分の考えや理論を発展させている。対抗勢力からの挑戦は，彼女のごく親しい同僚からの支持や知的な親密さとあいまって，急進的な理論の発展を促し，それらの理論は，随分と力強く明瞭に表現されるに至った。

　1947 年 5 月にクラインは，論文「児童分析に関するシンポジウム」の後記を発表した。そのなかでクラインが詳細に述べているのは，1946 年に出版されたアンナ・フロイトの『児童の精神分析的治療』において，アンナが

子どもの精神分析技法にさまざまな変更を加えた，という点に関してである(Klein, 1975, vol. II : pp. 168-169)。こうした変更によって，アンナ・フロイトの技法と理論はクラインにずいぶんと接近した。しかしながら，アンナ・フロイトはクラインのことをまったく認めなかったので，他の分析家からの批判も重なって，クラインは自分の仕事が生き残れないかもしれないという恐怖にさらされていた。

弟子たちと統合失調症

　戦後，精神病過程に関するクラインの研究は，彼女だけでなく，幾人かの才能あふれる弟子たちによっても発展させられた。弟子たちが精神病者と関わるうえで，クラインは弟子を誰も直接スーパーバイズしなかったようだが，彼らにインスピレーションを与え，支え，勇気づけた。W. C. M. スコット Scott，ハーバート・ローゼンフェルト Herbert Rosenfeld，ハンナ・スィーガル Hanna Segal は統合失調症者の分析を可能にした。以前だったら，分析家たちはそれは不可能だと主張し，重症の患者を引き受けるのを避けるか，あるいは，子どもと関わったときのアンナ・フロイトのように，彼らが出くわす不安を分析するのに尻込みしてしまったことだろう。なかには患者に保証を与えたり，「患者に自信をつけさせる」ためにいろいろ試してみたりする分析家もいたが，クラインは，それらはみな分析的関係が発展することへの妨害になる，と指摘した。クラインが分析のプロセスに自信を持ち，信念を持って取り組んだことで，弟子たちも患者の分析に専心しようとした。たとえ，それによって患者の不安が高まったにしろ。こうした仕事は，スィーガルやローゼンフェルトのみならず，ウィルフレッド・ビオン Wilfred Bion によってもさらに推し進められた。ビオンは，戦後クラインの分析を受け始め，1950 年に精神分析協会のメンバーとなった分析家である。

　ポーラ・ハイマン Paula Heimann は，クラインの同僚でなおかつ被分析者でもあるが，彼女の親友となって，クラインの洞察をいっそう深めてくれた人物だった。「論争につぐ論争」の時代に，彼女の支援や著作は重要なものだった。1950 年にハイマンは，影響力大の論文「逆転移について」を執筆した。逆転移とは，患者への反応として分析家のなかに生じる感情のこと

を言っているが，精神分析の揺籃期から絶えず論議の的となっていた。クラインは，この論文の主旨に異議を唱えた。すなわちクラインは，患者に向ける分析家の感情は，単に分析家の感情が混乱しているだけであり，患者と分析家のひとつのコミュニケーションとはみなすべきではないと感じていた。とはいっても，分析家側の感情をこのように解釈できるのが可能となったのは，そもそもクラインの洞察力のおかげであった。フロイトと同じく，クラインは弟子たちが彼女の考えを熱烈に持ち上げるので，いささか神経質になっていたようである。彼女が反応したのは，弟子たちが慎重さや常識をかなぐり捨てているかのように感じたからである。しかしながら，患者が自分自身の諸部分を分析家のなかに投影し，それらを分析家がある程度見抜くことができるという考えには，とても強力なものがあったので，等閑視できないところがあった。ローゼンフェルトやスィーガルばかりでなく，とりわけビオンがこの考えに添って研究を続けた。

　ハイマンとクラインの関係は友情から，分析家と患者，さらには協力者にまで発展した。だが，1957年には，ハイマンはクラインの羨望についての考えに強く反対し，クラインと絶縁した。それにはまた，個人的な問題も関与していたようである。

精神分析の新しい方向性

　クラインが1952年に70歳になるころには，彼女は精神分析の世界で相当の尊敬を獲得していた。彼女の対抗勢力は，クラインの論文を読みもしなかったし，クライニアンの考え方が論じられる予定のミーティングには参加もしなかった。しかし，ハイマンやモネー=カイルが編者になった『国際精神分析誌』の創刊号には，クラインの弟子や同僚から成る11人の寄稿が寄せられた。1955年には，これらほとんどの論文とクライン自身のふたつの論文を合わせて，『精神分析における新しい方向性』という題名で本として出版された。これは絶対に一読に値する本である。「臨床」篇では，患者との臨床実践の記述や，統合失調症，分裂的機制，言語や象徴形成に関する新しいクライニアンの考え方が明確かつ犀利に述べられている。「応用」篇の論文では，美学，芸術，文学，倫理学の領域において，新たな洞察を付与するためにクライニアンの考え方が利用されている。

羨望と感謝

　この時期になると,クラインは精神分析理論に最後のドラマチックで新たな貢献をし始めたが,それは『羨望と感謝』という著書として出版された。ハンナ・スィーガルによると,クラインはこの著作の執筆に取り組んでいた間,とても抑うつ的になっていた。それには,ハイマンの友情と好意を失ったことが一因となっていたに違いない。そしてその喪失によって,フロイト本人やアンナ・フロイトさえからも認められたかったことへの失意を含む,クラインの人生におけるその他もろもろの喪失感が甦ることとなった。クラインは世界の行く末や,とりわけ精神分析の未来について憂慮していた。核戦争の脅威も彼女を悩ませるひとつだった。ハンナ・スィーガルが言うには(1979: p. 151),クライン自身の迫り来たる死への恐怖も,自分の研究が後世に残らないのではないかという不安の要因となっていたかもしれないという。

　『羨望と感謝』は,分析家のみならず,一般の読者にも読むに値する理解しやすい本である。クラインはその本のなかで,小さな赤ん坊が羨望から母親の乳房を攻撃するあり様を,細大漏らさず言葉に尽くしている。赤ん坊が乳房を攻撃する原因となるのは,単に悪いふるまい,欲求不満,苦痛からばかりではなく,良い授乳の経験からもその原因になりうることがある,と言うのである。クラインは大人の生活における羨望のあらわれを,いろいろと鮮やかに述べている。彼女は,ペニス羨望の根源のひとつには,置き換えられた乳房羨望があると主張し,男性優位の牙城に挑戦した。すなわち,女性の所有物や属性の方が,本来男性のものよりも価値があり,それゆえに羨ましがられる,と言うのだ。

　羨望概念によって,良い母親の養育が現に存在しているのにもかかわらず,心の障害が起こりうる事態に注意が喚起された。ひどい授乳の経験によって,乳房が際限のない食物や愛情を出し惜しみしているという感覚が生じるのに対して,良い経験によって,赤ん坊は,自分自身の欠如を自覚させられる。それに耐えられない赤ん坊(および大人)もなかにはいるのだ。赤ん坊は,乳房が良いもので恵み深く創造的でもあると感じるがゆえに,それを攻撃する。後年,この羨望は母親への誹謗や,自分より多くのものを所持

していると感じられる人びとへの冷笑や，自己に属していないものが良いものとは思えない感覚として現れる。このプロセスはとても損傷的なものなので，赤ん坊（後には大人も）は，人生を楽しむことができない。なぜなら，楽しむこと自体が攻撃を受けてしまうからである。

　クラインは，内なる善良さや愛情の源とみなされる内的な良い乳房も，羨望によって攻撃されることをとても明確にした。この攻撃が成功すると，人はもはや自分の内部に善良さの芯を保てなくなる。そして，この芯を持っているように見える他者を羨むようになるかもしれない。今度はそうした他者が攻撃され，すっかり駄目にされてしまうと，自己の平和がいつかは手に入るだろうという希望もなくなってしまう。そういう人たちは，自己の内外を問わず薄幸感に満ち，不平の多い悲惨な世界のなかに生きている。

　この著書で明らかなのは，クラインがどんなによい解釈をしたり，どんなにその解釈がよさそうに感じられたりしても，それらの解釈が陰性治療反応で迎えられてしまう論拠を突き詰めたことにある。患者はありがたみを感じた面接のあとで，分析家や分析を脱価値化し，不平を言うことに逆戻りする。これは何度も繰り返される。

　クラインは，羨望や破壊性の解釈のあとに，驚きや幸福感が出現することについても記載している。ある女性の患者は分析家に不信を抱いており，分析家は彼女のためではなくて，自分自身や他の人のために授乳していると信じ込んでいた。だがそう思うのは，彼女の羨望のせいだということを，夢を通して悟っていった。

　　夢分析に引き続いて起こったのは，患者の情緒状態の目を見張る変化だった。患者は今や，以前の分析セッションよりも，鮮やかに幸福感や感謝の気持ちを経験していた。彼女は通常ならず涙を流し，今や彼女がすっかり得心のいく授乳を体験しているかのようだと語った。また，彼女の心に浮かんだのは，自分の授乳や幼児期が，思っていたよりも幸福だったのかもしれない，ということだった。そしてまた彼女は，自分の将来や分析の結果についても，これまで以上に希望が持てるように感じていた。(Klein, 1975, vol. III : pp. 205-206)

クラインが明確にしているのは，患者は他者に対して羨ましく思ったり，嫉妬したりすることはわきまえていたが，自らの羨望でどれほど分析を駄目にしているかには気づいていなかった，ということである。羨望の分析によって，外的世界の真のよさや価値を破壊することなく，それらを認識できる道が切り拓かれた。羨望は，自己の外部や究極的には自己の内部の価値あるものすべてを駄目にし，破壊しうるので，羨望を発見し解釈することは，人生を一方ならず豊かにし，向上させることなのである。

　クラインは羨望とその防衛（羨望と区別しにくいかもしれないが）への理解を，とても複雑ではあるが強力に私たちに提供してくれている。彼女の著作によって，日常生活における数多の困難，とりわけ与え手と受け手の存在する状況や，あらゆる種類の不平等が存在する状況における困難さの意味が理解される。カウンセラーや治療者にとって必須の読み物である。

　1957年に出版された『羨望と感謝』におけるこれらの考えは，またもや激震を巻きおこした。ウィニコットは，オリジナル論文の贈呈を受け，あまねく読み込んだのち，あきらかに頭を抱え込んでこうつぶやいた。「いやはや，彼女はどうにもしようがない」（Grosskurth, 1986：p. 414）。ポーラ・ハイマンは，この時点でクラインと袂を分った。

　新生児にも感情があるという考えは，多くの分析家にとっては目の上のたんこぶとなっていた。別の分析家たちは，赤ん坊が乳房/母親に向けて愛情を経験できるという着想には満足したが，赤ん坊が乳房を憎むという考えにはたじろいだ。また，分析家のなかには，赤ん坊が乳房/母親に愛と憎しみを感じるという考えは甘んじて受け入れたが，憎しみに関しては，乳房/母親側のある種の失敗に対する反応とみなした。ペニス羨望の考えは，長年かかってそれ相応の地位を獲得してきていた。けれども，赤ん坊が良いものだと感じ，愛情深くおっぱいをくれると感じている乳房/母親に対しても，赤ん坊が憎しみを向け，破壊しようとするという着想に対しては，さらに多くの分析家がクラインに対抗心を向けるきっかけとなった。分析家のなかには，この考えはクラインの他の研究と同様に，最初は分析体系に対する衝撃となったが，その後理解され，従来の精神分析の世界に存在しなかったような理解の可能性を切り拓くものになった者もいた。

　この著作は，グループ心性を理解するうえでも重要となった。とりわけ，

グループが新しい考えや創造的な思索に寛容になるのが，なぜそんなに難しいのかを解明する一助となった。

梗概：『児童分析の記録』

　クラインは自伝的手記のなかで，『羨望と感謝』の執筆に伴う悲観的な気持ちは長くは続かなかったと述べている。将来への信頼も次第に戻ってきた。すなわち，クラインは弟子たちの創造的な仕事に勇気づけられたし，友人，同僚，弟子の支持を喜ばしくも感じるようになった。彼女はまた，日毎成長していく孫たちとの関わりにとても幸せを感じた。なかでもいちばん年長のマイケル Michael にはそう感じた。「後々マイケルが語っているように，彼の幼年時代，クラインは単なる良いお婆ちゃんに留まらない存在となった。彼はある程度の年齢に達すると，クラインの偉大さをわかるようになり，彼女と親しい関係を持てて名誉なことだと感じた」（H. Segal, 1985：pp. 151-152）。

　人生最後の4年間，クラインは理論の追加をしなかった。彼女は，仕事の負担を減らし，最後の著書『児童分析の記録』（Klein, 1975, vol. IV）の執筆に時間を費やした。この本は，リチャード Richard という名の10歳の少年に関する詳細な毎日分析の記録である。クラインは，戦時中のスコットランドのピトロクリィ Pitlochry でこの分析に取り組んだ。この分析は理想的なものではなかった。彼女とリチャードは，分析が4か月間に限定されることがわかっていた。町は小さかったので，彼らは偶然町で出くわしたし，リチャードはクラインの噂を彼女の意に反して聞きつけた。クラインが使用した部屋は，とても満足のいくものとはいかなかった。けれども彼女は，綿密な記録をとり，適度なサイズの本を作成するのにはそこそこの面接ができた。彼女はその本に面接ごとの後記を加え，後からみると，それらの分析素材を彼女がどのように理解するかを記載し，自分の誤りをいくつか指摘した。本書の第3章ではこの著作からの抜粋を載せている。

　人生の終焉に向けてクラインは，旅行したり，社会生活を慌ただしく送ったりした。彼女は演劇や音楽や仲間との良い交流を楽しんだ。けれども彼女は孤独でもあり，いかにも彼女らしくこの孤独の問題について敢然と立ち向

かって論文を執筆した。その論文のなかでクラインは述べている。

> 外の世界での交友関係が失われることによる，客観的事態について述べようとしているのではなくて，私は内的な孤独感について語っているのである。その孤独感は外的状況に関わりなく独りぽっちだという感覚であり，友人と一緒にいたり愛情を受けていたりするときでさえ孤独だという感覚である。孤独感というこの内的状態は，私が思うには，得られるはずのない完璧な内的状態をあまねく切望することからもたらされる。
> ある程度誰しもが経験するそのような孤独感は，乳児における精神病性不安の派生物である，妄想性不安や抑うつ不安から生じる。こうした不安は，ある程度誰のなかにも存在するが，とりわけ病者においてははなはだ強い。それゆえ孤独感はまた，統合失調症性でも抑うつ性でもどちらの性質でもありうる病気の一部である。(Klein, 1975, vol. III : p. 300)

重篤な精神障害者に対して，いかにもクラインらしい同情を示したのが，精神病状態における孤独感のこの認識である。彼女は残酷さや攻撃性を認識する一方で，それらの結果，人がみまわれる苦悩もわかっていた。クラインはリチャードの攻撃性を解釈したときには，その攻撃性に対する彼の罪悪感や不安感にもそれとなく同情を示し，そして，そのような恐ろしいことを彼がなぜしなければならないと感じるのかを理解し，伝えていった。彼女のごく初期の論文のひとつでは，犯罪行為が無意識的な罪悪感からどのように生じうるのかが記載されている（「正常な子どもにおける犯罪傾向」(1927)：Klein, 1975, vol. I）。統合失調症に罹っている人は，途方もなく孤独かもしれないという考えには，はっと思わせるものがあり大切な観点であった。統合失調症に苦悩を見出すことがどれほど難しいかもクラインは指摘している。というのは，彼らは苦悩に対する防衛として，心的退避と注意拡散を用いるからである。クラインはその種の人たちとの分析的治療効果について，楽観的な意見を何度も述べている。「その種の病者でさえ，統合に向かおうとする衝迫がある。そして……どんなに未発達でも，良い対象や良い自己と

の関係がある」。

　1958年に，クラインやクライン・シンパの分析家との，ある討論が記録された（Grosskurth, 1986：p. 442）。彼女は多くの論題について話した。逆転移について彼女は，それは一度も患者の役に立ったことはないが，分析家のためになるだけだと語った。ベルリンにはある言いぐさがあった。「患者のことをそんなふうに感じるなら，隅っこに行ってよく考えてみなさい。あなたにどこか変なところがないかを」。けれどもクラインは，人に対して親身になることは極めて重要であると考えた。彼女は，いつも誰かを治せるわけではないが，多くの人の手助けはできると語った。彼女は，フロイトが精神分析の科学的側面にあまりに興味をそそられたがために，患者には充分関心を持たなかったと感じていた。

　クラインは面接回数について話した際，週5回が基本だと断固として主張した。もし患者にその余裕がないなら，分析家は彼らの料金を減額すべきであるという考え方も分析家のなかにはあった。クラインはそういう圧力を感じたが，彼女はなにかが減れば，それは精神分析ではなく心理療法になってしまい，自分にはそうできないと語った。ここでクラインは，正当な理由がないようにみえるのに，時間数の短縮を求める分析家たちに，自らの主張の正しさを力説しようとした。実際のところは，彼女は戦時中，不規則に何人かの患者をみていたし，ポーラ・ハイマンを週5回未満で終結させた。おそらくこうした経験から，クラインは週1回の心理療法に否定的な見解を示していたのかもしれない。

1960年

　1960年も半ば頃になると，クラインはとても疲れやすくなり，具合が悪くなり始めた。これは，加齢や仕事の忙しさによる自然の摂理だろうと誤診されたので，彼女は休日にスイスに出掛け，そこで弟子でもあり友人でもあるエスター・ビック Esther Bick 婦人と会っていた。とうとう彼女は多量出血にみまわれ，ロンドンに引き返した。そして，手術可能な癌と診断された。彼女は入院してひと安心し，心配はしていたが希望も感じていた。クラインは，『児童分析の記録』を熱心に完成しようとし，入院中校正刷りに手

を入れていた。彼女は死の覚悟を決め，彼女のスーパーバイジーやあとに残される患者に関して同僚に指示を与え，死後の出版物の取り扱いについて意見を述べた。メラニー・クライン・トラスト Melanie Klein Trust が，精神分析的研究や教育のいっそうの充実のために，1955 年にすでに立ち上げられていた。彼女の著作集の版権は，このトラストに委ねられた。クラインはまた，自分の葬儀の手筈についても意見を述べ，どんな類の宗教的儀礼も必要ないと頑なに主張した。

　手術は成功し，医者，家族，友人，クライン自身もとても楽観的に感じていた。しかしながら，数日後に彼女はベッドから落ちてお尻を骨折し，合併症を併発し，死んだ。ハンナ・スィーガルは述べている。「彼女の年齢や病気の深刻さを考慮に入れても，この死は驚きと衝撃をもたらした。彼女は死の最後の瞬間までとても行動的で創造的であり，そして，とても生き生きとして，友人や家族や精神分析の仲間たちとの交流を楽しんでいたので，彼女の死は予期せぬ時ならぬものと感じられた」(H. Segal, 1979：p. 160)。

　ハンナ・スィーガルの著書『クライン』(1979) によると，クラインは自分自身をフロイトやアブラハムの第一級の継承者だと考えていた。そして，彼女の野心は彼女自身のためというよりも，精神分析にとっての野心であった。けれども，彼女はときどきそのふたつを混同していたようである。スィーガルは書いている。

　　彼女は忍耐強くて，彼女がしばしば相談を受けた友人の批判，弟子以外の人の批判にも，心を開いて受け入れたが，それは彼女の仕事の根本的な主義主張が受け入れられる限りにおいて，であった。もし彼女の信条が攻撃されていると感じるや否や，彼女はそれを守ろうとしてとても猛々しくなった。そして，友人と思っていた人たちから充分な支持を得られないとなると，彼女はときに不当なやり方で，すこぶる辛辣にさえなった。(H. Segal, 1979：p. 170)。

　スィーガルによると，クラインはフロイトとジョーンズが彼女を全面的に支援できなかった際に，それは，彼らがアンナへの忠誠心に引きずられたからだと，彼女にはわかっていたのだが，それにしても両者に対して不当な態

度をとった。だが，ジョーンズが死んだ際に，彼女はウィニコットの手による追悼文の校正をし，彼にジョーンズの親切さや面倒見のよさについてもっと書き入れるように注文を付けた。彼女は書いている。

> 私が思うには，ジョーンズの，ときに鋭い辛辣な態度は，いわゆるとても親切なことと表裏をなしており，そのことはもっと強調されてもよいと思います。彼の親切心はとても多くの人たちへの援助に表れており，かつ，その親切心は，うそや凡庸さを厭い，精神分析の価値に関して真に熱心なことに，深く根ざしたものと思われます。彼は精神分析が悪くみられたり，正しく評価されなかったりすることを憎みました。(Grosskurth, 1986：p. 441)

クラインはまた，辛辣さにかけては定評があった。彼女の考え方は，「科学の事柄に妥協なんてありえない。……対立する人を宥めたり懐柔するために，ものごとには『少しはそうしたところ，ああしたところがある』などと，ものわかりの良いふりをすべきではない」，であった。ハンナ・スィーガルは述べている。

> ある精神分析家が国際学会において極めて詳細に報告したのは，患者が分析家を理想化するのに分析家も加担してしまう危険性についてだった。クライン女史は，分析家をそのように理想化する基底にある，妄想性不安や陰性転移をX医師がもう少し苦労して理解できたのなら，自分が理想化される危険性をそれほど感じないでしょうと言って応戦した。また別のケースでは，イギリス協会において，分析家は完全を目指すべきではないという論争が起こった。つまり，患者が分析家の失敗を発見するのが良いことであり，分析家のミスは患者の成長を促進する，というのである。クライン女史は，彼女の同僚たちが自分たちの失敗やミスをそんな風に自画自賛の対象と考えているなら，彼らは自分たちがほぼ完璧だと感じているに違いない，と語った。クラインは自分自身に関しては，たとえ最善を尽くしても，実のところミスを何度も犯してしまうのに気づいていた。完全性が糾弾された際には，ミスを犯すかどう

かが問題なのではなくて——誰もがミスを犯すものだから——そのミスがどんなものかを認識して、ミスを正そうとするのが大事であり、ミスを持ち上げて理論化しないことが大切なのである、とクラインは語った。(H. Segal, 1979：p. 172)

ジーン・マックギボン Jean MacGibbon は、クラインの著作に関して一筆したためたことで、クラインの人生最後の年に彼女と親密になった。彼女はクラインを劇場やパーティに招待し、クラインも大いに楽しんだ。スィーガルによると、クラインはまた、赤ん坊のおしゃべりにとても楽しげに「耳を傾け」て座っていた。グロスカースは、クラインの孫たちの思い出話として、クラインが彼らの話にいつでも快く耳を傾けてくれたと述べている。イルス・ヘルマン Ilse Hellman は、アンナ・フロイト学派の指導的メンバーだが、彼女が思い出すのは、クラインがどんなにか「いとおしそうに子どもたちと一緒にいて」、子どもたちにお話をきかせ、ともに遊ぶ、「実に愉快で素敵なおばあちゃんだった」ことである。孫のマイケル・クライン Michael Clyne は、ある休日に彼女とともに過ごしたが、そのときにクラインは、隣のテーブルでひとりの子どもが悪さをしているのを観察していた。「彼女が子どもを見ているときの、悲しみを含んだ共感的な表情は、マイケルのその後の人生を通して彼の心から消えることはなかった」(Grosskurth, 1986：p. 437)。

セント・ジョーンズウッド St John's Wood におけるメラニー・クライン碑の除幕式で、ハンナ・スィーガルはクラインや彼女の住まいに関して感動的なスピーチを述べている。

　患者をみたりスーパーヴィジョンを行ったりすることの他に、クライン婦人は何年にもわたって卒後セミナーを定期的に開いていました。そこで彼女は自らの発見を共有し、自らの考えを議論しました。そして私たちは、彼女の新しいアプローチの新鮮さに奮い立たされました。先生としての彼女は、寛大で皆を鼓舞し、決して頭ごなしではありませんでした。彼女は皆の創造性を刺激し、心から手助けしたりコメントしたりしました。彼女は常に私たち自身の考えを尊重し、勇気づけました。

私はこの家を，分析家たちの新しい世代や新しい考えの育つ揺りかごだ，と考えたいと思います。
　彼女は多面的で豊かなパーソナリティを持った人でした。ですが，私の記憶のなかで突出しているのは，彼女の温かな寛大さ，ときには性急なまでの自発性です。彼女には親密さや触れ合いの才能があり，みせかけや衒いはまったくありませんでした。私はそれを天賦の平等さと考えたいと思います。人は彼女の威信を忘れることはできませんし，彼女自身もとりわけ晩年にはそれに気づいていました。そして，彼女の友人との関係は，両グループからも平等なものと受けとめられました。

第2章
クラインの主要な理論的貢献

　クラインの理論的貢献は，フロイトの研究に基づいているが，さらに先を進み，フロイトの考えの多くに疑問を呈した。アブラハムやフェレンツィの影響も見逃せない（Likierman, 2001）。他の多くの分析家も，今日「クライニアン理論」とみなされるさまざまな観点に寄与している（クライン派図書リスト参照のこと）。
　第3章においては，クラインの臨床素材について詳細に議論している。クラインの理論は，彼女が面接室で行った観察にとても緊密に関連しているので，彼女の考えの多くは，彼女が出会った子どもたちのふるまいや言葉の記載なくしては，にわかに信じがたいものとなっている。したがって読者のなかには，第3章を読んだ後の方が，この章をもっと理解しやすいと感じる人もいるだろう。
　クラインの理論的定式化は，複雑で込み入っている。彼女の4巻の著作集が，彼女の考えやその根拠を説明している。だが，この一章で精神分析に関する彼女の理論的貢献をすべて述べることはできない。したがって私は，比較的目覚ましい理論をいくつか選択し，それらを一般読者にわかりやすいように解説したい。他の理論に関しては，この本の末尾のクライン派図書リスト，ウェブサイト www.melanie-klein-trust.org.uk に載せられた著作のなかに見出されたい。

幻　　想

　クラインは，内的世界，空想世界に関する観点，外的世界とそのふたつの関係に関する観点において，まったく独自であった。彼女は4,5歳児の息子

エリックの言葉に，フロイトの夢研究の知見に基づいて耳を傾けたところ，息子が母親や彼を取り巻く他者のことを「幻想」を通して見ていることに気がついた。そして，その幻想は，外的現実から構築されていたが，その現実はまた息子自身の感情，既存の信念，知識で修飾されていた。母親に対する息子の認知は，彼自身の情緒状態によって明らかに影響を受けていた。息子が母親に怒りを感じていたときには，母親は彼を毒殺しようとする魔女に見えていたし，母親に対して幸せや愛情を感じていたときには，母親は彼と結婚したがっている王女に見えていた。

クラインの研究が広がりをみせるにつれ，クラインには子どもたちが無意識的な空想を通して，世界全体と関わっていることが明確になっていった。彼らは，単にありのままを見ているわけではない。すなわち，ある種の無意識的空想は，あらゆる知覚に付随している。構造的で彩色された付加的な意味が知覚に加わっているのである。ジェームズ・ストレイチー James Strachey にならって，クラインは無意識的な空想 fantasies と意識的な空想 fantasies とを区別するために，無意識的空想の場合には「幻想 phantasy」という用語を使った。

フロイトが述べたのは，子どもが自分自身の情緒状態というフィルターを通して親を見ている様子について，であった。そのうえ，それは，子どもの超自我の一因になりうることもほのめかした。すなわち，それは，「悪い」ふるまいを禁止する良心である。だが，彼の著作は周囲の大人のふるまいに関しても着目している。たとえば，「おちんちんをちょん切っちゃうぞ」という脅しは，現実に少年の去勢不安を生み出す。子どもが「よこしまな」考えを抑圧しようとするのは，そのような脅しによってである，とフロイトは考えた。

クラインは，親の実際の態度，ふるまいは重要だと考えた。けれども彼女は，親からの実際の脅しと同程度に子ども自身の罪悪感や不安感が，子どもの性的な感覚や思考の抑圧を引き起こしうる，と確信するようになった。たとえば，少年の去勢不安のもっとも重要な決定因子となっているのは，父親の「おちんちん」をちょん切りたいという，少年の無意識的な嫉妬や怒りや羨ましさからくる衝動である。母親の乳房や身体の中身を乗っ取ったり，駄目にしたり，破壊したりするのは，少女の怒り，嫉妬，羨ましげな欲望から

であるし，逆に母親が彼女を同じ目に会わせるのではないかという恐怖も，同様の怒りや欲望から生み出される。

　またクラインは，考えることが現実になるという恐怖から，子どもは性的空想について不安を抱き，そうした空想を隠そうとする，と考えた。そのような恐ろしい恐怖に対処するひとつの方法として，子どもはその恐怖を親のせいにした。子どもは，「そんな考えを持っちゃいけないんだ」と考える代わりに，親が「そんなこと考えちゃいけません」と言っているのだと信じ込むのである。

　こうしてフロイトの考え方はひっくり返された。親が子どものなかに性的考えについての罪悪感をつくりださなければ，子どもはそれらの考えを怖れないのではなくて，そうした罪悪感はそもそも子ども自身の幻想から生まれるのであり，それらの幻想のなかで，子どもは必ずしも親のものとは言えない考えを親のせいにする，とクラインは考えたのだ。

　また，親の実際の態度のいかんによって，子どもは目下の幻想を肯定されているのか，非難されているのか判断するので，その点で親の態度は重要になる，とクラインは考えた。親は子どもの幻想世界に，新たな要素を加えることになるが，たいていこれらの要素は，子どもの幻想の恐ろしい側面を弱めるのに役立ちやすい。すなわち，親のふるまいがどんなによかろうが悪かろうが，現実は子どもの幻想ほどには化け物じみてはいないのである。

　シンデレラ物語は，クラインの着想をいくらか例示するのに役に立つ。もし母親が死んだなら，女の子は実際にどう感じるかを考えると，女の子は母親が戻ってくるのをどんなに待ち焦がれることだろうか，そして女の子は，まま母をとても複雑な気持ちで迎えることだろう，と想像される。つまり，一方では子どもは，すべてのことを魔術的にうまくやってくれる母親像を求める。もう一方では女の子は，破壊的でずるい女性が，女の子の美しさを羨み，父と彼女との関係に嫉妬する，と恐怖する。こうした特性は，まま子なら心のなかで感じるだろうと予想されるものであろう。すなわち，すべてを再びうまくやり直してくれる魔術的な力への期待と，子どもが自分自身の羨望や嫉妬を父親の新しい妻に向けることからくる恐怖である。シンデレラの代理母の妖精とまま母は，実のまま母と実のまま娘の特徴が結合した，ふたつの異なる幻想を表しているのだろう。

クラインが考えたのは，大人による破壊的態度が，長期間にわたる損傷を及ぼす幻想を残遺的に残してしまうが，しかしその場合でも大切なのは，現実と現実に対する子ども自身の理解とのもつれを解きほぐすような援助である，ということだった。現実のシンデレラは，虐待の現実にうまく対処できたほうが良い。もし彼女が，まま母の実際のふるまいと，まま母に対する彼女自身の感情とを区別できれば，もっとうまくやりこなせたことだろう。

　第3章において，クラインの著作『児童分析の記録』から，10歳の少年リチャードの面接を引用する予定である。リチャードは，嫉妬深いライバル心から幾度となく幻想のなかで，どのように父親を攻撃し痛め付けたかを，細大漏らさずクラインに示してくれた。このほとんどは，まったく無意識的だった。彼は，自分がどれほど父親を憎み恐れたかをほとんどわかろうともしなかった。そして父親が実際に倒れ，病気になったときには，リチャードは途方もなく悲嘆にくれた。リチャードにとって父の病は，父親に向ける彼の攻撃的な感情によって，実際のダメージが引き起こされかねないという心配を裏づけるものとして理解された。事実そのものよりも，その事実に付着するリチャード自身の内的幻想世界による意味づけの方が，事態の難しさをいっそう強めていたのは明白である。

　リチャードには，「嫉妬深いライバル心」という言葉を使って考えることはできなかった。だが，彼の経験はとても強い感情に彩られていたので，その感情のあまりに，彼にとっては父親を象徴する蛾を「手術する」に至った。このように幻想は，「実体 body」や，情緒状態に対する表現を与えるのである。

　クラインは幻想概念を，防衛機制の結果ばかりではなくて，たとえば防衛機制の積極的で「具象的な」性質を記述するのにも使った。例を挙げれば，危険な衝動の抑圧は，なにか恐ろしげなものを切り刻んで穴に落としたり，あるいは缶に入れて一巻の終わりにしたり，という幻想として表現されるかもしれない。その後，抑圧された衝動は，今か今かと飛び出そうとして，むちゃくちゃなことをする「虫」として恐れられるかもしれない。攻撃者との同一化という防衛は，攻撃者をコントロールするために自己の内部に彼らを実際に取り入れる幻想と関連していよう。それが今度は逆に，攻撃者からコントロールされそうな気がするので，自己の脅えた傷つきやすい部分を他の

誰か（新たな犠牲者）のなかに移し入れなくてはならないという幻想が生じるのかもしれない。

多くの幻想は，おおよそ現実じみている。他の幻想のなかには，物事は本当はそんな風ではないという自覚が伴われているものもある。クラインの息子エリックは，「本当はそんな風じゃないことがわかっているんだ。でもぼくにはそう見えるんだ」と語った。別の場合には，彼には「本当はそうじゃなかった」ことがわからないこともあった。というのは，彼があまりに幼かったため（たとえば「うんち」から赤ちゃんはつくれないことが）わからなかったり，あるいは，（たとえば母親の不在の間，母親にとても腹を立てていたため，母親が死ねばいいと願っていたことを）わかりたがらなかったりしたためである。

今日，カウンセリングでクライエントは，世界についての幻想の証拠をしばしば見出したりするが，その幻想は，現実ではないけれども本当じみて感じられる，と彼らは言う。「考えることが現実になる」という幻想のために，人は，病気ではないかと言われると，その病気の正体を見定めることができなくなるかもしれない。見定めることへの恐怖，恐ろしい情報によって身体的にも影響を受けてしまうことへの恐怖によって，安心する情報も受け入れられなくなるかもしれない。だが，いったんこの幻想がつまびらかにされれば，人は，「本当はそうじゃないんだ」と悟ることができる。親が死んだ年齢に死ぬという思い込みは，親との著しい同一化からなる幻想であり，人に共通のものである。だがこの幻想は，私の経験上現実的ではないのだが，人の行動をその年齢に達するまで幾歳月も尋常ならざる程度まで支配しうる。カウンセリングの仕事のひとつには，クラインが記述したこの種の厄介な幻想をつまびらかにすることにある，と私は考える。

攻撃幻想

私がこれから述べようと思う理論的貢献の多くは，母親や母親の身体の一部に対する攻撃幻想に関係している。赤ん坊や子どもがごく幼いときでも，母親を傷つけ損ないたいと思うのは，多くの人にとっては信じがたい考えだった。しかし，この考えはクラインの仕事を理解するのに極めて重要なも

のである。だが忘れてならないのは，もう一方でクラインは次のことも確信していた。すなわち，通常，赤ん坊はごく早期から，とても愛らしい風に両親と関わり，興味を持って意識的に周りを探索することができ，母親の雰囲気にとても敏感である，と。攻撃幻想は，肉体的にも精神的にも痛みを伴って生じるが，ほとんどの時間，赤ん坊は，痛みのなかにいるわけではない。

クラインは，母親との最早期の関係には，母親の乳房に対する多種類の攻撃的幻想が伴われていることを発見した。乳を飲むことは，噛む動作を伴う。乳房を叩けば，ミルクをあふれさせることができる。親は，泣き喚いて落ち着かない赤ちゃんを抱えて右往左往しながら，差し出した乳房や哺乳ビンに対して赤ちゃんが嫌がって弓なりになったり，それらを叩いて投げ出したりするのを観察してきたことであろう。ある意味そうしたふるまいは，（ときに絶望的な）親も含めて，なにもかもを破壊しようとする試みとして，解釈されうるものである。攻撃のなかには，もっとかすかなものもある。

ジェームズが生後3か月のとき，彼と両親は祖母の家から引っ越した。1週間後，ジェームズがはじめて祖母を訪ねたとき，彼はいつものように笑顔で祖母に挨拶をしなかった。彼は，祖母から顔を背けた。彼女は自分が「切られた」（交際を「切る」ように）と感じた。彼は祖母のことを知りたくないと言っているように感じられた。ジェームズは，祖母が1週間いなくなったことに怒っていたのだ。

事実，しばしば攻撃されるのは，赤ん坊の知覚である。幻想上は，それは他者のせいになっているかもしれないが。

クラインは，4歳の患児ディックを観察した。彼は，自分自身の攻撃性に脅えてしまい，転ぶときでさえ，まったく自分の身を守ることができなかった。クラインはこれを，食べること，母や乳母を含む他者と関わりをもつことへの重度の障害と結びつけた。ディックが自分のサディズムを恐れた意味は，母や乳母と親しくなったら，彼らから略奪し，取り返しのつかないダメージを与えてしまうと，ディックが信じている，ということであった。自分自身のサディズムに脅えきっている子ども，つまり乳房や母親を攻撃したいと願えば，実際にダメージを与えることができるのではないかとあまりに恐れている子どもは，食べることができなかったり，母親と関係を持てなかったりするかもしれない。クラインの仕事の多くは，攻撃衝動，愛情欲

動，幻想相互の関係を調べることであった。

　シンデレラ物語を，実の母親に羨望を向ける普通の少女のために書かれたものとして読み直してみると，母親や母親機能に関する多様な攻撃形態を例示したものとしてみることができるかもしれない。物語のなかで，唯一良い母親は死んだ母親だ。生きている母親は，シンデレラの美しい母親とはまったく違って醜いし，醜いふたりの怪物をも産み出した。その母親の夫は，不在がちで，前妻（そしてシンデレラ自身）の方が好きだった。代理母の妖精は，彼女のつくり出す馬車や馬と同様に良い人で，自分自身の魔法の杖を持っている。しかし，彼女が支払う代価は，ただもうシンデレラのためだけに存在し，他の生活はまったくなく，きっと性的パートナーもいない。

　物語の結末で，シンデレラは姉たちや母親を罰するか，彼らより寛大でいい人になるか，どちらかの方法で彼らに復讐する機会をあからさまに手に入れる。物語自体は，普通の少女が自分よりも父親に愛されている性的母親に向ける復讐願望を，少女自身の人生や娘をもつことでおそらくは満足させることになった。

　クラインが子どもたちの臨床素材のなかで手に入れ観察したのは，この種の，通常は隠されている両親への攻撃性である。そうした子どもたちの多くは心の障害を持っていたが，他の子どもたちは将来神経症にならないように，自ら分析を受けていた両親によって連れてこられた。少女や（あるいは子どもに相対する母親のなかに），そのような水準での攻撃性を認めるのを嫌う人は多い。クラインは，それを認め名づけるほど勇敢だった。幼年時代における両親を含む他者への攻撃性を，罪悪感とともに思い出す人にとって，これを認めるのはほっとすることになるのだ。

ポジション概念

　クラインにとっては，子どもがはっきり定められた順序に従って発達段階を通過していくというフロイトの概念は，あまりに限定的に思えた。クラインはフロイト同様に，子どもの第一の興味は，口唇から肛門，その後，性器的な関心へとシフトしていくと考えた。しかし，彼女は一方から他方への，さらに逆向きの動きも絶えず起こっていると考えた。彼女はまた，さまざま

な態度や機制の付置があり，それらが協同で作用し，先行する付置に影響を及ぼすと考えた。クラインは，妄想分裂ポジションと抑うつポジションを不安に対処する別々の方策として記載した。

　クラインの「ポジション」概念は，私たちがそこから抜け出て成長するものとはみなされないという点で，フロイトの「段階」概念とは異なっていた。彼女は，妄想分裂的機制と抑うつ的機制との間には絶え間ない緊張があると考えた。人は絶えず一方の機制から他方へと，そしてまた，逆戻りしたりして揺れ動く。生涯を通じて，分裂妄想的機制とその幻想は生きており，ある種のストレス下では作動しがちなのである。

妄想分裂ポジション

　人生の最早期において，生命自体が破滅という恐ろしい幻想の影響下にあるときに，良いものと悪いものとは別々に離しておく必要がある。良いものと悪いものとを識別することは，この段階においては重要である。危険なのは，そのふたつがごちゃごちゃになることである。

　たとえば，愛し，おっぱいをくれ，創造的で良い乳首の幻想（赤ん坊が快適で平穏なときに知覚される）は，噛み付き，危害を加え，恐ろしい乳首の幻想（たとえば，腹痛によって知覚される）とは，まずはまったく区別されて保持される必要がある。このスプリッティングがないと，赤ん坊は愛と残酷さとを充分に区別できないし，安心しておっぱいをのむことができないだろう。良い環境なら，通常，周囲の人びとは，たとえば愛や良い授乳や快感は調和するという考えを強化するようにふるまう。そして，苦痛は，残酷な母親がわざと与えているものではなくて，母親が赤ん坊や子どもから除去しようとしたり，耐えさせようとしたりするものになる。子どもに対する態度が，残酷さと世話との両要素が結合している大人によって育てられた人は，良いものと悪いものとを分離することに問題を抱えるかもしれない。その影響は，はるかに及ぶ。たとえば，彼らは，虐待的な大人の関係に入り込み，彼らを傷つける人や自傷行為から身を離すことができないかもしれない。

　クラインは，対象を悪いものと良いもの，理想的なものと恐ろしく迫害的なものとにスプリッティングさせるプロセス自体が，やがて脅威的になる，

と理解した。良いものと悪いものとの弁別は重要だが，母親や父親を代理母の妖精とよこしまなまま母にひどくスプリッティングさせることは，現実の歪曲になる。スプリッティングは，幻想のなかで企てられる営みであり，ごちゃごちゃのものを分離するために使われる。父と母は，別々のふたつの方法で見られるかもしれない。たとえば，弱くてやさしくて愛らしい人として。もう一方では，力強くて意地悪で危険な人として。それぞれの見方は，おおよその全体像から「切って取られた」ものである。ふたつの知覚は，決して同一人物に関連したものとは認識されない。

　また，たとえばスプリッティングは，人が戦争に行くときに関わってくる。傷つき苦しむ現実の人間と見ることと，死のみに値する敵として見ることとは，スプリットされる。「ハン」「アージィ」「パキ」のように名前を軽んじて使用することによって，戦時においては，友人と敵とをスプリッティングさせるプロセスが促進される。しかし，戦後になれば兵士は，人間性を剝奪された単なる物ではなくて，彼らと同じ人間を殺してきたという現実に，なんとかして対処しなければならなくなる。人は，妄想分裂的な機能状態のなかでは，永続的には快適に生きられないのである。

　一組の知覚と幻想が，もう一組のものから分離されているときには，子ども（あるいは大人）は対象ばかりでなく，自分自身をもスプリットさせている。良い母親/乳房を愛している良い乳児と，悪い母親/乳房を憎んでいる悪い乳児は，赤ん坊の知覚ではまったく別ものかもしれない。大人は自分のことを，ひとりの自己ではないように知覚することがよくある。彼らはこう言ったりする。「今日は自分じゃないみたいな感じだ」。自ら驚いてしまうほどのことをしてしまったときには，「私がやったんじゃないみたいだ」。兄弟を憎んでいる子どもは，憎しみに満ちており，怒りで攻撃を加えることもできる。その同じ子どもが兄弟を愛し，情愛に満ちた子どもになり，ときどきその兄弟をやっつけたがっていたことを忘れたり，否認したりもする。6歳のエルナは，次のようなプレイをした。

　　　ひとりの男教師と女教師——おもちゃの男と女で表現されていた——は，行儀作法のレッスンを子どもたちに示し，頭を下げたり膝を曲げたりというお辞儀の仕方などを教えていた。最初は子どもたちはいい子で

行儀良かった（ちょうどエルナ自身，いつも思い切りいい子できちんとふるまおうとしていたように）。その後，突然子どもたちは，男教師や女教師を襲い，足蹴にし，殺して焼いた。子どもたちは今や悪魔になり，彼らのいけにえの責め苦をほくそ笑んで眺めていた。だが突然，男教師と女教師は天国のなかにいて，悪魔はすでに天使になっていた。エルナの説明によれば，彼らはかつて悪魔だったことをまったく知らず，実際に「あの子たちは悪魔だったことは一度もないのよ」とエルナは語った。先の男教師である父なる神は，女教師にキスをして情熱的に抱擁し，天使たちは彼らを崇め，すべてがまたうまくいくようになった。けれども，さほどたたないうちにそのバランスは，必ずあれやこれやとまた混乱するのだった。(Klein, 1975, vol. II : p. 37)

　この例においてエルナは，男教師や女教師を，彼女自身の残酷さや償い衝動の具現化された側面として見ている。彼女の母親は，彼女がしばしば空想していたほど，実際には残酷でも破壊的でもなかった。エルナはこのことを分析後期になって認識した。良い対象と悪い対象を分類するプロセスは，自己の諸部分の投影に関わっている。知覚は歪められ，その結果たとえば，人や物がいったん悪いものとして定義されれば，その悪さは（当人自身の悪さも加わって）誇張される。そして，彼らのなかのいかなる良さもまったく見られなくなる。スプリッティングがそれほどひどくない場合には，そのような良さは，認められるかもしれないが，それは他の誰かのせいに帰せられるかもしれない。たとえば，「ぼくはお父さんの良さをときどきわかるけど，それはお母さんがお父さんにそうしているときだけだよ」というように。
　また，他者の諸部分が自己に取り入れられる（取り入れ）幻想も，はなはだ重要である。この幻想が妄想分裂ポジションの影響下で起こる場合には，取り入れられた諸部分はスプリットされ，理想化されているだろう。すなわち，実物大以上にすばらしかったり，過度に迫害的だったり危険だったりもする。自己と他者の境界はある意味で否認され，自己は，悪いところのなにもないとても力強く理想化された他者にくっついているか，その他者と一体化していると感じられるかもしれない。この理想化は，この同じ他者が実は恐ろしく攻撃的であり，自己を萎縮させもするし，陵辱的でも破壊的でもあ

るという確信を隠しうる，とクラインは気づいた。このことは，ある種の傲慢さや優越感の土台にもなるが，同時にそれらの感覚はぐらつきやすく，ときに攻撃的になりやすい。自己と他者との距離を保とうとする機制は，こうした内的組織化から防御するために使用されるだろう。

　妄想分裂的な機制や関係性は，生と死の不安に満ちたいかなる状況においても利用される。イザベル・メンツィス・リス Isabel Menzies Lyth は，1950 年代の病院文化を記載しているが，その文化のなかでは硬直化した境界とヒエラルキーが，責任や悲嘆をさけるために築かれていた。患者は「9 番ベッドの腎臓 the kidney in bed nine」とみなされており，入院前にも病院外にもいかなる歴史も持たなかった。ヒエラルキーにおいて自己の上部に位置する看護師は，とてもすばらしい人か，厳格な監視者としてのドラゴンというように，決まって理想化されており，その一方で，下層の人びとは患者に対して無責任か，さもなければ危険であるとみなされていた。メンツィス・リス（1988）は，このようなスプリットに気の進まない比較的成熟した看護師は，病院をやめがちなことに気づいた。なぜなら彼らは，うまくあてはまることができなかったからである。

　家族が病気や死に直面すると，さまざまのスプリッティング機制が明らかになる場合がある。他人のことや他事は，通常ではありえない方法で忘れ去られるかもしれない。攻撃される感覚や，脅かされているという感覚が，多幸感や非現実的な希望と交互になって入れ替わるかもしれない。その危機が終わると，そうしたスプリッティング機制はいくらか減り，緊急時には経験されなかったような悲嘆感に，家族は直面しなければならないだろう。そのときには，身を切るような悲嘆が沸き，破壊的でひどい傷つきだと感じられる。

　一般に，妄想分裂ポジションにおける不安は，生と死の不安である。すなわち，あなたか私かであり，私の人生かあなたの人生か，である。このように機能している両親や子どもたち（あるいはカップル，職場）は，共有すること，お互いに世話し合うことを知らない。めいめいが自分で自分の世話をしなければ，と感じている。なぜなら，他の誰も世話してくれないからだ（これに関しては，J. C. Segal, 1985 にもっと詳しく記載されている）。不信，疑い，「ふたつの顔を持つ」懐柔，中傷，ときにはあからさまな怒りの

噴出，というような妄想分裂的雰囲気は，維持される。世話，愛情，責任感の是認が出現すれば，それらは攻撃されるかもしれない。すなわち，それらは弱さとして理解され，後にはそのような人に対抗的に使われるかもしれない。このプロセスの恐ろしさは，人が自分自身の配慮，罪悪感への耐久力を示すことが難しくなることだ。当面の喪失感，多様な機能手段は，たいていあざけられ，辛辣な勝利感と冷笑によって迎えられる。

また，妄想分裂ポジションは，快感も伴っている。恋に陥ること，新たな動機を伴って情熱的になることも，妄想分裂的機制に関わっている。そのことは，社会的に狂気の一形態と認識されているので，ある一時期は微笑を持って迎えられる。人はそれを通して，現実世界とのもっと成熟した関係に参入する途につくのだ。

投影同一化

投影同一化は，妄想分裂ポジションにおいて大いに使用される，ひとつの機制（あるいは一連の幻想）である。それはおそらくは，クラインの概念のなかでもっともよく知られているものである。

クラインは，最初に投影同一化のプロセスを，母親への攻撃として記述した。

> 母親への幻想上の猛攻撃は，主としてふたつの流れを形づくる。ひとつは，母親の身体から良い内容物を吸い尽くし，嚙み砕き，えぐり取り，奪い尽くしたいという口唇衝動の優位な流れである。……もうひとつの攻撃は，肛門的で尿道的な衝動から派生し，自己から母親のなかへ危険なもの（排泄物）を排泄しようとするものである。憎悪のうちに排出された，そうした有害な排泄物とともに，自我のスプリット・オフされた諸部分も，母親の上に――あるいはむしろ私はこう言いたいのだが――母親のなかに投影される。こうした排泄物と自己の悪い諸部分は，対象を傷つけるばかりではなくて，対象をコントロールし，所有することを意図している。母親が自己の悪い諸部分を含み込む限り，母親は別個の人間とは感じられなくなり，悪い自己と感じられるようになる。

自己の諸部分に対する憎悪の大半は，今や母親に向けられる。このことは特殊な同一化形成に導き，攻撃的な対象関係の原型を築くことになる。これらの過程に関して，私は「投影同一化」という用語を提案したい。(Klein, 1975, vol. III : p. 8)

　クラインの具象的な言葉は，患者や分析家に理解されたが，今日の読者には，いくらか翻訳の必要があったり，注意深く勉強したりする必要があるかもしれない。ベル Bell（2001）は，この概念の歴史や現在の使用法に関する議論を提供しており，スピリウス Spillius（1988）は，ローゼンフェルト，H. スィーガル，ビオン，ジョセフ，メルツァーによる，投影同一化の諸側面に関する極めて重要な原著を刊行している。セリグマン Seligman（1999）は，子どもと親の観察を例示しながら，投影同一化に関して論じている。
　簡潔に言えば，投影同一化は，耐え難いと感じられる自己のある側面を，他の誰かのなかに追い払うという幻想に関わっている。そのときには，もはや自己のその側面（それに付着する感情も含む）が，自分のものではない，と感じられる。他者との関係性は，その他者のなかに自己の一部を預けたことによって，ひどく彩色される。たとえば，強烈な嫉妬心によって，まったく耐え難くなるかもしれない。だが，それは比較的容易に，他の誰かのせいにされる。「彼女/彼が嫉妬深いんだ。私ではない！」。その幻想は，他者のなかに嫉妬心をかきたてることによって，さらに進行するかもしれない。他者のなかに自己を投資することは，彼らとの親密なかかわり，おそらくは，彼らから目を離せなくなってしまうことによって，頓挫するだろう。
　自己の一部を他の誰かのなかに投影することは，他者をコントロールしようとする試みかもしれない（この場合には，たとえば他者のなかに依存心を増大させることによって）。また，それは，もっと悪意に満ちた理由，おそらくは罰として使用されることもある。ときには，人は，自己の感情や一部を，他の誰かがどのように扱うかを，うまくやって欲しいという願いを込めながら，見出そうとしているようだ。「あなたがそれとうまくやるのを見せてよ」。その際に，「それ」とは，非安全感，混乱，他の苦悩の様態，というような絶望的な感覚である。子どものときに捨てられた大人は，自分自身の

子どもがそれにうまく対処できるだろうと言いながら，子どもを捨てるかもしれない。ビオンとローゼンフェルトは，投影同一化は，コミュニケーションの一形態としても使用される，と指摘した。

ビオンは，赤ん坊が母親のなかに，ある感情を喚起する際には，投影同一化がいかに具象的に演じられるかを記載した。新米の母親は，子どもの世話をし，理解しようとするので，母親と赤ん坊の間には，感情が正常に行き来するが，それには，両者の投影同一化が関与している。赤ん坊は母親に感情を伝達する。すなわち，満足感，世界への関心，ある種の苦痛や不快。母親は，赤ん坊の感情に反応もするし，彼女自身の情緒状態を相互作用にまで至らしめもする。赤ちゃんが明らかに幸せで満足しているときには，母親は素敵な気持ちになるし，赤ちゃんがそうでないときには，なんとかしなければと強く感じる。赤ん坊も母親の状態に反応し，母親によって自分の情緒状態が補強されたり，修正されたり，あるいは壊されたりすると感じるかもしれない。また，母親は，自分自身の乳児的自己を，ときどき赤ん坊のなかに見出すかもしれない。たとえば，ある母親は，自分の赤ちゃんが彼女のことを良い母親ではないと言って責めたてているように見えたので，その男の子からできるだけ離れようとした。また，自分自身の母親に常により多くを求めてきた別の母親は，自分の腕に抱かれているときには，赤ちゃんがただもう幸せそうに見えた。彼女が抱っこしているのに，男の子が泣き叫んだときには，彼女は悲嘆にくれ混乱した。だが，男の子が母乳を呑んでいるときや彼女の腕のなかで寝ているときには，彼女は幸せだった。そして，彼らはうきうきした「会話」を楽しむことができた。空腹時に赤ん坊に授乳していた別の母親は，その後自分が食事するのを忘れたりもした。

もし，母親側の投影を受けた部分が，子どもの欲求と合致し，しかも，母親が自分自身の「赤ん坊の」部分を，それほど強力に否認したり嫌っていなかったりしたなら，投影同一化は，母親が子どもの気持ちを理解するのに役立ちうるのだ。もし子どもの欲求が異なっていたり，母親が彼女自身の諸部分を憎み怖れ，自分のものと認めたがらなかったりしたなら，投影同一化はやっかいなものになりうる。母親が子どものことを，自己の一部に過ぎないものとして見ないことは，決定的なことだ。それは，子どもと母親自身の関係ばかりではなく，子どもと他の愛する大人との未来の関係にとっても。父

親の役割，母親の友達の役割も，投影同一化にあまりに基づいた支配的な関係を打ち破るには，重要なものになりうる。

コミュニケーションの手段としての投影同一化という概念は，精神分析，精神力動的心理療法，カウンセリングにおいて，充分に認識されている。ハンナ・スィーガル（1981：p. 81）は，次のように書いている。

> 私のなかに，ありとあらゆる不快感をかきたてる患者に私は出会った。私がそれらの感情を無視し，自分自身の神経症的反応だと考えたとしたら，とても愚かなことだったろう。なぜなら，この患者の主訴は，恐ろしいほどの人望のなさだったからだ。明らかなことに，彼女が私に影響を与えた方策が，彼女の精神病理としての一機能だった。それは，彼女にとっては極端に重要な一機能であり，私たちが理解するのが決定的に重要な一機能なのであった。

この患者には，彼女自身が子どものときに服従してきたぞっとするような経験があり，その経験を反映した感情を，分析家のなかに再創造させたのだ。

男は笑みを浮かべながら明らかに呑気に座っていた。そのとき彼はなにか語った。それによって，突然私，つまり彼のカウンセラーは，一瞬にして，その朝男が出会った看護師に対して猛々しい怒りを覚えた。男は看護師の態度にまったく動じていない風だった。私は試しに彼自身は腹が立ったのかどうか聞いてみた。彼はそれを認めた。また，私たちは，彼のなかの怒りを認めることへの不安，頼っている人に向けて怒りを表現することの難しさを探索した。彼が，幻想によって怒りを私のなかに追い払ったのは，明瞭だった。このケースの場合には，彼は怒りを「取り戻す」ことができ，比較的容易に怒りを自分のものにすることができた。

こういう状況で混乱しうるのは，クライエントの側の大規模な否認であ

る。すなわち，クライエントは典型的には，治療者と感情を共有しているという徴候をまったく見せない。そういう理由で，投影同一化は家族のいさかいにおいてはとても強力なものになる。自己の重要な部分を追い払うという幻想は，並外れて確信的なものになりうる。「私はXではない。おまえだ!」は，その時点で，しばしば両陣営によって激情的なほどにまで信じ込まれる。他者とある感情を共有していると指摘するのは，軽々しく行われるべきことではない。つまり，当のその人は，自己の一部を否認するための正当な理由を持っているからだ。彼らはそれに打ちひしがれているかもしれないし，あるいはそれを否認し続けたいのかもしれない。ベルはある患者について述べている。治療者は，彼女にかなりぎこちなく，次のように指摘した。行いのとても悪い友達は，彼女自身の態度の悪い側面を表しているようだ，と。その指摘によって，患者は実際に肉体的にも頭を叩かれたように感じた（Bronstein, 2001 : p. 139）。逆転移感情を経験しているのが治療者の場合に，その感情は患者とは無関係な危険性が常にある。逆転移感情は，実際に治療者自身の「神経症的反応」かもしれないのだ。良いスーパーヴィジョンは，クライエントと洞察を共有するための，迫害的でない方法を発見するうえでも，さらには，ある感情がクライエントとなにか関係があるのかないのか，治療者が嗅ぎ分けるのを手助けするうえでも，極めて重要なものになろう。

　投影同一化によって追い払われるのは，単に自己の憎悪する部分だけではない。クラインが続けて記載するのは，自己の善良で愛すべき部分も母親のなかにどのように投影されうるか，ということである。クラインは，こう指摘する。「自己の良い感情や良い部分を母親のなかへ投影することは，良い対象関係を発展させ，自我を統合させるためには，乳児の能力として必須のものである。だが，このプロセスが過度に推し進められてしまうと，パーソナリティの良い部分が失われると感じられる」。加うるに，こうして自己の良い部分と同一化された母親は理想化されるので，母親の比較的人間的で不完全な特徴は幾分失われてしまう。「もうひとつの帰結は，愛する能力が失われてしまったという恐怖である。なぜなら，愛される対象は自己の表象としてもっぱら愛されていると感じられるからである」（Klein, 1975, vol. III : p. 9）。このように，愛する能力も，母親のなかへと投影された自己の一部

と感じられるかもしれない。

　イヴォンヌは，とても年若い女性と恋に落ちた。その女性はとても愛らしくて，才能があった。しばらくすると，イヴォンヌは恋人の潑剌さに憤慨しだした。いさかいの事情を聞くと，イヴォンヌが恋人のなかに，自分自身の潑剌さや希望を預けてきたことが明らかになった。そして今や，それらのものがイヴォンヌから奪われてしまい，彼女は，退屈で精気のない状態に取り残されている，と感じていた。他方，イヴォンヌの恋人の方は，アクティブであり続けなければというプレッシャーを途方もなく感じ，イヴォンヌの比較的穏やかなライフスタイルに羨望していた。

　同一化は，学ぶことやコミュニケーションのあらゆる形態に伴う，正常なプロセスである。子どもがサッカーボールを蹴ったり，歌をうたったり，楽器を演奏したりするときに，スターに同一化しているなら，子どもたちは，その熱烈な同一化を通して学習しているのかもしれない。最終的には，子どもたちは彼ら自身の蹴り方，音，声を見つける必要がある。だが，他者に「なりきる」という感覚は，学習の早期の段階においては，強力な要素になりうるのだ。子どもたちが「なりきっている」人は，子どもたち自身の生き生きとして，創造的で，大志を抱いた側面が注入された，幻想の人なのである。すなわち，投影同一化によって，子どもの心のなかで創造された人，なのである。子ども自身の能力は，幻想のなかで，有名な人に帰属することによって誇張される。現実的には，たとえば抑制の喪失かもしれないが，それはまた，彼らの腕前を上達させもする。有名なサッカー選手は，幼いファンに見られているときには，現実の男性ではなくて，子ども自身の大切な側面（たとえば，力強いサッカー選手）についての期待や思い込みを実行する人である。そして，他の部分（たとえば，他者から見られることに不安を感じている子どもの部分）は切り離される。肖像化される人がしばしば語るには，自分らしくないものになりきってほしいという，ファンからのプレッシャーを感じる，ということだ。明らかに，投影，取り入れ，同一化が飛び

交っているのが顕在化しうる多くの様態がある。すなわち，健康的で生命力を強化するものもあれば，破壊的で損傷的なものもある。

投影同一化概念は，クライニアンの分析家の仕事にとって極めて重要である。幻想のなかで，自己の諸部分が他者のなかに押し込められるという考え方には，とりわけ精神病の文脈において，大いなる展開を孕んでいる。その考え方は，スィーガルの象徴形成の研究，ビオンのベータ要素とアルファ要素の研究，同じく母親と分析家のコンテイニング機能に関する研究において使用された。これらの概念については第5章で解説する予定である。投影同一化の考え方は，転移と逆転移──分析家と患者の間を行き交う感情──に関するクライニアンの研究の礎石となるものである。軽度の場合には，投影同一化は夫婦関係，仕事での関係，日々の基本的な大人と子どもとの関係について，しばしば光明を投じる。重度の場合には，とりわけ子どものときに虐待を受けた人の証左になりうる。つまり，一般の人と同様に，治療者も早期の虐待の再演化に，ある種気持ちを駆りたてられるからである。投影同一化をコミュニケーションの一形態として受け取れば，パーソナリティの隠された側面に関する新たな理解になりうる (J. C. Segal, 2003)。

抑うつポジション

クラインは抑うつポジションを，赤ん坊が3か月ごろになってはじめて現れる，さまざまな態度や幻想の布置だと位置づけた。赤ん坊の泣き声の色合は，かん高い金切り声からもっと人間的な響きに3か月ごろまでには変化し，赤ん坊が母親や周囲の世界とさまざまに関係していくのが見てとれる。この年齢になると，赤ん坊は関心や食べ物を我慢して待つことができる。それは，最初のころには無理だったことだ。そして，苦痛や緊張は，もっぱら金切り声をあげることで追い払われなくてもよいものになる。

抑うつポジションにおいては，赤ん坊（後には子どもや大人）は，経験をスプリットするよりも統合し始める。以前にも増して対象は，全体的であり，愛と憎しみの両特徴を備えたものとして自覚され始める。このことによって，かなり重大な帰結がもたらされる。つまり，自己も，以前よりも全体的で，愛し憎む存在として意識され始める。自己の多様な諸部分間の葛藤

は，スプリッティングによって，さらには，自己の諸部分を良い対象を含んだ他者のなかに押し込むことによって，もはや解決されるのではなくて，自己の内部にそれらの葛藤を抱えることによって解決されるものになる。

妄想分裂ポジションにおいては，良い乳房／母親の不在は，悪くて恐ろしい乳房／母親の出現として経験される（暗闇が単に光の喪失ではなくて，むしろなにか実体的な恐ろしいものの出現として経験されるように）。生後数か月における母親の喪失は，たとえば，胃の途方もない痛みとして感じられることはあったとしても，思考や記憶として心のなかに残ることはありえない。考えることのできない考えは，身体の痛みとして経験される。だが，いったん赤ん坊が抑うつポジションに耐えられれば，思考や思索によって，不在の母親の心的表象を良いものとして保持し続ける手段が提供される。

良いものと悪いものとの区別が確かなものになるにつれ，赤ん坊は，一方が他方を破壊するのではなくて，その同じ母親／乳房のなかに両面があり，その両面を兼ね備えた母親／乳房を見始める。母親に失望しても，母親はすべて悪くて危険なものとはならない。傷ついても，もはや全損を恐れる必要はない。良い経験も永劫の天国を意味するわけではない。良い経験が失われても，世界の終わりではなく，現実的に扱いうる悲しみとなり，未来の良い経験への期待感で和らげられる。内的な母親対象は，愛されたり憎まれたりするばかりではなく，攻撃されることに対しても柔軟性が増したように見える。こうして赤ん坊は，次第に内的な強さの感覚を手に入れる。すなわち，そのような良い対象は，結局のところ生涯を通して自己を支える根源となるのだ。心のなかで母親が赤ん坊を抱えているという感覚は，赤ん坊も心のなかで母親を抱えることができるという感覚とともに増大する。それとともに，これらすべてのことは，喪失，悲嘆，悲しみ，悲哀をも自覚させ始めることになる。

また，罪悪感も抑うつポジションにおいて出現する。というのは，赤ん坊には愛する乳房／母親は，赤ん坊が攻撃する乳房／母親と同じだとわかるからである。嫉妬は，愛する対象が他の人から世話されることもあるのに気づき，その代価として沸いてくるものである。しかし，適切な環境のもとでは，嫉妬は，愛する対象がこの同じ人によって愛されているという恩恵のために和らげられる。愛する対象の世界の中心に自分がいるという感覚は，挑

戦を受け変化させられるが，そうではあっても，自己と対象/母親との分離は破壊的ではない方法で可能になる。抑うつポジションのこれらの要素によって，エディプス不安と現実認識との結合が，内的にも外的にも明らかなものになる。

　今やもっと詳細に，抑うつポジションのこれらの要素を見ていくことにしよう。そして，それらが後年，人生のなかでいかに適用されているかを示したい。マーゴット・ワデル Margot Waddell の著作『内側の人生』 *Inside Lives* (1998) には，赤ん坊を成人期や老年期にまで発達させることに関して，妄想分裂ポジションと抑うつポジションの緊張関係を明瞭豊富に例示しながら，うまく解説してある。

　妄想分裂ポジションにおいては，不安は，生存，迫害不安，破滅不安，窒息不安に関連している。すなわち，乗っ取られ呑み込まれる不安である。抑うつポジションにおいては，不安の主要な根源は対象に関して，である。すなわち，「私のものではない not me」側面を持つ，愛する乳房への心からの世話や配慮が，クラインが考えるには生後3か月ぐらいから始まる。赤ん坊は現実と接触していくうちに，自分が乳房や後には母親を攻撃してきたことに気づく。そして，そのダメージを修復したいと熱望していることも自覚する。だが，最初のころ赤ん坊にとっての乳房は，ほとんど赤ん坊の世界すべてである。また赤ん坊は，そのように巨大な乳房/母親へのダメージを修復するには，自分があまりにも小さくて不完全であるという自覚も持つようになる。父親を探す動機となるのは，この配慮である。すなわち，赤ん坊自身の攻撃から母親を守ってくれる人を求めるのだ。葛藤のこの解決方法によって，嫉妬の苦痛も生み出される。だが，かつて，ある青年が私に語ったように，「罠にはまるよりも嫉妬のほうがまし」なのだ。そうでなければ，巨大で要求がましい母親像（脱出できないと感じる人もいるほどのひとつのオプション）との，永劫に終わることのない依存関係の罠にはまり込んでしまう。エディプス葛藤はこの文脈上に生じる。（どちらの性の）子どもにしろ，どれほど父と母の立場に取って代わりたくても，母親に対して一義的な責任を負っているのが自分以外の誰かだという事実が厳然して存在するのは，子どもの分離能力にとって，決定的に重要なのである。

　さまざまなフラストレーションの圧力のもと，妄想分裂ポジションの攻撃

は終生終わることがない。たとえそれが，もはや全面的には否認されることのない，愛と現実の感覚によって次第に和らげられるにしても，である。結果として，なすべき心的作業は常にあり，こうした切断のダメージをいくらかなりとも復元しようとしている。ときには大人でも，他人を自分の親や過去の恋人のように，例えばあざけったり，思慮のない拒絶をしたり，あれやこれやの攻撃をしたりして，いかにひどい目に会わせてきたかに，認識を新たにさせられることもある。この認識によって，罪悪感や喪失感が生じるが，将来的には，これまでとは違った人間関係を作る，新たな機会にもなりうる。すなわち，今後の愛情関係をしっかりと繋ぎとめていくうえでの良い機会なのだ。これは，成熟への一過程だろう。コメディアンのジョイス・グレンフェル Joyce Grenfell は，年を重ねるにつれて，次第に人のことを笑えなくなり，他人のありのままの姿に気づき始めたと述べている。

　妄想分裂状態での関係性においては，しがみつきと拒絶が交互に現れ，世話することが，侵入や窒息として経験されるかもしれない。クラインが報告した6歳のエルナは，母親を完璧に支配し，行動の自由をまったく許さず，愛と憎しみで母親をいつも苦しめた。エルナの母親は，「吸い尽くされてしまう」と語った。これは抑うつポジションの世話とはまったく違う。大人の人生において，真に世話したり共有したりするためには，抑うつポジションの苦痛や不安といかに満足のゆく折衝ができるかにかかっている。すなわち，嫉妬や分離感から，愛や愛する人を攻撃したりするが，猛々しく破壊的に反応するのではなくて，嫉妬や分離感に耐えられるかどうかである。世話したり共有したりするためには，他者のことを自己の単なる一部ではなくて，その人ならではの特徴を持った人間として見る必要がある。人生早期の愛情対象の諸部分だけではなく，自己の一部もまた，生涯にわたって他者のなかに投資され続ける。こうした部分の理想化が減ったり（良きにつけ悪しきにつけ），化け物っぽさも少なくなったりすれば，自己のなかでその部分をまったく否認する必要性も減じられる。それによって，他者と同じ世界を共有しているという感覚は増強し，世話する力も真に強まるのだ。

　また，良い対象との関係性の変化は，結婚生活のなかでも観察されることがある。妄想分裂不安の影響下で機能している大人は，かつては愛していた，その良い妻や夫を失ったとは思えなくて，ひたすら悪くて残酷で攻撃的

な妻や夫が出現したとしか自覚できない。ときに治療は，失われたものへの自覚をもたらし，喪失を悲しめるようにしたり，より良い愛情関係を持てたりする可能性を切り拓く。

　クラインは，愛と憎しみとの葛藤が，人生で生起する出来事の大半の動因になっていると考えた。父親や他者との最早期の関係が動機づけられるのは，その幾分かは，母親や乳房に向けられた攻撃的幻想に対処する術を見出したいがためである。母親に代わる新たなパートナーを見つけようとするのは，母親との関係が葛藤的になったからである。創造的な仕事はどんな種類のものであれ，象徴化であり，乳児期に赤ん坊によって攻撃され，ダメージを被った乳房を修復しようとする試みなのである。抑うつポジションにおいては，これらの葛藤はそのダメージを深めてしまうのではなくて，創造的で愛情豊かなやり方で作動し，自己ばかりではなく他者との関係においても，世話する能力を発達させるのである。

対象と部分対象

　リチャードの分析において，「素敵なクラインおばちゃん」は，クラインの全体的な知覚から切断され，料理材料に供せられるような「悪いクラインおばちゃん」とは別々のままだった。妄想分裂ポジションにおいては，このようにつくり出された一次元的で，一面的な部分対象が，内的葛藤に対する「解決」としてしばしば使われる。リチャードは，クラインに対する知覚をスプリットさせることで，素敵な分析家でいてほしいという彼の願望をつかの間満たしたが，実際にはクラインに疑念の眼差しを向けていた。その代価として，彼は統合性や長期的な安全感を失った。この意味で，シンデレラのまま母や代理母の妖精ばかりでなく，多くのハリウッド映画の登場人物も部分対象である。大人も，政治家や公人に，概して部分対象として関わっている。例えば，そうした人物が普通の人間にすぎないのを一方ではわかっていながら，もう一方では，普通の人間以上の品行を期待している。

　こうした部分対象は，内的葛藤や罪悪感を（ワーク・スルーするというよりも），回避するのに役立っている。子どもたちや（大人）は，多くの葛藤を抱えており，それらの葛藤を当の相手の知覚をスプリットさせることで解

決しようとしている。しかしながら，こうして切り離された相手は，結局のところは怖くて信用できない人となる。クラインは，スプリッティング・プロセスを，他者との関係に対してばかりではなく，現実知覚への攻撃でもあるとみなした。なぜなら，そのプロセス自体が長期にわたる安全感を脅かすからだ。

　シンデレラ物語は，大人の女性に対する勝利感を若い女の子に提供する。だが，現実の女性や女の子にとって，この物語はモデルとしては事足りない。シンデレラ物語には，母親に対する少女の悪しき羨望が表現され，そのプロセスのなかで，怪物のようなまま母や娘たちが産み出され，シンデレラ自身はまったく非現実的なことに「良い」ままに保たれた。悪い人物像は，スプリットされるばかりでなく，増殖する。そして，理想化された代理母の妖精は非現実的となる。物語は破壊的な水準で表現されているために，少女にとっては，その破壊性を身の内とするよりも，自分自身を悲劇のシンデレラと見なしたがったとしても，驚くにあたらないだろう。

　このように部分対象が創出されるということは，理想化が現実的ではなくて，迫害幻想に対する防衛である，というクラインの信念の証左となる。母親に対する少女自身の羨望や嫉妬は，痛々しい現実である。この現実知覚から逃れるために，女の子は羨望に満ちたまま母や迫害幻想をつくり上げる。代理母の妖精とシンデレラ自身は，寄る辺のない無垢な犠牲者として，両者とも理想化され，それによって，女の子はこの幻想的な女性から守ってもらえることになるのである。

　妄想分裂ポジションが，部分対象のなかでの所作なのに対して，抑うつポジションの影響下では，乳児は全体対象にもっと自覚的になるし，そのなかで，善良で愛情深く感じられる対象の特徴と，悪くて憎らしくて恐ろしく感じられる対象の特徴とが共存できるようにもなる。それとともに，子ども（や大人）は，良い面，悪い面，他者との葛藤も共有するようになり，比較的全体的で人間的な感じ方をするようになる。

　少女は現実から次のことを要請される。すなわち，羨望に満ちた母親の復権，両親が彼ら自身の人生や性的関係を営んでいるという事実の甘受，少女自身大人の年齢に達するのを待たねばならないという事実の許容，である。女の子の得るものとしては，彼女がもはや燃え殻〔訳注：シンデレラには燃え

殻という意味が含まれている〕のなかに鎮座もしないし，本当の母親を否認もしない，ということだろう。また少女は，不当なことに，母親のことを羨望に満ちて邪悪な母だとみなしていたことや，不届きなことに，その見方に添って今度は羨望や嫉妬に満ちた攻撃を母親に加えていたことを，認めねばならないだろう。少女は自らの羨望や嫉妬を再確認することで，同時に罪悪感，（自己理想化や「死んだ」母親の）喪失感がもたらされるが，その一方で自分自身の力の増大，実の母親に対する親近感も感じられるようになるだろう。スプリッティングの減少によって，嫉妬による罪悪感，人並みの欠点に対する罪悪感は，共有され許容される。それに応じて，邪悪な家族が喜んで外出している間に，暖炉のもとに残されているシンデレラの神々しいまでの孤独感も減少することだろう。

内的対象と外的対象

　クラインは，外的現実の母親と，自己の内部や外部にいる幻想としての母親とを区別した。発達や（治療の）プロセスは，柔軟性のある内的母親像，つまり「良い対象」の構築に関わっている。その良い対象は攻撃を生き延び，愛し世話する対象となり，愛され世話してくれるという感覚をももたらしてくれる。この良い内的母親像は，（母親ばかりではなく，他者からも）愛されたという実際の経験に基づいているばかりではなく，子どもの側の愛する経験からも構築される。この内的母親は，根を下ろした感覚，安全感，相互に供給する善良さの感覚を与えてくれる。

　子どもたちが先生のことを「マーム」，母親のことを「ミス」と呼ぶときに，彼らが示しているのは，母親や他の女性と関係し理解するうえで，子どもたちが内的な良い母親幻想をいかに利用しているのか，ということである。そういうわけで，継母（あるいは養母や治療者や恋人でさえ）との良い関係は，母親との関係性を駄目にするというよりも，むしろ強化しうるのだ。ひとりの母親像への良い感情は，他の母親像との関係性に引き継がれる。悪い感情も同様である。子どもたちは，親，まま親をときに良いものと悪いものとにスプリットさせるが，そのこと自体が，悪い関係性が持ち越された結果なのである。そのような組合せにおける「良い」関係性は，真実で

確固としたものというよりも，理想化されがちになるし，しかも迫害感を隠蔽し，ときには明らかに偽善的にもなりうる。「悪い」関係性は，よく知られているように不公平で誇張されがちで，後には理想化に方向転換するかもしれない。その一方で，本来の「良い」関係性は，誹謗されるのである。

愛情にあふれた良い内的母親/乳房像というこの感覚に加えて，子どもは他にも多くの内的対象についての感覚を持つものだ。悪い対象は，夥しい数となり次第に統合されにくくなる。たとえば，子どもが幻想のなかで悪い対象に対処しようとする手段のひとつに，それらを切り刻み，ばらまく，ということがある。もし悪い内的対象が，その恐ろしさを修正するような，愛し世話する側面を持ち合わせていないなら，悪い内的対象は，とても脅威的になるかもしれない。良い内的母親/乳房の方が，ひときわ人間的で複雑で現実に近かろう。

世話したり心配してくれたりする人を，愛し失うプロセスは，柔軟性に富んで強力な良い内的対象を発達させるうえで，決定的なものとなる。喪失のプロセスの間，良い対象という幻想は，攻撃にさらされるかもしれない。たとえば，弟の誕生で母親の関心を失ったことに反応して，「もうお母さんなんかいらない」，「お母さんより僕の方がすごいんだ」という子どもは，外的な母親を失ったばかりでなく，内的母親の幻想をも誹謗しているのである。そのような誹謗の延長上に，外的世界における母親を実際に攻撃すると，報復攻撃，理解，援助のいずれかが返されよう。それは，母親自身の精神状態，母親自身が対象から愛されたという外的，内的支持の量のいかんによって決まってくるものである。

悲嘆の苦痛に持ちこたえられたときにはじめて，子どもや大人は「あの人はいい人だった。でも彼女を失ってしまった」と言うことができるのである。「僕のなかでお母さんはまだ僕を愛してくれているんだ」という信念を保ち続けられるためには，子どもたちには彼らを世話してくれる大人が必要なのである。これがないと，愛情深い自己が存在するという信念，破壊することなく愛することができるという信念は，脅かされる。ときにこの援助を父親が提供することもある。母親自身も（とりわけ，子どもの気持ちに対する認識や理解のいかんによっては），提供しうるかもしれない。

条件さえ良ければ，子どもは自分とはある程度独立した存在としての内的

母親に気づくことができる。しかも，その母親は，子どもにはないものを持っており，それを子どもに与える能力もあることが自覚される。このような内的母像は，それ独自の存在であり，子どもの願望や気分次第で必ずしもどうにかできるものではないが，生涯を通して子どもの力になってくれもするし，養ってくれもすると感じられるのである。

性の発達

　クラインは，母親との関係の原型が，後年，性的な結婚生活の基礎になるというフロイトの意見に同意している。だが，クラインは，子どもがごく早期からペニスや膣の存在に気づいていると考える点で，フロイトとは見解を異にする。彼女は，子どもが乳房や乳首に生まれながらに気づいているように，性器のことも生得的に知っていると考えた。また彼女は，赤ん坊や子どもや大人は，単に早期の関係の反復を求めているのではなくて，自分とは違った存在であり，もっと多くのことを提供してくれる他者を心から懇願していると信じる点で，フロイト（や今日のいくらかの分析家たち）とも意見を異にする。

　クラインは，性行為や性行為の意味の生得的な自覚があると信じるばかりではなく，授乳体験が性器的な性愛感情の礎石だともみなした。授乳幻想が断然良いものであったなら，性的関係を支配する幻想も俄然良くなるだろう。セックスは，性器の快感をお互いが享受するばかりではなく，それぞれのパートナーがお互いに情緒的に授乳し合うという相互満足，良い関係性として理解されよう。「なにかいいね」という感覚は，そうした関係性からもたらされうる。それが，赤ん坊であれ，パートナー双方を豊かにする，ある種の創造性であれ。大人の勃起したペニスは，大人にとっての相対的なサイズとしては，赤ん坊にとっての乳首のサイズに近い。膣は，温かくて愛情深い口として「理解」されうる。これによって，あらゆる種類の性行為は，深くて共振的な意味が与えられる。幻想のなかでは，性器と人との結合は，確固とした価値が生み出されよう。

　性器セックスを理解するために使われる幻想には，悪いものも含まれる。口が乳首や乳房にダメージを与えたのではないかという恐怖感のために，今

度は膣がペニスに，あるいはペニスが女性の身体の内部に，ダメージを加えるのではないかという恐怖がしみ出てくるかもしれない。セックス中に，ペニスが女性に嚙みちぎられ，女性の身体の内部に保管されるという恐怖も，子どもたちの間では珍しいものではない。性器は幻想のなかでは，粗野なジョークにあるように，所有者から切断される。人は拒絶され，性器のみが欲望されるのである。性は，愛情，愛すること，創造性ではなくて，破壊性，ダメージ，パートナー双方の脆弱化を生み出すものとして理解されるかもしれない。そのような幻想は，人生経験によって否とされたり，是とされたりするかもしれない。さらに，自己満足的な予言になるかもしれないし，ほとほと手をこまねいたひどい経験にひどく当てはまるものになるかもしれない。

　母親との関係が，理由はなんであれ良くないと，赤ん坊は，恐ろしくてひどい幻想から目を逸らすために，自分自身の性器を使用したりする。赤ん坊のなかには，他の子よりも早くから自分の性器にとても強い関心を向ける子もいるようである。性器は，閉じた円環の感覚，つまり，あらゆる快感や欲求は自己満足，という感覚を生み出すために使われる。マスターベーションの快感は，現実の他者との関係の必要性を否認するために使われる。すなわち，うまくいかなかったり，拒絶されたりしたかもしれない他者との関係の否認である。自分で自分を満足させることができるという，赤ん坊のこの自己理想化の下には，望んだ満足を供給してくれない対象に対する，とても混乱した攻撃幻想が隠されている。

　クラインは，子どものころのマスターベーションは，自分のことを顧みてくれない両親に向けた，とてもサディスティックで残酷な空想を伴っていることを発見した。そのような空想に付随して，子どもたちは普通マスターベーションに罪悪感を感じるのかもしれない。クラインは，大人がマスターベーションに決して反対しなかったときでさえ，子どもたちが罪悪感や損傷恐怖をかなり深刻に覚え，マスターベーションをあきらめることがしばしばあるのを発見した。またクラインは，子どもたちが兄弟や姉妹との性的関係に巻き込まれた例を記載し，それに関連する子どもたちのとても痛ましい幻想や無意識的な罪悪感をいくらか調べた。クラインはごく初期の論文のなかで（「正常な子どもにおける犯罪傾向」1927, Klein, 1975, vol. I），そのよう

な虐待に由来する犯罪行為を記載した。

　子どもたちは両親に交互に同一化していく。片方の親に失望すると，もう一方の親への同一化に向かう。そしてまた失望し，結局何度もこの過程が繰り返される。次第に子どもたちは，両親から解放され，母親にも父親にもない良さを持つ，独自のパートナーと各々同一化を築いていこうとする。

　良い環境のもとでは，両親から顔を背けて子どもが自分の性器に向かうということは，ほんのまれだろう。そして，性器に付随する幻想としては，愛情や授乳に関するものが多く，そのなかで善良さや快楽が共有されるのだろう。しかも，後に赤ん坊が大人になったときに，セックス恐怖やセックスの損傷恐怖は，セックスの過大評価（そこには恐怖が隠されている）によってではなくて，良い赤ん坊や好ましい愛情関係が生み出され，保持され，失われはしない，という現実的確信によって，凌駕されるだろう。恐怖がいくらか存在することもあるが，それも良い性的経験からくる安心感や，うまくいけば健康な赤ん坊が誕生することで，結局のところその恐怖は受容されやすくなり，修正されることだろう。

　（「どこか具合が悪い」赤ん坊の誕生は，単に現実的理由のためばかりではなくて，やっかいなことになる。その赤ん坊の誕生は，次のような証拠として受け取られるかもしれない。すなわち，女性の身体の内部が悪くて危険であり，セックス自体も悪いという幻想を「証明する」ものとして。そのような赤ん坊が生まれた場合，新米の両親ともに，自らの最早期の不安を覚醒させられるかもしれない。そのことは，彼らが赤ん坊に親らしく対処するのを難しくする。特にこれが第一子である場合，不安はとてつもなく強くなり，親同士の関係も危機に瀕する）。

　また，環境が適切さを欠いた場合に，憎しみを持って自分の性器に向かう子どもは，大人になった際には，自己や他者に憎悪や残酷さを向けるために性器を利用しようとするかもしれない。

父　　親

　父親に関するクラインの観点は，フロイトとまったく同じというわけではなかった。クラインが父親を無視したと言って糾弾されたのに対して，フロ

イトは，母親の役割を軽く見たと言って非難された。だが，どちらの見解も正しくはない。フロイトは，母親の役割を確かに認めていたし，クラインは，父親を重要だと考えていたのだ。クラインは，父親を正当な権利を持った，赤ん坊や子どもの愛情対象であり，三角関係について赤ん坊に学ばせることができる人物であり，赤ん坊を固有の心や身体を持ったものとして成長させ，母親から分離させるという絶対不可欠の役割を演じる人，だとみなした。

クラインの見解では，赤ん坊は，母親をすべて独り占めにしたいという貪欲な願望と葛藤するなかで，父親はときに協力者とみなされる。母親と父親の関係は，赤ん坊には嫉妬深くも競争的にも感じられるが，父親は重要な境界線を引いてくれ，母親と赤ん坊がお互いにもつれあってしまわないようにしてくれる人だとも感じられる。赤ん坊を世話する，父親のいろいろなやり方も重要である。状況いかんでは，父親は，赤ん坊の攻撃的で強力な幻想ばかりでなく，もっと世話好きで創造的な側面の幻想にも彩られ，表象されるものとなる。

フロイトが考えたのは，少女は男になるために，彼女自身のペニスを父親が授けてくれるのを最初は期待する，ということであった。エリザベス・スピリウス Elizabeth Spillius（1988）が言うには，フロイトの患者の多くは，いわゆる今でいう転換症状を持った若い女性であった。今日の理解では，そのような女性たちは，とても多くの場合，自らペニスを理想化したり熱望したりし，母親および愛の対象としての男性を中傷する。フロイト理論はこうした女性に適用されていたものだった（転換症状は，情緒的な感覚を身体的な感覚に転換することによって生みだされる症状である。たとえば，不安を喚起する思考の代わりに胃の痛みが起きたり，小切手を書くことに関連した不安を認識する代わりに手が麻痺したりするのである）。

けれども，クラインはずっと視野の広い観点を持った。クラインは，女の子は父親を愛の対象として求めるのであって，単にその付属物を求めるのではないと断言した。良い環境のもとでは，欲望や愛着の対象としての乳房との関係から引き出される幻想には，愛情がこもっており，母親ばかりでなく父親への愛すべき幻想の基礎ともなる，とクラインは感じていた。兄弟や姉妹，乳母や祖父母なども，子どもにとって，愛情ややすらぎの根源としてそ

もそも経験されうるものなのだ。

　母親以外の他者への愛情は，ごく早期から観察できる。他者への愛の生まれ方はいろいろだ，とクラインは考えた。乳房への愛情，乳房から受ける愛情は，世界全体への愛や世界のあらゆるものへの愛へと「こぼれ出す」。特に，母親を支え，彼女の世話をしてくれると感じられる母親のパートナーや他者に対しては，赤ん坊は愛や感謝を感じる。こうした人びとは，幻想のなかで母親に加えられたダメージを修復し，母親を回復させるうえでの仲間だとみなされる。良い環境のもとでなら，赤ん坊が希望を抱くのは，そうした人びとこそ，幻想のなかで，もしくは現実においても，赤ん坊によって精根尽き，疲れ切ってしまった母親を回復させてくれるだろう，ということである。こうした愛は，羨望か感謝かで脚色されるかもしれない。どちらになるかは，赤ん坊が人生一般や，自分の力ではどうにも母親を回復させられないことについて，どのように感じるか次第である。

　父親や同胞への愛情もまた，多技にわたるかもしれない。母親との関係が，あまりにフラストレートされていたり，不満足だと感じていたりすると，赤ん坊は母親への攻撃の一部として父親に目を向けるかもしれない。母親が赤ん坊を残して仕事に復帰したり，離乳したり，もうひとり赤ん坊を産んだりして，母親と赤ん坊との分離が強まったときに，このことはしばしばゆるやかに起こる。母親/乳房への愛情が充分に確立されていると，母親への怒り，（小さい女の子にとてもよく見受けられる）父親への偏愛は，両者に対する愛情や思いやりで支えられる。この愛が確かなものではなく，母親との真に破壊的な関係から逃れるために赤ん坊が父親の方を向く場合には，この憎しみは結局は父親との関係でも出現することになる。今度は子どもは，父親を拒絶し，再び母親に舞い戻るかもしれない。そして，母親のことを理想化し，根底にある憎しみを否認しようとする。切断された悪い関係性は，子どもに影響を与え続け，至る所で演じられるかもしれない。

　母親の優れた能力に対する羨望から，猛々しい怒りが生じるときも，赤ん坊は父親に関心を向ける。父親は案外きちんと愛されるかもしれない。というのは，父親は乳房を持っていないし，母親のように「内部」に赤ん坊を持つことができないので，そのような羨望をかきたてないからである。また父親は子どもと同様に，母親から生まれてきたもの，と感じられるかもしれな

い。父親へのこの愛情の代価としては，父親自身に真の潜在能力はない，と知覚し続ける必要性が生じてくる，ということだろう。

　母親同様に父親もまた，性的パートナーとしてばかりではなく，子ども（彼/彼女）にとってのひとつのモデルを提供する。子どもは幻想のなかで，彼/彼女の父親を取り入れ，その結果，父親に同一化したり，あるいは父親みたいな人間になる恐怖から，父親に対抗する同一性を創ろうとしたりするかもしれない。たとえば，父親はそのふるまいによっては，堅固さ，権威，愛情が相互に共存できることを子どもに納得させるかもしれない。同様に，権威は残酷さと同義であり，愛情は拒絶や犠牲を意味すると，子どもに確信させるかもしれない。父親は，弱さと結びついた苛立ちを示すかもしれないし，子どもをライバル視して，妻へ要求がましくなるかもしれない。子どもはこれも取り入れるだろう。子どもが良い親モデルを持たずに，彼や彼女自身の同一性を創りだそうとする際には，彼/彼女はかなり深刻な困難を覚えるかもしれない。父親が欠けると，子どもたちは幻想上の理想化された父親を創りだすだろう。捨てていった父親に向かう怒りのせいで，彼らの否定的な幻想はとても脅威的なものになるだろう。同様に，実際の親みたいになるまいと苦慮している人びとは，嘘っぽくて皮相的な様子になるかもしれない。なぜなら，彼らは自己矛盾に陥る恐怖から自発的にふるまうことができないからだ。その場合には，幻想上の内的な父親との同一化は避けられようもないが，その同一化は否認され，自己の一部が切断された感覚を生み出すかもしれない。

　前述したように，父親はしばしば子どもの破壊的幻想の焦点となる。「ベッド下の強盗」，侵入してものを盗む泥棒，後には恐怖の強姦魔は，攻撃的な父親幻想の一バージョンかもしれない。その幻想は，一面は実際の経験からなり，もう一面は子ども自身の恐怖から生まれてきている。というのは，子どもは母親の身体の内部に押し入り，赤ん坊を奪い，永遠に母親を苦しめたいという願望を抱いているからである（次章に記載するトルードは，彼女のプレイのなかでそのような幻想を表現している）。本来，母親に対する/からの，経験上/幻想上の破壊性は，母親との関係を「守ろう」とするあまりに，父親のせいにされているのかもしれない。その代価は，母子関係の理想化や弱体化である。

実際に父親が暴力的だと，子どもたちは幻想のなかで，それを自分自身の秘められた攻撃的感情の表現として理解するかもしれない。そうなると，現実に起きることを認めたり，それに効果的に抵抗したりすることが，彼らにとってはなはだ困難になろう。だが，親のふるまいに対して子どもが責任を感じるのには，幾多の起源がある。これはそのひとつにすぎない。子どもたちは，親のふるまいを目撃することで，自分自身の攻撃性に関する思い込みに，強い影響を受ける。その影響によっては，子どもたちは自らの自己知覚に，とても深刻なスプリットを与えるかもしれない。すなわち，子どもたちは自分自身の攻撃性を否認することでしか，まったくのところ攻撃性をコントロールできないことに気づくかもしれない。そして，子どもたちは親と同様に，彼らの現実感ではコントロールできない突発的な暴力の暴発の前に，なすすべがなくなるかもしれない。子どもたちは自分たちの腕力や腕試しによるダメージを確かめたくて，大人もしくは子どもと組んで暴力のシナリオを具現化するかもしれない。

　クラインの観点では，父親は一般的に認識されているよりも，子どもたちにとってはるかに重要である。父親の不在は，意識的にも無意識的にも子どもたちの空想世界で，はかり知れぬ役割を果たし続ける。父親に置き去りにされると，子どもたちは自分自身や自分自身の破壊性に関しての恐ろしい幻想が，いくらか確証されたと思う。父親との関係，父親によって代理表象されている自己の諸側面との関係は，子どもの世界観に影響を与え続ける。けれども，父親がいたからといって，そうした幻想がありのままに発達するとは限らないかもしれない。だが，いかなる年齢でも，親を失った子どもたちには，それ以来さまざまな幻想を持ち続けているという明白な徴候が，たびたび見られる。たとえば，父親に対する見方は，いかなる理由にせよ父親が子どもたちを置き去りにした以降，発達してこなかったかもしれない。概してその見方は，とても非現実的であり，（いつもではないが）後年，子どもがパートナーとの満足のゆく関係を形成するのに，弊害となることがある。

　クラインの観点では，父親は，母親との関係に起源を持つ幻想に基づいて，まずは理解される。これらの幻想にはとても愛情深いものも含まれている。すなわち，父親は幻想のなかで，子どもが危害を加えてしまったのではないかと恐れているダメージを修復するうえで，味方だったり助けになった

りしてくれる人物である。そしてまた父親は，幻想のなかで，子ども自身の攻撃性をも象徴している。父親の実際のふるまいは，子どもを助けるうえで，すこぶる重要である。というのは，子どもは，男性についての幻想，自分自身についての幻想，母と自分との関係についての幻想など，さまざまな幻想を抱いているからである。子どもの攻撃性を，子どもに牛耳られてしまうことなく引き受けたり，表現したり，コントロールしたりできる父親の能力も，大切である。母と子双方になにか良いものを提供しながら，彼らの間に割って入る父親の能力，子どものモデルとなる父親自身の性格，子どもの世界になにか寄与できることなど，すべて子どもの発達に影響を与える。

　父親の役割は，コンテイニング機能に関する現代クライニアンの考え方においても重要である。エディプス三角は，そのなかで，母と赤ん坊が結合し，両者に慕われる第三者によって支えられているものだが，それは，実際上ばかりでなく，象徴的な意味でも重要である。母親が思考できるためには，赤ん坊は，母親が独自の心の空間を保持しており，そこに侵入することはできない，という現実に耐えねばならない。だが，赤ん坊は（母親も同様に），赤ん坊が母親を乗っ取り，彼女の内部にまさに入り込み，要求がましさで母親を呑み乾してしまうという危険性を，ときに感じるようだ。父親や他の愛情対象は，母親が彼女の正気，まさに実存性を死守するうえで，援助の手を差し伸べることができる。父親は，母親が彼女自身の思考を心の空間に保持し，ときには赤ん坊と共有できるために，多くの点で赤ん坊を援助する。最終的に，これが意味するところは，赤ん坊が自分自身の思考のための心的空間，他者のための心的空間を保持できるようになる，ということである。

赤ん坊

　フロイトは，少女は心の深層においては，自分にはないペニスの代理物として，赤ん坊を欲する，と考えた。言い換えれば，そもそも赤ん坊を欲するのは，自分自身との関係性，自分自身の身体との関係性の一部として，ということになる。クラインは普通の状況なら，少女はもっとずっと複雑な理由で赤ん坊を欲すると考えた。クラインが考えるには，少女が彼女ら自身には

ないペニスの代理物として赤ん坊を欲するなら，それは病理的であり，赤ん坊との良い関係性の基礎にはならないだろう。

多くの女性は，抑うつポジションの影響下で赤ん坊を欲しがる，とクラインは考えた。というのは，女性は，小さい頃幻想上の危害を加えた母親のなかの赤ん坊を，母親に元どおりに返してやりたいと欲するが，それを男性の手を借りてやり遂げたいと思うからである。多くの女性が赤ん坊を求めるのは，愛する関係の一部として，ふたりの異なった人間の良い絆を堅固にする一部として，さらに深いレベルでは，赤ん坊自身と乳房/母親を表象する一部として，である。すなわち，赤ん坊は，愛する両親との関係における女性自身の自己を表象しているのである。女性は性の相違，彼女たちとパートナーとの相違を，尊重して楽しむことができる。ちょうどそれは，彼女たちが自分自身と乳房/母親との相違，両親間の相違を尊重して楽しむことができたように。彼女たちは深いレベルでは，自分たちが愛され世話されてきたように，愛し世話する赤ん坊を欲しがるのである。

女性のなかには，比較的妄想分裂不安の影響下で，フロイトの考え通りに，自分自身を装い，自分の母親や他者に勝ち誇り，あらゆるものを所有していることを世の中に示すために，赤ん坊を欲する人がいる。だがクラインは，これを空虚さ，内部がからっぽという幻想を隠蔽するものだと考えた。このような女性には，愛し合ったり，修復し合えたりする良い母親，サポーティブな良い父親という幻想はないのかもしれない。彼女たちがあらゆるものを所有し，完璧に自立しなければならないと感じるのは，彼女たちが独り孤独にされてきたという絶望感を隠蔽するためである。彼女たちは，母親の世話を自ら拒絶したのか，それとも彼女たちの母親が，彼女たちの必要とするものを提供してくれなかったがために，ひとりぽっちになったのである。そのような女性は，誰からも愛されなかったと感じるために，自分のことを愛してくれる赤ん坊を欲しがるのだ。

もし母親が，現実の人間関係にあまりに絶望しているなら，このことは赤ん坊にさまざまな困難を引き起こしうる。乳房/母親に由来する諸幻想は，赤ん坊を理解するために使われるので，分離した乳房/母親/パートナーと関わることに希望を持てない母親は，赤ん坊を自己の一部とみなしたり，赤ん坊自身の独自性を押しつぶしたりするようにしか，赤ん坊と関わることがで

きないかもしれない。

　環境さえ幸せなものであれば，赤ん坊は母親の一部をときには表象するが，まったく同一化されることはない。おそらくは，すべての母親は，赤ん坊のなかに自分自身を見ることがある。また別のときには，赤ん坊は愛し愛される内的母親を象徴するものとみなされる。さらにまた，赤ん坊は，迫害的で要求がましい内的母親像の象徴だとみなされることもある。それは，母親自身よりも巨大で，彼女をからからに吸い尽くしてしまう。母親業とはとても消耗するものなので，そのような幻想は，そうした消耗の表現とも一助ともなりうる。また母親のなかには，自分の赤ん坊を正当な権利を持ったひとりの人間としてみることができる人もいる。そのように自らの存在を認められた赤ん坊は，愛される自己という確かな感覚を持って成長する，より良い機会を手に入れ，他者との同一化を一時的に楽しんだり利用もできたりし，しかもいつも他の誰かの見方に汲々として合わせることも強いられないだろう。

不　安

　フロイトは初期の著作のなかで，不安は性の制止に由来すると論じた。フロイトの考えでは，フラストレートされた性的感情は，不安感情に転換される。後にフロイトは「制止，症状，不安」（1926年）のなかで，この見方を変え，不安を対象喪失の恐怖と結びつけた。本来その対象とは，「本能欲動による不快な緊張に寄る辺なくさらされる」危険から，赤ん坊を守ってくれる母親のことである。後にこれはペニス喪失の恐怖に変わる。フロイトは，ペニスを子どもにとって「性行為のなかで母親，すなわち母親の代理対象と再結合」させてくれる（Freud, 1975, vol. 20 : p. 139）ひとつの器官であると記載している。さらにその後，これは超自我恐怖に修正され，その後さらに「運命の力の上に投影された超自我恐怖としての死の恐怖（あるいは生への恐怖）」に変更された。

　フロイト同様，クラインの不安に関する見解も変転した。まず，クラインは，フロイトやアーネスト・ジョーンズ Ernest Jones に従って，不安は，去勢恐怖，性的快感能力の喪失恐怖に起因すると考えた。しかしながら，

1933年の「子どもにおける良心の早期発達」(Klein, 1975, vol. I) のなかでは，クラインは迫害不安を子どもが自分自身の攻撃衝動を恐れることに由来すると記載している。「躁うつ状態の心因論に関する寄与」(1935, 同上書) のなかでは，続けてクラインは2種類の不安を記述している。「迫害」不安は，攻撃され，破壊されるという恐怖である。「抑うつ」不安は，愛する人を失い，傷つけるという恐怖である。クラインは，迫害不安を妄想分裂ポジションの一部とみなした。迫害不安があまりに脅威的で，言語化や思考によって対処できないと，それは，しばしば投影同一化によって扱われる。人は，その不安自体に耐えるよりも，その代わりに他者にその不安を感じさせることによって，その不安を自覚することから免れようとするのである。

子どものころに虐待を受けてきたある女性は，自分自身の娘が思春期に達したときに，娘がセックスに興味を持ち，父親と親密すぎるのを非難し，娘を拒絶した。その女性は，自分が虐待を受けたのも，彼女自身がセックスに興味を抱き，父親と親しかったせいだ，という迫害的な気持ちに耐えられなかったのだった。したがって，その感情は，伝達されるほかなかったのである。

抑うつ不安は，迫害不安とは異なった性質を持つ。それは，抑うつポジションに属し，迫害不安よりももっと耐えやすい。抑うつ不安は，失われた愛情対象の良さへの認識，そして，思慕，悲嘆，罪悪感の自覚に関連する。抑うつ不安は，自己の内部に保持することができ，事態をさらに良くしようとする刺激にもなる。すなわち，一方では謝罪の念や悲しみが表現され，もう一方では，ある種の償いが試みられる。象徴的な償いを通して，耐えられうる類いの不安は創造的な仕事への起爆剤ともなる。

クライニアンの理論と臨床においては，不安は重要な役割を果たしている。分析家が患者に安心をもたらすのは，現在の不安の根源を探し出し，それを修正することによって，である。不安は変化への妨害ともなれば，動機づけともなる。スプリッティング，解体，否認のような機制は，迫害不安の

圧力下に起こる。これに対して、もう一方の統合や現実受容は、抑うつ不安に対処する手段となろう。患者が分析中に、過去の無意識的感情を経験するときには、それに付随する不安は、分析家と共有され、そのプロセスのなかで修正されうる。その感情を認識することに伴う危機感は、減少する。超自我（良心、批判的な内的両親）を含む自己の諸側面をスプリット・オフさせ、それらを他者に帰属させる必要性を減ずることによって、クラインは、患者の自我を強化させることができる、と考えた。

クラインが本来考えていたのは、不安は発達を妨げる、ということだった。過度の迫害的不安は、ことさらそうだと考えた。しかしながら、後に彼女が「自我の発達における象徴形成の重要性」(1930, 同上書, pp. 219-232) のなかで示したのは、発達は不安に耐え、それをワーク・スルーできるかどうかにかかっている、ということだった。不安は排出されるだけなら、心のなかで変化のための必要条件を創り出すことができないのである。大事なのは、不安への対処の仕方であり、それは、逆に言えば、不安の性質とそれに耐える能力しだい、ということになる。人生のある時期に、愛し考えてくれる人がいたかどうかによって、生を強化するやり方で不安を処理できるかどうかに、強力な影響が及ぼされるのである。

羨　望

『羨望と感謝』(Klein, 1975, vol. III) のなかで、クラインは、善良さや愛情がまさに善良で愛情深いがゆえに、攻撃されてしまう様相をいくつか取り上げた。この考え方は明らかに過激で強烈である。クラインは羨望と嫉妬とを区別した。羨望とは、乳児、羨望される人、羨望される特徴や属性、それぞれの間での関係性だと、クラインは考えた。嫉妬とは乳児と他のふたりとの関係性である。そのふたりのうちのひとりは、乳児が愛する人であり、もうひとりは乳児が求める愛情を受け取っている人であり、それゆえ怒りや憎しみやライバル心の対象となる人である。羨望は、性質上、危害を加え台無しにするものである。人や物に向かって「糞を投げ付ける」という表現が適切である。嫉妬は、愛する対象の良さが保持されている。羨望は妄想分裂ポジションに特有である。嫉妬は、抑うつポジションにおいて洗練される必要

があるものだ。クラインは，多くの大人の問題は羨望から生じると考えた。羨望こそが最悪の罪だと，クラインは当然視した。なぜなら，羨望は人生におけるあらゆる美徳，あらゆる楽しみ，あらゆる喜びを攻撃するからである。その一方で嫉妬は，失恋ではあるけれども，愛の証になりうる。

　クラインは晩年になると，羨望は生得的なものであり，人間は羨望と感謝のそれぞれの能力をもって生まれてくると確信するに至った。クラインは，羨望は分析の効果を限界づける要因のひとつになるとみなした。羨望は他人の喜びばかりでなく自己の喜びをも破壊するので，羨望の強い人は，真実や理解から得られる恩恵を享受できない。さらにクラインは，心のなかのスプリット・オフされた羨望に満ちた部分は，比較的羨望の弱い部分と絶えず葛藤状態にあるかもしれない，と考えた。羨望に満ちた部分は，誰に対しても幸福，創造性，成功を許容しないだろう。

象 徴 化

　フロイトは夢の研究によって，象徴化の重要さを認識するに至った。フロイトは，私たちの思考や感情が，いかに容易に，ひとつの対象から他の対象に移動するかを見出した。クラインはこの研究に着手し，そのプロセス全体をさらに探求しうるのに気づいた。フロイトは，かなり特別なやり方で，象徴について語る。たとえば傘や杖はペニスを象徴するかもしれないし，家や部屋は母親を象徴するかもしれないという。だがその方法や理由のいかんは，はなはだ不明確である。幻想や現実吟味に関するクラインの理論は，論点全体がずっと明瞭である。

　クラインの理論によれば，幻想は，子どもが世界を理解しようとする試みの重要な一局面である。この世界や両親を至福の状態にまで回復させるという幻想，愛情深くて創造豊かな幻想，喜びや幸福に包まれたなかで，人や物がお互いに愛情というすばらしい贈り物をやりとりしているという幻想は，常に活動している。また同様に，むさぼり食ったり食われたり，ずたずたに引き裂かれたり，爪で引っ掻いたり，噛んだり噛まれたりという幻想も，常に作動している。こうした幻想間の葛藤は，多くの不安を招く。自我機能のひとつは，情報を求めて外的世界を探索することである。探し求められた情

報の重要な部分次第で，不安に満ちた幻想は，ある意味で確証されたり反証されたりもする。象徴化は，内的世界の対象の，外的世界における表象物を探し求めることから発展する。

　換言すれば，子どもはダメージを受けたり，あるいは健康だったりする，ペニス，乳首，乳房を探し求めている。すなわち，母親や父親は完全で愛情深いか，スプリット・オフされ，ダメージを受け，報復的か，なのである。ペニスや指は，子ども自身が自分の乳首を探す途上で見出される。父親は，母親や自己のスプリット・オフされた側面の表象物を探すうえで利用される。教師や年長の同胞は，攻撃的で，脅迫的で，嘲笑的な親/自己の幻想を充足させるために発見されるかもしれない。すなわち，そうした親/自己は，なんでも知っており，なにも知らない子ども/自己を辱めたがっている，という幻想である。

　乳房，ペニス，ふん便，父母の象徴を見つけるのがこんなに簡単なのは，私たちが比較的成熟したレベルばかりではなく，上記の水準で世界と常に関わっているからである。赤ん坊のときに，私たちが情熱的な関心を抱き，しかも私たちの最深部の不安を生み出していたのが，これらの諸要素だった。もし私たちが，たとえばペニスや乳房を探しているのなら，至る所にそれらを見つけるのはたやすい。もし私たちが，自分自身の有能さ，愛する能力の有無の証拠を求めているのなら，その証拠は，私たちが周囲の人や事物のありのままの姿を大なり小なり尊重しながらも，それらに適切な意味を至極簡単に付与できることに示されうる。そのことは，私たちがどの程度現実と触れ合えるかどうか次第なのである。

　象徴は子どもの成長とともに発達する。私たちは『児童分析の記録』のなかに，リチャードが母親やクラインを表象した，さまざまな象徴的方法をたどることができる。母親のもっとも原始的な表象物としては，淡青色，乳房を表象する円，駅，彼がそのなかにいる建物が含まれていた。母親に関するもっと成熟した象徴は，リチャードが窓越しに見た人びと，コック，クライン自身，であった。「生きている」という特徴は，無生物的で，不動で，それゆえにコントロール可能なこととは，対極をなすのである。しかも，他者が別個の存在であるという現実に，いくらか耐える能力があることを意味する。そのような象徴を創出することで，リチャードは母親をひとりの人とし

て理解できるに足る母親像へと統合したが，しかし，その後，母親を素敵なママといやなコックにスプリットさせてしまった。このことから例証されるのは，抑うつ的統合と妄想分裂的スプリッティングの交替という，象徴化における帰結である。

　大人の不安の象徴化によって示唆されるのは，クラインによって記載された赤ん坊の不安と，それほど大きな差はないということである。私たちは自分の仕事の質がどの程度のものかと，思い悩んだりする。単に「うんち」を生み出しているだけなのか，赤ん坊のような良いものを産み出しているのか？　芸術という創造的な仕事なのか？　固有の生や長所に立脚した手厚い仕事なのか？　私たち自身のものなのか？　盗まれたものなのか？　他者の手によるものなのか？　私たちは愛する人をコントロールできるのか？　彼らに自由を与えたら，彼らは私たちを愛してくれるのか？　私たちは良い食べ物で授乳されたのか？　それは毒だったのか？　私たちは役に立つ理論，心にとっての良い食べ物を与えられたのか？　それは，危険で密かに破壊的なものだったのか？　治療者として私たちは人びとを良くしているのか？　彼らにダメージを与えているのか？　私たちの母親/子ども/クライエントを愛し守ろうとする努力が営まれていたのか？　それは，もっと隠微な攻撃形態に過ぎなかったのか？　私たちは子どものときに両親がいかに生き残るかを知るために，両親を注意深く見つめたのとちょうど同じありさまで，上記の人びとが，私たちの世話の下でいかに生き残っているかを知るために，私たちは不安な眼差しを彼らに向けているのかもしれない。

精神病状態

　統合失調症者への分析可能性に関するクラインの見解は，はなはだ過激である。フロイトは，それは不可能だと考えた。彼女の著作「自我の発達における象徴形成の重要性」(Klein, 1975, vol. 1 : p. 221) のなかで，とても重症だった子ども，ディックを分析したとき，小児統合失調症はまだ認知されていなかった。クラインは，ディックとの仕事によって，そのような分析は可能だと確信した。このことは，彼女の被分析者である，H. ローゼンフェルト，H. スィーガル，W. R. ビオンが，統合失調症の患者を彼ら自身で分析

し始めた際に，追認された（たとえば，Rosenfeld, 1987 ; H. Segal, 1981 ; Bion, 1955 a 参照のこと）。彼らは皆，当時の他の分析家たちが行っていた，分析技法のいかなる修正に頼らなくても，統合失調症と診断された患者を分析できる，と見出した。正気の破壊を目指す精神病的で狂気の部分ばかりではなく，治療者と同盟を結べるパーソナリティの正気の部分が存在するので，この正気の部分は，分析家と率直に取り組むことができる，ということが明らかになった。

　いったん，異常な状況が研ぎ澄まされた観察を受ければ，さもなければ隠れたままだったかもしれないプロセスが，容易に観察可能になろう。クラインは，精神病過程は正常発達の一部分だと長い間考えていた。ディックの分析によって，精神病の正常性と異常性が両方明るみになった。クラインは，精神病過程つまり現実知覚の切断は，正常発達の一部だと考えた。けれども，対象に対するサディズムと共感性が両方とも極端で，そのため発達がはなはだ損傷を受けるほどに上記の精神病機制が過度に使用される人もいる，と考えた。

　クラインはディックとの分析で，途方もないサディズムや残酷さを発見し，ディックが自分自身ばかりではなく母親をも破壊してしまうのではないかと怖れていることに気づいた。ディックは，このサディズムのほかにも，母親に対する並々ならぬ共感性を持っていた。けれども彼は，それによっていささか混乱していた。なぜなら，彼は，人間と人間の表象物との識別を正確にできるほど，象徴を使えなかったからである。分析開始後3日目の，最初のおもちゃ遊びで，ディックはクラインに，貨車のおもちゃから木の破片を切り取ってほしいと求めた。その後，彼は貨車を部屋から放り出そうとし，さらに引出しの奥にそれを隠そうとした。ものを切り取りたいという願望や，母親や母親の表象物を攻撃したいという願望がとても強烈だった。それとともに，ディックは，このサディズムに対する途方もない恐怖によって脅え切ったので，ナイフやはさみを正確に使ったり，倒れるときでさえ身を守ったりすることができないほどだった。クラインが信ずるには，この水準のサディズムやそれについての不安は，精神病の特徴であった。

　「精神病的」というのは，現実を切断することを意味する。「切る」という言葉は，とても適切である。精神病の切断は，自己，愛する対象，知覚器官

自体，すなわち，目，耳，鼻，口，皮膚に向けた残酷で深刻な攻撃である。見られることへの恐怖によって，幻想上でも現実上でも，目を攻撃するという精神病状態に陥るかもしれない。ファン・ゴッホ Van Gogh は，聞こえる内容に恐れをなしたがために，耳を切断したのかもしれない。この切断のほかに，物事を元に復したいという同じく強烈な渇望がある。しかし，いかなる修復への試みも，ダメージを繰り返すようだ。そのうえ，当面の不安のレベルが高いので，そうした人びとの分析を行うのは困難で危険でもある。自己や他者を傷つける危険性は現実的である。というのは，分析はいろいろなやり方で不安に対処できるようにする一方で，不安を高めもするからである。とりわけ精神病性の不安は，安全な状況でしっかりとコンテインされる必要がある。

　妄想分裂ポジションや投影同一化についてのクラインの記載は，精神病的幻想の分析，理解にとって不可欠である。過度の共感性は過度のサディズムと同じほど重要だというクラインの信念は，とても破壊的な幻想や心的状態においてさえ，愛する側面を見出す能力のあった彼女ならではのものである。同様に，ひどく狂気じみた人のなかにも，触れ合うことのできる正気の心の部分があるというクラインの確信も，彼女らしい。

　クラインが『羨望と感謝』のなかで初めて書いたのは，スプリット・オフされた自己の蒼古的部分であり，それはスプリット・オフされたままの必要性がある，ということだった。もし，それらのスプリット・オフされた蒼古的部分が突然意識に噴出するなら，精神病性の破綻に一気に陥る，とクラインは考えた。クラインはドラッグについて述べていないが，LSD のような精神作用を及ぼすドラッグのなかには，この種の破綻を引き起こすものがあるように思われる。

要　　約

　クラインの仕事は今日，心理療法，カウンセリング実践の理論的背景として，示唆するところが多い。臨床的観点からすると，クライニアンは他の多くの治療者と同様に，クライエントの話を注意深く傾聴する重要性を強調している。治療者の基本的機能としては，クライエントが持ちこむ複雑な感情

や不安を，理解し，ホールディングし，認識することである。ビオン（1967）が述べるように，意義深い問いとしては，なにが起きているか，である。これは，なぜか，という問いに優先する。内的現実，外的現実を充分に認識すれば，自己の損なわれた側面ばかりでなく，他者への力強い共感，保護し修復しようとする願望をもつまびらかにできる。それゆえに，「災いの元」を解明する治療によって，なにか良いものをつくり出したいとする願望や手段をも解放されるのである。

　良い治療プロセスにおいては，クライエントは幻想のなかで「治療者を取り入れる」。そして，以前は拒絶していた自己の諸側面ばかりでなく，治療者の諸側面をも，次第に利用できるようになる。良い治療者，カウンセラー，分析家との関係のおかげで，しっかりとコンテインしてくれる内的対象とクライエントとの関係も強化される。これによって，地に足が着いた感覚，内的に支持されている感覚，行動ばかりでなく考えることもできるという感覚が，発達し増強する。その結果，不安はもっと耐えられやすいものになる。こうして過度の不安は緩和し，現実的な不安を効果的に行動に繋げることもできるようになるのだ。

第3章

クラインの主要な臨床的貢献

　クラインの主要な臨床的貢献は，精神分析全般にわたるが，特に子どもの分析の領域において際立った。また精神病プロセスへの分析では，クラインの貢献は出色であった。クラインは，子どもとの仕事で得た洞察を大人との仕事に役立てた。同様に，今日の多くのカウンセラーや治療者は，その起源について必ずしも自覚することなく，精神分析の多様な流れのなかでクラインが発展させた知見を役立てている。本章では，まずクラインが自分の仕事から導き出した臨床的見解を記載し，それらを例示する。ちょうどクラインが子どもとの仕事を通して，それらの見解を発見したように。次に，カウンセラーや心理療法家にとってのクラインの仕事の実践的含蓄をいくらか論じたい。

クラインの発展

プレイセラピー
　クラインの子どもの分析手法は，大人の夢と同様に子どものプレイも解釈可能だという発見に基づいていた。クラインは『児童の精神分析』(Klein, 1975, vol. II) の第2章で彼女の技法を記述した。クラインが子どもたちに用意したのは，自由に自己表現できる部屋，想像力豊かに使用できる小さな玩具，他には，紙，はさみ，鉛筆，水，容器であった。この部屋と中身は，子どもの患者が，自分自身や自分をとりまく世界についてどう感じているのかをクラインに示す，道具の一部となった。クラインは最低限の制約しかつくらずに，その世界に加わった。ただし，子どもが，自分の身体やクラインに対して身体的な危害を加えることは制限した。そして，クラインは思いや

りを持って子どもの不安を解釈した。すなわち，子どもが，愛と憎しみのせめぎ合う必然の間で，真実と錯覚の間で，強烈な葛藤に苦しんでいることを，言葉を尽くして説明した。

　このやり方は，真に新しかった。プレイセラピーは，それ以来多くの分析家によって取り組まれてきたが，クラインが行った類の解釈や方法に，皆がつき従ったわけではない。だがプレイセラピーは，大人との仕事に継承され，たとえば，部屋への入り方，手のしぐさ，椅子や身体の動かし方の細々としたことにまで注意を向けられるようになった。

不安緩和手段としての解釈

　全体的に，クラインの分析アプローチは際立っていた。大人ばかりでなく子どもに対しても，患者をくつろがせようとする試みは逆効果になりがちである，と早くからクラインは気づいていた。信頼を築き上げ，不安を緩和するもっとも効果的な方法は，患者の素材を解釈することだった。

　次の引用は，クラインの初めての著作『児童の精神分析』（Klein, 1975, vol. II）からの抜粋であるが，臨床上これがどう生かされたかの実例となる。クラインは，子どもを混乱させていると考えられる不安をじかに解釈した。クラインは，子どもを彼女の洞見から守ろうとはしなかった。というのは，彼女にはその洞見によって安心がもたらされることがわかっていたからである。

> 　トルード Trude は……3歳9か月のときに1回だけ私のもとを訪れた。その後，外的事情のため，彼女の治療は延期しなければならなかった。この子はとても神経症的で，母親に対して並々ならぬ強い固着を示していた。彼女は不安をいっぱい抱え，しぶしぶ私の部屋にやってきた。私は部屋を開けたまま，小声で彼女を分析せざるを得なかった。だが，まもなく，私には彼女のコンプレックスの性質に関して，ある考えが浮かんだ。彼女は花瓶の花を取り除くように執拗に要求した。そして，彼女は荷馬車から小さなおもちゃの男性を放り投げた。そのおもちゃは，あらかじめ彼女が荷馬車のなかに置いて，さんざんいじめていたものだった。彼女は，持参した絵本のなかに描かれた，背高帽を被っ

たひとりの男性を，絵本から除去したがった。そして，犬が部屋のクッションを乱雑にしたと，彼女は主張した。こうした発言に対して，私が直ちに解釈したのは，彼女が父親のペニスを取り除きたがっているが，その理由はペニスが母親（花瓶や荷馬車や絵本やクッションで表されていた）をさんざん蹂躙したからだ，という内容だった。この解釈は，たちまち彼女の不安を低下させ，来たときと比べずっと信頼した雰囲気で私のもとを去った。そして家では，また私のところに来たいと言っていた。6か月後に，再びこの少女の分析を再開できたときには，彼女はたった1時間のこの分析の詳細をよく覚えており，私の解釈によって，ある程度陽性転移が生じた，というよりはむしろ，彼女のなかの陰性転移の緩和の方に効果があったように思われた。(Klein, 1975, vol. II : pp. 21-22)

　読者はこのような記載を読むと，クラインの解釈の大胆さに驚嘆するかもしれない。おそらく読者の心には，花瓶，荷馬車，絵本，クッションが皆，子どもの母親あるいは母親の身体のなかの乱雑な内容物を表しているなんて思い浮かびもしなかっただろう。それがなぜそうなのか，そんなはずなのかも，すぐには明らかにならないかもしれない。驚かされるのは，明らかにその解釈が子どもにとってある種の意味を持ったことである。冷静に見れば，この種の解釈をすれば，子どもは，気の狂った女性から走って逃げ去ってもよさそうなものである。だが実際には，この女の子は留まり，また戻ってこようとした。クラインの解釈の内容については，後に検討してみよう。
　また，この引用が例証しているのは，一セッションのことを何か月後も子どもに記憶させているほどの効果を，どのように与えたか，である。だが，このように仕事すること〔訳注：一セッションのような少ないセッションで効果を与えようとすること〕を，クラインは推奨しなかった。すなわち，セッション以外での毎日の事柄が，患者に大きな影響を与えすぎる，とクラインは考えた。それでは最深層の不安は明らかにならないし，充分には掌握できない。精神病に罹患している患者の場合には，そのやり方では危険になってしまう。クラインは，週5回未満の治療に対して，分析という用語を使用するのに反対した。しかしながら，臨床上は一回のセッションですら不安を緩

和できるのを，クラインは明らかにわかっていた。そして，今日の治療者やカウンセラーは，この事実をときに利用している。

クラインのあからさまな言語の使用

クラインが確信していたのは，子どもの不安は，両親の身体の諸部分に集中し，それらの部分は，子どもの幻想によって生や意味を賦与されている，ということだった。クラインは両親の身体のことを話すために，可能な限り子ども自身の言葉を使った。クラインは，身体の諸部分や身体の諸機能に関する子ども自身の言葉使いを，あらかじめ両親と明確にしておいたので，クラインが子どもにどのように話しかけているのかを，両親ははっきりとわかっていた。この問題に関しては，『児童分析の記録』(Klein, 1975, vol. IV) 中の，10歳の少年リチャードとの分析記録において例示されている。

> 私は，リチャードが自分の性器について使う表現を，母親に尋ねた。母親はリチャードが性器についての言葉を全然持たなかったし，一度も口にしたことがないといった。彼は排尿や排便にも名前をつけられないようだった。だが，私が「大きいの big job」「小さいの little job」とか，後になってからはときどき「大便 faeces」という言葉を持ち出すと，彼は苦もなくこれらの表現を理解した。(同上書：p. 21 n)

大人の場合でも，クラインはいくつかの幻想に関しては，「乳房」のような表現を使ったようである。ことが複雑になったのは，クラインが著作のなかでは，患者との間で使ったものとは違う言葉を使用したためである。患者との間では，素材のなかから，彼らにとって意味のある概念を築き上げた。たとえば，後で見ていくことになるが，クラインは彼女の患者リチャードには「水色のママ」と言ったが，彼女の著作のなかでは，「良い乳房」と記述していたかもしれないのだ。

空想 Fantasies の自由な表現

クラインは，子どもの患者に彼らの空想や恐怖を，いつでも比較的自由に表現させようとした。その結果，子どもたちは，充分にのびのびと感じ，と

ても攻撃的だったり，情熱的だったりする空想をかなり詳細に表現し始めた。トルードが戻ってきたとき，なにが起きたかをクラインは記載した。

> トルードは4歳3か月のときに，分析の時間中いつも夜の状況をプレイした。私たちはふたりとも就寝せねばならなかった。それからトルードは，彼女が自分の部屋だという，特定の隅っこから現れて，私のところにひそかに近づき，ありとあらゆる脅しを述べた。つまり，私ののどを突き刺すとか，中庭に放りだすとか，私を燃やしてしまうとか，警察に引き渡すとか，などである。彼女は，私の手足を縛ろうとし，ソファのカバーを持ちあげ，「尻―大便―見る po-kaki-kucki」（popo＝尻，kaki＝大便，Kucki, Kucken＝見る）をしているのだと言った。トルードが，彼女にとっては子どもたちを表象する大便を，母親の「尻 popo」のなかに見ようとしていたのは明らかだった。別のときにはトルードは，私のお腹を叩きたがり，「アーアス a-as（大便）」を取り出して，私を空っぽにしているんだと宣言した。それからトルードは，彼女が繰り返し「子どもたち」と呼んできたクッションを引き倒し，ソファの隅っこに行ってクッションの陰に隠れ，恐怖の表情を思いっきり浮かべてうずくまり，身を隠して親指を吸い，おもらしをした。私を攻撃した後では，いつもこの状況が続けて起こった。(Klein, 1975, vol. 1 : p. 131)

この一節から，攻撃性，サディズム，つまるところ罪悪感が，子どもたちのなかでなぜ重要だと，クラインが考えたのかを知ることができる。トルードは，目の前のクラインや過去の母親を攻撃したときに，脅えた様子を顕にした。クラインが準備したセッティングによって，トルードが行った攻撃の詳細が明らかになった。クラインは彼女にそれらを解釈し，彼女自身の感情や幻想（この場合には，トルードが2歳のときの同胞の誕生に関連している）について，理解させることができた。トルードは，次第に意識的コントロールの下で，それらの感情や幻想を自覚できるようになった。解釈自体が，ある程度不安をコンテインする機能を果たす。分析家が不安を言葉で伝えることができれば，子どもにとってその不安は恐ろしさをいくらか和らげ

られる。
　大人に関しても，治療のなかで空想の表現は進んで行われるべきである。思ったり，語ったりすることに制限をつけないことと，安全な境界線をしっかり保持することとは関連している。これによって，行動のなかに溢れ出たかもしれない，愛情や攻撃的感情の強烈な恐怖感は緩和する。治療者がしっかりとコントロールしていれば，患者はもっと「先に進む」ことができる。治療者が不快な感情や考えを認識し，耐えることができれば，患者もまた，そうできるようになるかもしれないのだ。

過去からの証拠
　クラインは自分の仕事から，子どもの現在ばかりでなく，過去に関する知見も提供してくれるような素材を手にすることができた。クラインはその知見を患者に用いて，彼らの早期の自己を統合できるように援助した。クラインは，引き続きトルードについて記載している。

　　しかしながら，トルードの態度は，彼女が2歳足らずのときにベッドのなかでふるまった態度に似ていた。そのとき彼女は，激しい「夜驚」(pavor nocturnus) に悩まされ始めていた。また，当時彼女は，夜になると両親のベッドに何度も駆け込んだものだった。だが，トルードはどうしてほしいのか口にできなかった。妹が生まれたとき，彼女は2歳だった。分析によって，当時の彼女の心のなか，彼女の不安の原因，おもらしやベッドを汚したりする原因をうまく解明できた。また，分析はそうした症状を除去することにも成功した。
　　当時，トルードはすでに，妊娠中の母親から赤ん坊を奪い取り，母親を殺し，母親に代わって父親とセックスしたいと願っていた。このような憎しみや攻撃傾向は，彼女の不安感や罪悪感の原因になっていたばかりではなくて，母親への固着（2歳時には，とりわけ強くなっていた）の原因にもなっていた。こうした現象がトルードの分析において極めて顕著だった時期には，彼女は分析時間の直前にいつも自分を傷つけようとした。私が気づいたのは，彼女が身を傷つける対象（テーブルや食器棚やストーブなど）は，彼女にとっては（原始的な幼児的同一化によっ

て）母親やときには父親を表している，ということだった。彼らがトルードを罰しているのだった。一般にごく幼い子どもたちにおいて，たえず「けがをしたり」，転んだり，自分を傷つけたりするのは，去勢コンプレックスや罪悪感と密接な関連があるのを私は見出した。(Klein, 1975, vol. I : p. 131)

ふるまいや言葉の解釈

クラインは，子どもを理解する手段としてプレイを用いただけではなかった。トルードとの分析に示されるように，面接室外での「普通の」ふるまいの無意識的な意味をもクラインは解釈した。子どもたちもおしゃべりだった。つまり，お話を語ったり，あれこれの出来事について話したり，夢を報告したり，宿題を持ってきたりした。大人に対しても子どもに対しても，クラインがいつも心掛けていたのは，無意識の衝動や空想を意識化させることだった。そして，それらの空想や衝動は，他の衝動や空想，あるいは現実に照らし合わせて吟味された。

リチャードは10歳のときに，メラニー・クラインのもとにやってきた。『児童分析の記録』のなかで，彼の問題がトルードのものと酷似していることは明らかである。リチャードもまた母親に強く固着しており，母親から離れられなくて，学校に行けなくなるほどだった。また彼は，父親のペニスが母親に行う仕事に思い悩んでいた。クラインの患者のすべてではないが，同じような不安から始まっていることはよくある。しかし，行動で自己表現をする，4歳近い子どもに対するアプローチと，自らの問題についてとても自覚的で，行動抑制のある10歳の子どもに対するアプローチとでは，クラインの技法は対照的である。分析期間中にリチャードは，クラインに自分の心境を示すために，プレイや描画や態度を利用するようになった。だが，この最初のセッションでは，彼はもっぱら話したがった。

クラインは単刀直入に要点に入り，リチャードがなぜクラインのところに来ているのかわかっているはずだと言って，分析に導入した。リチャードが話そうとする気になるには，これで充分だった。クラインは，一心に話を聞き，ひたすらリチャードの考えや悩みを探求することに専念した。クラインは第三者の立場に立って，自分について言及している。

K婦人は，いくつかの小さなおもちゃを準備し，テーブル上には画用紙や鉛筆やチョークを用意し，その傍にはふたつの椅子を置いた。婦人が座ると，リチャードも椅子につき，おもちゃにはなんの関心も示さず，婦人のことを熱心に期待を込めた様子で見つめていた。明らかに，リチャードは婦人がなにか言ってくれるものと待ち受けていた。婦人は，彼がなぜ自分のもとにやってきたのかわかっているはずだと指摘した。というのも，リチャードには助けてもらいたい問題がいくらかあったからだ。
　リチャードはうなずき，ただちに自分の悩みについて話し始めた。リチャードは，通りで出会った少年たちが怖くて，ひとりで外出できなくなったのだが，この恐怖は日ごとにひどくなっていた。それで学校嫌いにもなった。また，戦争についてもずいぶん考えに耽った。もちろん彼は，連合国が勝利をおさめるに決まっているので，案ずることはないとわかってはいた。だが，ヒットラーが人びとにしたこと，とりわけポーランド人に行った恐るべき仕業は，酷いことではないのか？　ヒットラーは当地でも同じことをするつもりだったのか？　しかし彼，リチャードは，ヒットラーがやっつけられるに決まっている，と思っていた（リチャードはヒットラーについて語るとき，壁に吊り下げてある大きな地図を見に行った……）。K婦人はオーストリア人ではなかったのか？　だがヒットラーは，自分自身もオーストリア人だったのに，オーストリア人に酷いことをしてきた。……またリチャードは，自分たちの古い家の庭先に落ちた爆弾についても語った。……かわいそうな料理人は，ひとりきりで家のなかにいた。リチャードは，その出来事についてドラマチックに描写した。実際のダメージは，大したことはなかった。ほんの数枚の窓ガラスが吹き飛ばされ，庭の温室が壊れただけだ。でも，かわいそうな料理人は肝を潰したに違いなかった。彼女は隣人のところに行き，眠らせてもらった。リチャードは，籠のなかのカナリアたちも揺さぶられ，ひどく脅えたに違いないと考えた。……彼はヒットラーの占領した国での残虐行為についてまたもや語った。……それからリチャードは，まだ話していない悩みがあるのかどうか，思い出そうとした。ああ，そうだ，リチャードは，自分の内部がどうなっているの

か，他人の内部がどうなっているのか，としばしば訝っていた。彼は血液の流れについて困惑した。もし人が長い間逆立ちしていて，血液が全部頭のなかに落ちていってしまったら，人は死なないのだろうか？

　Ｋ婦人は，彼が母親のこともときどき心配にならないかと尋ねた。（ここでクラインが脚注に追加していることとして，母親の具合が悪いときに，リチャードがひどく心配すると，母親からクラインは聞いていた。「そういう情報はそれほど頻繁に利用されるべきではない。ただ，その情報が臨床素材にとてもぴったり合うときのみ，解釈の一部として使われるべきだ。もっぱら子どもによって提供された臨床素材だけを頼みにするほうが安全である。なぜなら，さもないと，分析家が両親と親密に連絡をとりあっているという疑念が，子どもに生じるかもしれないからだ。だが，このケースの場合は，私はこの少年が，ことのほか彼の心配事をすべて話してくれそうだと感じた」）。

　リチャードは，夜にときどき怖くなると言った。そして，4, 5年前までは，実際に彼はとても怖がっていた。最近になってもリチャードは，しばしば寝つく前には，「ひとりぼっちで見捨てられる」ように感じた。リチャードは，ママの健康をよく気にした。ママはときどき具合がよくなかった。一度ママが事故に遭い，担架で家に運ばれたことがあった。彼女が車に轢かれたのだった。この事故は，リチャードの生まれる前のことで，彼はただ話に聞いているだけだった。しかし，彼は，よくそのことを考えた。……夕方になると，リチャードはしばしば怖くなった。ひどく汚い男――ある種の浮浪者――がやってきて，夜の間にママを誘拐するのではないか，と。それから彼，リチャードは，どうやってママを助けに行き，熱湯で浮浪者にやけどさせ，気絶させるか，想像を巡らせた。そして，たとえ彼，リチャードが殺されることになったとしてもかまわない――いや，そんなわけはないが――。だが，それでも，彼はママの救出にためらいなく向かうことだろう。

　Ｋ婦人は，浮浪者がどうやってママの部屋に入ってくると思うのか，彼に尋ねた。

　リチャードは（いくらか反抗気味に），浮浪者は窓から侵入するかもしれない，と言った。たぶん，窓ガラスを壊して，と。

また，K婦人は，浮浪者がママのことを傷つけるのかどうか，リチャードは気にしているのか，と尋ねた。
　リチャードが（しぶしぶ）答えるには，男はママを傷つけるかもしれないと思うが，彼，リチャードがママを助けに行くだろう，と。
　K婦人は，夜にママを傷つける浮浪者は，空襲で料理人を脅えさせ，オーストリア人を虐待した，まるでヒットラーみたいに彼には思えるのではないか，と指摘した。リチャードは，K婦人もオーストリア人だと知っていたので，彼女もまた虐待されるだろうと思っていた。夜にリチャードが怖れていたのは，どうやら両親がベッドに入れば，彼らの間には性器でなにかが始まり，それでママが傷つきそうだ，ということだった。(Klein, 1975, vol. IV : pp. 19-22)

面接してかなり経ったこの時点で，クラインは初めて解釈した。その解釈の性質については議論の余地があろう。リチャードは，このときすぐさま，トルードほどには安心した様子を示したわけではなかった。リチャードは，あからさまなその発言の仕方に，おそらくはショックを受けていた。それはトルードには見られなかった様子だった。

　リチャードは，愕然としたように見えた。彼には，「性器」という言葉がどういう意味なのか，理解できないようだった。それまでは，彼は明らかに理解していたし，複雑な気持ちで話を聞いていたにもかかわらず。
　K婦人は，「性器」がどういう意味か，彼にわかるかどうか尋ねた。
　リチャードは，最初は知らない，と答えたが，その後わかっていると思うと認めた。ママが以前に彼に語ったことには，赤ちゃんがママのなかで育ち，ママのお腹には小さな卵があって，パパがママのなかになにかの液体を入れて，卵を育てるんだ，と（意識的には，リチャードは，性行為という考えも，性器の名前も知らないようだった）。リチャードが続けて言うには，パパはとっても格好良くて，とってもやさしくて，ママにはなにもしないよ，だった。(同上書：p. 21)

ここでクラインは，エディプス・コンプレックスの一局面を解釈している。クラインは，リチャードが彼女に示してくれた象徴を使っている。そして，リチャードには望ましくない無意識的の考えや思いがあり，それが，もっと受け入れやすい思いや考えとどのように葛藤しているのかを彼に伝えている。クラインは，母親に対する父親の攻撃性を彼が怖れていることを解釈するばかりではなくて，父親に向ける彼の意識的な感情も視野に入れている。

　　K婦人は，リチャードがパパについて相矛盾した考えを抱いているかもしれない，と解釈した。リチャードには，パパがやさしい男だとわかっていたが，怖い夜になると，パパがママになにかひどいことをするのではないかと恐ろしくなるかもしれない，と。リチャードは，浮浪者について考えたとき，ママと一緒に寝室にいるパパが，ママを守るだろうとは思いつきもしなかった。それはそうだと，K婦人は指摘した。というのは，ママを傷つけるかもしれないのは，他でもないパパ自身だとリチャードは感じているからだ，と（そのとき，リチャードは感じ入った様子で，明らかにその解釈を受け入れた）。リチャードには，昼の間はパパはすばらしかったが，彼，リチャードが親の姿を見ることができなくて，ベッドのなかで両親がなにをしているのかわからなくなる夜になると，パパは悪くて危険になり，ママの身には，料理人に起こったのと同じあらゆる恐ろしいことや，窓の揺れや破壊が降りかかってくる，とリチャードは感じていたのかもしれなかった。……そのような考えをリチャードはまったく自覚していなかったが，心のなかでは抱いていたのかもしれなかった。オーストリア人のヒットラーが，オーストリア人に加えた酷い仕業について，彼はつい先ほど語ったばかりだった。これによって，リチャードは，ヒットラーがある意味で，K婦人を含む民衆を虐待しているのだと言いたかったのだ。ちょうど悪いパパがママを虐待するように。

　　リチャードは，口にこそ出さなかったものの，この解釈を受けいれているように見えた。セッションが始まるや否や，彼はひどく熱心に自分自身のことをすべて語りたそうな様子だった。まるで彼が，このチャン

スを長らく待っていたかのように。リチャードは，何度も不安げになったり，驚いたり，解釈をいくらか拒んだりしたが，終了時間が近づくと，彼の態度は全体的に変化し，緊張の度が弱まった。リチャードは，テーブル上のおもちゃ，ノート，鉛筆に気づいていたが，おもちゃは好きではないし，話したり考えたりするのが好きだと言った。彼は，K婦人と別れるときには，とてもうちとけて満足そうで，また明日来るのが楽しみだと言った。(Klein, 1975, vol. IV : pp. 21-22)

リチャードは，K婦人が彼に語ったことを，すべて気に入ったわけではなかったが，彼は婦人の努力に明らかに感謝していた。

転移を解釈すること

このセッションで，クラインがリチャードにした最初の解釈は，転移解釈だった。この解釈は，リチャードと分析家との関係に焦点が当てられ，さらに彼と両親との関係に繋げられていた。また，リチャードがヒットラーについて表現していた不安，クラインについての無意識的な不安，両親間の夜の所業についての不安は，その解釈によって結びつけられた。クラインが概ね信じていたのは，「転移解釈のないセッションなどあるはずがない」(Klein, 1975, vol. IV : p. 22, n. ii)，ということだった。それらの解釈のなかで，クラインは分析家に対する患者の情緒の足跡をたどり，常にそれらの情緒をもともとの対象にまで還元して解釈した。これは大いなる革新だが，すべての分析家が従ったわけではない。

リチャードの臨床素材において，クラインへの不安，ヒットラーと彼女の関係についての不安が，とても早くから表れており，その後爆弾についての話が語られた。クラインは解釈によって，彼女へのリチャードの気持ちと，両親の性行為についての彼の恐怖とを結びつけ，彼の表現された不安にぴったりと寄り添った。

クラインは，転移解釈を重要だと考えたけれども，いつでもただちに実行したわけではなかった。

患者が，父母や同胞との関係，過去や現在の経験に，ひどく心を奪わ

れている場合には，そうした話題をいかんなく述べる機会を提供する必要がある。分析家に関する言及は，その後に話されれば良い。別の場合には，患者がなにを話していようとも，その情緒の強調点が，全体的に分析家との関係に置かれている，と感じられるかもしれない。その場合には，解釈はまず転移から言及されるところだろう。（同上書：p. 19）

転移解釈の重要性を強調することは，クライニアン・アプローチの紛れもない特徴のひとつである。

エディプス・コンプレックスに取り組むこと

リチャードとトルード両児のセッションにおいて，クラインがエディプス・コンプレックスを優先して解釈しているのが見て取れる。クラインは，両親に向ける愛情，一方の親と赤ん坊をつくりたいという願望のみならず，両親に対して子どもが感じるライバル心，嫉妬心，攻撃心をも取り上げた。

シュタイナーSteiner（1985）が指摘したように，エディプス神話においてエディプスは，自己処罰のためばかりではなく，自分の所業を見ないために，自分の目を突き刺した。その引用個所から明らかなように，エディプス葛藤のクラインの分析には，患者が自分のものだと知りたくない感情を，見ることができるように援助することが含まれる。たとえば，リチャードの第2回のセッションでは，リチャードは母親の事故が実際には彼が2歳のときに起こった，と語った。クラインがそこで指摘したのは，リチャードはその事故が自分の誕生前のことだと思っていたかもしれないこと。なぜなら，その事故は自分とはまったく関係がないとリチャードは思い込みたかったからだ，と。クラインはこの2回目のセッションで，リチャードは両親に嫉妬や怒りを抱いているのかもしれないし，両親について自己欺瞞に陥っているのかもしれない（リチャードは以前に，リーベントロープ Ribbentrop がイギリスを侵略者呼ばわりして嘘をついている，と語ったことがある）と，指摘した。だが，少し立つと，リチャードには安堵の微笑みが浮かんだのである。

クラインにとっては，両親に対する子どもの幻想と現実の両親との間に違いがあるのは明白だったので，クラインは，自分自身や両親に対する子ども

の敵意の源を解明するのになんのためらいもなかった。クライニアンの治療において，大人の患者に親を攻撃させるようなことはさせるはずがない。両親の欠陥への認識が明らかになれば，患者自身の欠点への洞察も，相携えて進むものだからである。

　たとえば，6歳のエルナは，母親の関心は，エルナの人生における楽しみをすべて損ない，台無しにすることだ，と確信していた。母親の行いすべて，母親が享受する喜びすべては，もっぱらエルナを羨望や嫉妬で苦しめた。クラインは，しばしば子どもの現実の虐待を記述しているが，上記の幻想は，エルナ自身のサディズムに由来し，まったく非現実的なものだった。クラインは，親から子への意識的，無意識的な現実の敵意を扱わねばならなかった際にも，その否定的な関係に必ずもう一枚上乗せされてきたはずの事態まで，子どもに解釈しようとした。

> もちろん，ありうることとして，洞察が欠如し，神経症的で，そのうえことさら子どもにとって有害な人と子どもが関わらなければならないとしたら，結果的に私たちは，子ども自身の神経症を完璧には一掃できないし，その環境要因で，神経症は再発するかもしれない。だが，私自身の経験では，そんな場合でさえも，事態を大いに緩和できるし，より良い発達を引き起こすことができる。……そんな場合でさえも，子どもたちは分析によって……好ましくない環境の試練によりよく耐えることができるようになるし，分析を受ける前よりも苦しみの度が減ることを，私は目の当たりにしてきた。子どもの神経症が改善しだすと，神経症的で洞察を欠いた周囲の人たち自身にとっても，子どもは厄介でなくなっていくのを，私はつねづね経験してきた。こうして分析は，周囲の関係性に対しても，もっぱら好ましい影響を行使できるのだろう。
> (Klein, 1975, vol. I : p. 165)

陰性転移を解釈すること

　クラインは，子どもでも大人の患者でも，両親との関係ばかりではなく，彼女自身との関係における，憎しみやライバル心を解釈した。1927年の「児童分析に関するシンポジウム」論文（Klein, 1975, vol. I）で，クライン

がアンナ・フロイトを批判したのは、このように陰性転移に取り組もうとしないから、という理由であった。クラインは、アンナ・フロイトが子どもの陽性転移をすべて引き寄せてしまうので、子どもの親の方は、実のところ子どもの陰性転移をすべて任されることになり、もっとやりにくくなるだろう、と指摘した。クライン自身は、まったく逆のやり方をした。すなわち、クライン自身に向ける子どもの感情や幻想を、陰性も陽性も含めすべて分析し、それによって子どもが、自分の衝動や感情の現実性を充分によりよく認識できるように援助した。両親の象徴であるクライン自身に対して、子どもが向けた敵対的な感情を引き出すことで、クラインは子どもとともにそのような感情に取り組もうとした。そのため現実の両親は、子どもの陽性感情の恩恵にもっと浴すことができ、分析はそのような陽性感情を徐々に表面化させることができた。大人の患者に関しては、このプロセスの恩恵を受ける人は、たとえば夫であったり、妻であったりした。

　クラインが言うには、親から子どものふるまいについての苦情を受けることはないし、分析の手始めの効果になるのは、両親や身の回りの他者との関係における子どもの改善だった。この改善に引き続いて、理解力が伴った。かつてエルナに関して、肛門サディズムの衝動がそれ相当な力を持って出現し、エルナが外の世界でそれらの衝動を行動化したことがある、とクラインは語った。クラインが結論づけたのは、彼女が陰性転移、すなわち彼女、分析家に向ける子どもの陰性感情を充分には分析していなかった、ということだった。結果的に、この確信は裏づけられた。

内的両親

　クラインは、子どもと両親を一緒に交えて仕事をしようとは決してしなかった。彼女には、分析のなかで親との関係を扱えば充分だとわかっていた。両親に関する無意識的幻想こそが重要だという信念は、子どもの分析実践に関して、それ相応の結果を残したので、決して揺らぐことはなかった。子どもの内的で幻想的な母親との関係を分析すると、実際の母親との関係に変化が生じた。

　たとえば、エルナは、赤ん坊、父親のペニス、母親の乳房、大便など、さまざまに彼女が名づけた紙切れをずたずたに引き裂き、濡らした後で、それ

らを食べた。ここでクラインは，これらの対象に対する子どもの攻撃性，これらの対象をエルナが嚙み砕き破壊して自分の内部に取り入れようとしている幻想を解釈した。

エルナは，母親に対する熱情的で恐るべき空想を持った，重度障害の子どもだった。内的母親との関わりは，最初は彼女の自家薬籠中の空想世界で彼女が生きるための，システムの一部であった。そして，その空想世界は，現実世界との接触を可能な限りほとんど持たなかった。エルナが実際には母親のことを怖がっているのを，クラインが彼女に納得させることができるまでには，いささか時間を要した。結果的に，クラインのおかげで，エルナはこの恐怖の起源が，母親に向けた自らのサディズムのなかにあることに触れられるようになった。「エルナがプレイのなかで，迫害的な考えを表出できるようになったこの時点では，彼女はびっくりしてよく言ったものだった。『だって，お母さんが本当にそんなつもりのはずがないじゃないの。お母さんは，本当はとっても私のこと好きなのよ』」。エルナが初めて分析にやってきたときには，彼女は母親のことを決して批判しなかった。「現実との接触が増し，母親に対する無意識的な憎悪が自覚されるにつれ，エルナはずいぶんと率直に，母親を現実の人として批判し始めた。それと同時に，彼女の母親との関係も改善した」。(Klein, 1975, vol. II : p. 47)

現実生活上のできごとの解釈

リチャードとのその後のセッション（61回）で，クラインは他の事に交えて，現実生活上の出来事からくる素材をどのように解釈したかを示している。また，このセッションでは，クラインはリチャードに同情を示している。クラインの「解釈オンリー」という原則は，ときどき破られた。この時点で彼女は，それによって自己批判はしていない。リチャードは次のような報告をした。

> 早朝，リチャードは，父親が床の上に倒れており，病気でほとんど気を失っているのを発見した。リチャードは，ママを呼んだところ，彼女は「部屋に飛びこんできて」，その後にポール（彼の兄弟）もやってきた。彼らは父親を寝室に運び，ベッドに寝かせた。リチャードは，この

ことをドラマチックに報告し，彼が果たした役割やそのような重大事に関わったことを喜んだ。けれども，それと同時に，彼はとても動揺を露にした。リチャードは，父親に良くなってほしいと付け加えた。父親がどのように介抱されたかという，彼の詳細な描写によってわかったのは，リチャードの心のなかでは，父親が赤ん坊になり，リチャードが赤ん坊の世話をする大人になっていた，ということだった。(Klein, 1975, vol. Ⅳ : p. 301)

　この際クラインは，脚注に付け加えている。「以前の素材からわかっていたのは，リチャードが父-息子関係を逆転させることで，彼の嫉妬心と闘い，父親に対する愛情や同情心を維持できた，ということだった」。クラインが，さらに後で注釈するには，リチャードが悲しい様子を見せた唯一の瞬間が，このときであった。そのセッションの残りの時間は，彼は迫害不安を抱えているように見えた。もっとも，リチャードがクラインと別れるころには，彼は「深刻そうで悲しげになった」とはいうものの。

　セッションに戻ると，クラインが続けて言うには「リチャードはK婦人に，これらすべてのことをどう思うか尋ねた。そして，K婦人が同情の意を示すと，彼は喜んだ」。それからリチャードは，事態をさらに詳細に追加した。

　　リチャードがK婦人に，これら詳細をすべて語ると，リチャードに大きな変化が起こった。彼はそれまでは，そこそこ沈着ではあったにしろ，とても情緒豊かで，表情に富み，生き生きとしていたが，今や彼は落ち着かなくなり，顔色は蒼ざめ，不安げで，迫害されているように見えた。彼は，プレイルームのなかに前日置き忘れた包みをまさぐり始めた。そして，［テント］棒を蹴飛ばした。……リチャードはテーブルに戻り，再度父親の病気について話し，父親が手術せずにすむのは良いことだと繰り返した。彼はポケットからペンナイフを取り出し，それは自分のものだから今回はK婦人のものを借りる必要がないと言って，ナイフを広げ，棒をひっかき始めた。それから窓のところに立ち，K婦人に背を向け，ナイフで自分の歯をとんとん叩いた。

K婦人は次のように解釈した。前日［リチャードのセッションで］，彼が父親の象徴である蛾を手術し，殺してしまった。今まさに，彼がナイフで棒を切ろうとしたのは，父親を攻撃したことへの恐怖感の表現だ。実際に父親が病気になったことで，リチャードは自分のせいではないかと感じていた。リチャードは，罪悪感や自己処罰の願望から，自分自身にナイフを向け，歯を叩いた，と。

　リチャードは，この解釈のあいだ次第に落ち着きを見せ始め，顔色も元に戻った。彼は，感動し，解釈を理解したように見えた（この洞察は，ほぼ意識的になったに相違ないように私には思われた）。だがリチャードは，まもなくナイフを持ってとても攻撃的になった。彼は木の棒に切りつけ，窓ガラスに引っ掻き傷をつけ，テーブルに切りつけようとし，包みを切り開かんばかりだった。K婦人は彼に，そんなことをしては駄目だと告げた。またリチャードは，何度も自分自身の口に刀身を持っていった。K婦人は彼にけがをするといって注意し，それを止めさせた。それからリチャードは，自分の方に直接ナイフの歯を向けて，動き回った。だから，もし彼が滑って転んだら，けがをしてしまったことだろう。K婦人は何度も彼に注意し，ナイフをしまわせた。

　K婦人は次のように解釈した。傷つき，切り裂かれ，死んだ蛾の父親が彼の内部にいると感じている。その気持ちは，父親が病気になり，死ぬのではないかという恐怖感で増大した。リチャードは，この病的で危険な死んだ父を，彼の内部から除去したかったので，ナイフを自分自身に向けた。それは暗黙の自傷や自殺さえ意味しよう。パパの大きな性器を象徴する棒も，リチャードの内部にあり，そこが攻撃されるように感じられた。テーブルを壊そうとしたり，窓を切ろうとしたりしたのも同じ意味だった。リチャードはそのような攻撃的な願望にとても罪悪感を覚え，自己処罰を望んだのだ，と。

　リチャードは，とても脅えた哀れな様子になり，「ここにいたくない」と言った。……K婦人は，彼女が傷ついたママになって，傷ついてそれゆえに危険なパパを内部に抱えるようになったのだ，と解釈した。リチャードはとても罪悪感を覚えたので，パパが病気になったのは，悪いママ，K婦人のせいだと責めようとしたのだ。（同上書：pp. 301-303）

クラインは子どもの分析のなかで，子どもの日常生活からの素材をも組み入れた。彼女はとても明解だった。子どもがさまざまな経験を既存の幻想のなかに組み入れていることを，子どもに明らかにし，さらにいろいろなできごとを，現在の不安に照らして解釈した。父親に関するリチャードの不安は，長年続いていた。父親の病気によって，その不安がいっそう現実的な様相を呈し，新たな恐怖がもたらされた。リチャードの反応は，攻撃することだった。最初は，自分自身に向けて，次には部屋に向けて，幻想のなかではK婦人や母親に向けて。クラインは，その攻撃が安全範囲内に保たれていれば許容した。そして，その攻撃が彼の恐怖と結びついているさまを，リチャードに示した。これによって，リチャードは，次第に償いを試み始めるようになった。

　また，クラインの解釈でリチャードが安心したことにより，その後また別の不安が出現したこともはっきりしている。今度はこれらの不安が分析され，安心感は維持された。それぞれの不安はもっと深層の，より早期のレベルに起源があるようだった。父親に関する初めての象徴形成は，赤ん坊としての父親であり，リチャードは大人として表現された。しかし，これは長くは続かなかった。父親を攻撃することへの恐怖が続けて起こったからだ。その恐怖のなかで，父親はリチャードが殺した蛾によって表されていた。さらにこの後には，テント棒への攻撃，母親に激しい一撃を食らわすことへの恐怖がやってきた。テント棒は，赤ん坊や蛾よりも，もっと無生物的で，しかももっと原始的な，父親や父親のペニスの象徴だった。この時点で母親は，建物全体で表されていた。すなわち，リチャードは，この建物によって，彼ならびに彼の父親が内部に入ることのできる母親を象徴させていた。それは彼自身と比較して巨大であり，実際のところ，ごく早期の年齢に由来する母親／乳房幻想の表象であった。

　このセッションを読んで明らかなのは，リチャードがだんだんと迫害的で，暴力的になるのを見るにつけ，クライン自身も実のところは不安になったかもしれない，ということである。クラインは，そうは言っていないけれども，彼女がセッションの始めに思いやりの言葉を示すことで設定が変化し，その結果，リチャードの不安が増大したかもしれない。筆者は，ある論文（J. C. Segal, 1998）のなかで，リチャードはこの時点で，自分の世話を

自分でしなければと感じているそぶりを示しており，それは，おそらくは彼が分析家を失ってしまったと一時的にしろ感じていたからだ，と指摘したことがある。クラインは，自らの不安をコンテインし，リチャードの不安をもっぱら解釈することで，リチャードが父親の病気に対して，ある程度破壊的に反応するのを許容した。おそらくは，分析を中断したり，なにか他の手段でリチャードを落ち着かせたくなったりする気持ちも，膨らんだに違いない。クラインはこれに耐えることができたので，父親に対する恐怖の背後に潜む，母親についてのとても原始的な不安や幻想の蓋を開けることができたのだ。いったん解明され，認識されれば，それらの不安や幻想は現実吟味され，その恐ろしい性質はいくらか減ずることもできよう。

精神病に取り組むこと

クラインの論文「自我の発達における象徴形成の重要性」は，1930年に著された。この論文で彼女は，ディックと呼ばれた4歳の少年の分析を記載している。

> 彼の語彙や知的な達成の貧しさに関しては，15か月か18か月くらいの子どものレベルであった。現実への適応性，彼をとりまく環境との情緒的関係性は，ほぼまったく欠如していた。この子ども，ディックは……母親や乳母の存否に無関心だった。……彼にはいかなる関心もほとんどなく，遊ばず，周囲との接触もなかった。(Klein, 1975, vol. I : p.221)

ディックに関してクラインは，ことのほか自らの経験に基づいて，まずは解釈しなければならないことを感じた。彼女はまた，子どもに安心させる情報も与えている。後世の分析家（たとえば，タスティン Tustin, 1974）は，大人に対して途方もない情緒的圧力を行使する，子どものなかの精神病性不安についてコメントしている。

クラインはディックとの初回セッションを記載している。

> ディックが初めて私のところにやってきたとき……乳母が彼を私に委

ねたとき，彼はなんの感情（すなわち，情緒）も見せなかった。私があらかじめ用意しておいたおもちゃをディックに示したときも，彼はさっぱり興味なさそうに，それらを見た。私は大きな汽車を取り，それを小さいものの隣に置き，「パパの汽車」「ディックの汽車」と呼んでみた。彼は，私がディックと呼んだ汽車を取り上げ，それを窓の上で転がし，「駅」と言った。私は次のように説明した。「駅はママ，ディックはママのなかに入ろうとしている」。彼は汽車を置き，部屋の外のドアと中のドアとの間に走り込み，「暗い」と言いながら自分を閉じ込め，すぐにまた走り出てきた。彼はこの行為を数回繰り返した。私は彼に説明した。「ママのなかは暗い。ディックは暗いママのなかにいる」。その間に彼は汽車を再び取り上げたが，すぐにドアの間に走って戻っていった。私が，ディックは暗いママのなかに入ろうとしていると言っている間に，彼は怪訝そうに「おばちゃん（乳母）は？」と2回言った。私は答えた。「おばちゃんはもうすぐやってくるよ」。彼はこの言葉を繰り返し，心に刻み込み，後には至極正確にその言葉を使った。(Klein, 1975, vol. I：p. 225)

　第1週目のディックの展開には，目を見張るものがあった。3セッションの終了間際には，ディックはおもちゃをながめており，乳母が彼を迎えにきたときには，ただならぬ喜びを表して，乳母に挨拶をした。そして，4セッション目で乳母が彼を後に置いていったときには，実に泣き喚いた。クラインは，彼女の通常のやり方を貫き，可能な限り分析以外の手段に訴えようとはしなかった。
　この仕事は，真に革新的だった。フロイトや他の分析家たちは，精神病を患っている人を分析するのは不可能だと信じていた。彼らが感じていたのは，情緒的接触の欠如のため，分析できないだろう，ということだった。クラインは分析家側の充分な理解によって，この接触の欠如は克服されうることを実証した。分析家と接触できる，パーソナリティの健康で正気の部分があることを，クラインは発見したのだ。
　クラインは，精神病に罹患している大人を分析したことはなかった。彼女は自宅で仕事をし，家政婦をひとり雇っていただけだった。これでは，精神

病の探求をするには，彼女にとっても患者にとっても充分に安全を感じるには程遠かった。しかしながら，クラインは弟子たちにはこの仕事に取り組むように勧めた。

羨望の分析

クラインの技法は経験と相携えて発展した。彼女の理解や見識が増すにつれ，より速やかに問題の解釈に当たることができた。『児童分析の記録』のなかで，後から振りかえってみると，もし当時，彼女に対するリチャードの羨望を認識していたなら，もっと明確で速やかにそれを解釈していただろう，と述べている。

羨望の分析は，すこぶる劇的な結果を生みだすことがある。羨望が認識され克服される際には，過去の良い体験が思いだされ，愛情が回復される。このことによって，良い循環が生みだされ，以前には否認されねばならなかった多くの良い感情は，今や耐えられるものになる。羨望を顕にすることで，歓びの発見がもたらされ，享受される可能性が生じうる。その歓びは，それまで決して認識されずに，その代わりなにか違った形で，忘れられ，脱価値化され，破壊されてきたものである。羨望の分析は，愛し愛される内的両親ばかりでなく，愛し愛される自己の感覚をも回復させる可能性をもたらす。それまでその自己は，攻撃され，破壊され，その結果，なきものにされてきたのである。今度はさらに，以前にはあまりに危険であると感じられていた，他のいろいろな不安にも耐えられるようになる。しかしながら，ローゼンフェルト（1987）は，分析家のなかには羨望概念を誤用しており，分析家の実際の失敗に対する患者の反応と羨望とを正確に区別できない人がいる，と見解を表明している。この過ちは，明らかに，深刻で潜伏的なダメージとなりうる。

患者に対するクラインの思いやりは，羨望を解釈するうえでの生命線になっており，彼女は羨望の知識を耐えられるようにして解釈した。クラインは，自らの破壊性に関する患者の苦悩に対して，温かい受容や理解を伝える能力を持っていた。その一方で，それが破壊的であり，そんな風に患者が今後もやっていくのかどうか，患者にこそ選択権があるのだと言って，毅然とした態度を示したのだ。

要　約
　分析に関するクラインの考えは，子どもの観察を通して明らかにされた。クラインは，さまざまな衝動間の深刻な葛藤に気づくことによって，患者自身の比較的正気で人生を支える側面が，患者の比較的破壊的な側面と闘いながら並存していることを知り，その正気の側面と手を携えて仕事をするようになった。スプリッティングや否認という防衛機制の，損傷的側面に関する無意識的罪悪感への認識，無意識的プロセスの重要性に関する確信によって，クラインは患者の示す深い不安を次第に分析するようになっていった。彼女は，不快だが本当の感情を認識し，受容することに伴って，恐怖や不安が緩和するのを目撃した。クライン自身も，自分のなかのそうした不安を理解していたが，それは，生涯一貫して敢行された継続的な自己分析に負うところが少なくなかった。それによってクラインは，心からの同情を持って患者に接近することができたのである。

クラインの仕事の今日的意味：実践的貢献

　クラインの仕事は，精神分析，カウンセリング，心理療法の実用性に関して，重要な意味を持つ。筆者は本項で，それらの意味のいくつかを論じたい。そのなかのいくらかは，「批判と反論」のタイトルのもと，次章で取り上げられている。

セッティング
　クラインは，子どもにとって，しっかりとした，一定のセッティングがとても重要であることを見出した。老若問わず，患者からの無意識的なメッセージに細心の注意を払うことによって，時や場所の変化，分析家の変化は，その状況に対する患者の無意識的な幻想のなかに掬い取られ，素材として供給されることが明らかになった。患者のなかには，セッティングに関するごくわずかな変化にもとても敏感な人がいた。とりわけ時間の変更は，患者と分析家の力関係の点から理解されがちであった。患者の変更願いをあまりにもたやすくかなえることは，患者を至極不安にさせることにもなりう

る。なぜなら，患者は，分析家があまりにも弱いために患者の要求に持ちこたえることができないと理解したり，あるいは，分析家が恐怖のあまり，あるいは，患者からの誘惑のために，患者のことを一生懸命懐柔したがったりしていると理解するかもしれないからである。クラインは，そのような要求を解釈し，ときには（いつもではないが）それを断り，その一部始終を分析する方が，患者にとって，もっと支持的であるのに気づいた。

　世事一般に関する患者の理解の仕方において，患者の幻想が果たす役割を明確にするために，クラインは，患者が分析家について所有する情報量を最低限に保つ方が有益なことにも気づいた。こうして患者にとっても，分析家にとっても，患者の幻想こそが分析家についての思惑を形成するのだということが，いっそう明確になった。こうした思惑を解明すると，患者の内的世界は随分と明らかにもなりえた。

　クラインは，分析家の役割は，理解と解釈を提供することだ，ということをとても明確に示した。それらは正確に使用されれば，暖かいホールディングを提供し，そして，必要とあらば深層の不安を顕にして，コンテインし，修正してくれるものともなる。他にどんな種類の満足感を与えても，せいぜいのところ混乱をもたらし，ときには虐待として経験されたりもする。フェレンツィや他の分析家のなかには，後年，患者とのそれ相当の身体接触を含む実践に向かう者も出現したが，そのときクラインはひどく当惑した。彼らは分析を放棄したと，彼女には感じられた。フロイトが言ったことを，彼女は自分の弟子たちに警告した。「もし最初の世代が患者と握手すれば，次世代は患者をベッドに連れ込むことになるだろう」。

　今日のクライニアンの治療者は，ほとんどすべての人が，セッティングの重要性を強調することに関して，クラインに従っている。

　クライニアンが信ずるには，内的安定性は，信頼に値する人物への依存という良い経験にかかっている。最深層の不安が保持され，探究されるには，そのような人物とともにいて，はじめて可能になる。その人物が，損なわれてしまわずに生き残る能力を持続的に示しえたときはじめて，愛する乳房/母親を破壊し攻撃する幻想は，活性化され，現実との接触がもたらされ，修正されうるのである。頼りにならず，移ろいやすい人に頼っていても，安全には感じられない。可能な限り一貫した状態を保つことによって，治療者

は，時，場所，セッティングに関して不可避的に生じる変化について，患者やクライエントとともに取りあげることができる。患者やクライエントは，そのような変化にしばしばひどく動揺するばかりでなく，自分の反応の程度に驚くこともある。何か月もかかって，やっと彼らは，セッションがなくなって淋しかったことや，いかなる理由にせよ，治療者が遅刻したり欠席したりして，気になっていたことを認めるようになるのだ。すなわち，彼らは，人が自分を待たせたり，自分のもとから去ったりすることを，いつでも気に掛けてきたのである。

　また，クライニアンは，患者がときに休日に対してあれこれ悪い風に反応しがちなことに，とても自覚的である。休日に関するクライエントの気持ちを取り上げることによって，別れ，喪失，それらに対するクライエントの反応の仕方を巡る問題を位置づけることができるかもしれないし，そうなれば，休日ばかりでなく，長期的にも，クライエントの内的安全感に並々ならぬ重要な意味を持つようになる。

　同様の理由として，一連の治療面接を終えることに関しても，長期の準備期間が斟酌される必要がある。セッション数が限定されていれば，終結の仕事は最初から始まる。終結の仕事は，必要不可欠と考えられる。なぜなら，それは，発達を大いに促進させる，喪失プロセスだからである。喪失にどのように対処するかによって，長期的な心の安定感，安全感に影響が及ぼされる。クライニアンの治療者は，クライエントに対するこのプロセスの援助を，責任を伴う重要な仕事だとみなしている。

身体接触

　身体接触もまた，クライニアンの治療においては，最低限に保たれる。クライニアンが気をつけていることとして，クライエントは，（しばしば無意識的に）身体接触に，性的だったり，予測不能の別の解釈をまとわせたりする，ということである。身体に触れることや抱きしめることは，性的な刺激ばかりでなく，侵入的で脅かすものとしても経験されるかもしれない。クライエント自身の性的な高まりを治療者に投影することによって，治療者がクライエントを誘惑しようとしているという，混乱した思い込みも生じさせる。さすったり抱きしめたりすることが，治療者の自己満足のためにクライ

エントを利用しているのではないか，という無意識的幻想も強化しうる。たとえ治療者が，信頼の証として抱きしめたとしても，クライエントがそう解釈するかどうかははかりかねるところである。

　もちろん，ときに治療者も，クライエントに対する自分自身の感情を持て余したりもする。その感情は，治療者のものかもしれないし，そのうえ/あるいは，クライエントから来ているものかもしれない。クライエントに対して，無意識裏に性的に惹かれれば，治療者の判断に影響が及ぶかもしれない。加えて，なかには，治療者やカウンセラーに性的なやり方で反応するように，強烈なプレッシャーをかけてくる人もいる。これは，今では充分認識されており，たとえば，子ども時代に虐待されてきた人のなかにはそういう人もいる（これは，潜在的にはとても破壊的な投影同一化の顕著な一例である）。そのようなクライエントに虐待を反復しそうになる誘惑には，強力で手に余るものがある。上記の事態において，治療者がより良い判断を回復するまでは，身体を使っての感情表現を絶対タブーとすれば，治療者自らの衝動がコンテインされる一助となるかもしれない。身体接触に関する禁止は，クライエントばかりではなく治療者の保護にもなるのである。

　とりわけ精神病的エピソードのある患者の場合，身体接触の企てに患者が与える解釈には，やっかいなものがある。そのような人においては，ときに愛着と憎悪がまったく混乱しているので，親密になろうとする試みは，途方もなく誘惑的だったり，とてつもない脅威と感じられたり，予測が難しい。それは，身体的に危険な反撃を引き起こす可能性もある。ときには，もっと「普通に」経験される接近もあろう。しかしながら，クライニアンの分析家も，長い休日が始まる前には，患者と握手するかもしれない。

転移に取り組むこと

　クライニアンの分析家にとって，患者にとっての分析家の象徴的意味は，しばしば分析の焦点となる。もっとも効果的と考えられるのは，転移解釈である。クラインに影響を受けたカウンセラーは，「今ここで」の関係について触れる際，その関係性の起源が過去にある，というようなやり方を行うかもしれないが，いずれにしろ「今ここで」の重要性を強調する人たちである。このように過去と繋がりをつけることは，治療者やクライエントに，現

在から注意をそらすように誤用されることもありうるが，クライエントに安心感ももたらしうるものだ。
　フロイトは，『想起，反復，徹底操作』のなかで，転移についてとても明解に記載した。

　　患者は，両親の権威に対して，反抗的で批判的だった自分を覚えているとは言わない。その代わり，患者は医師に対してそのようなやり方でふるまう。患者は，自らの幼児期の性的探求が，いかによるべなく望みのない行き詰まりに直面したかを覚えてはいない。だが，患者は一群の混乱した夢や連想を産み出し，なにもうまくいかないと不平をこぼし，自分が取り組むことは決して実現できない運命にある，と断言する。患者は，幾分性的な行為を激しく恥じていたり，それが見つかることを怖れていたりしたことを覚えてはいない。だが彼は，今や乗りだしてしまった治療を恥じており，それを誰からも隠し続けたがっていることは明白である，等々。(Freud, 1975, vol. 12 : p. 150)。

　クラインの仕事は，子どもも大人も，両親について抱く感情や幻想を，分析家という人物の上に「移す」ということを明確にした。彼らは，人生早期に世話してくれた人との関係から派生する幻想を，他者や分析家を理解し把握するために使用する。これらの関係は，彼ら自身の知覚（それはときには，外的世界に起因していることもある）から引き出された側面ばかりでなく，現実の外的世界から導き出された側面からも成り立っている。分析家に付与された幻想の歪みをより分けることによって，過去や現在における他者や自己の諸部分についての感情や幻想は変化し，もっと現実的なものとなる。クラインは，この分析セッション外での改善された関係性に気づき，創造性や知的作業の能力も解放されるのを発見した。
　子どもとの分析から明らかなことは，分析家に向けられた感情が，両親に向けられたものとは正確には同じわけではない，ということである。トルードは，クラインへの攻撃を，母親に対するほどには脅えていない。トルードは，クラインに向けたふるまいのなかで，母親の身体に対する攻撃的な空想を明らかにした。その一方で，母親に対しては，とても気を使い，しがみつ

いていた。分析家や治療者を損ない，傷つけ，破壊する恐怖は，母親ほどには強くはなかろう。この意味するところは，破壊的で攻撃的な幻想は，治療関係外の場合よりも，治療においての方がもっと容易に表現しやすい，ということである。治療においては，治療者がその状況を充分安全なものに保てれば，それらの幻想は理解されうるし，現実との接触をもたらしうるし，ワーク・スルーもされやすいのである。

　クラインは，もし愛と憎しみの葛藤が解決されるのがよいとするならば，陰性転移と陽性転移の両方を分析することが，とても大事だと考えた。実践的には，このことは，クライニアンの治療者やカウンセラーが，彼らに対する陽性，陰性のいかなる感情や幻想の徴候にも細かく気を配る，という意味になる。

　たとえば，クライエントが実生活のなかでの医者，隣人，他人の不平を述べ始めるなら，クライニアンの治療者は，その不平のどれもが治療者に潜在的に向けられている可能性を疑うはずである。このように関係づけて考えることは，必要不可欠である。というのは，単にその方が絶対正しくて，治療者に対する本当の不平を解明するからだ，という理由ばかりではなくて，そうした方法で治療者の知覚をスプリットさせることで，クライエント自身も自分をスプリットさせてしまっているからである。こうして治療者に不平を言わない「感じの良いクライエント」と，他人の悪口を言う「嫌らしいクライエント」や「犠牲者的なクライエント」とは別ものとなる。このレベルのスプリッティングは，不安定でクライエントを枯渇させてしまう。そして，事態をまっとうにコントロールする能力をもいくらか奪ってしまう。そうなれば，クライエントを治療やカウンセリングから早まって離れさせてしまうのだ。

　治療者にほのめかされた感情を取り上げ，理解しようと努めることによって，多くの力強いメッセージがクライエントに伝達される。クライエントや患者は，治療者に向ける衝動を理解するように援助されるばかりでなく，治療者は次の考えを伝達していることにもなる。つまり，治療者は，そんな感情はそこにはないという見せかけの態度を取るのではなくて，むしろ，治療者本人に向けられた陰性および陽性の感情について考えることも可能だ，という態度を示しているのだ。関係を難しくしてしまう要素を発見する機会

が，いくらか可能になるのである。

　しかしながら，カウンセリングのセッティングでは，契約上，クライエントの問題を彼ら自身と一緒に検討することが含まれていないなら，治療者との関係性の問題は最小限に止められるかもしれない。その仕事を企てる必要性，問題の特別な局面を解明する必要性があるときのみ，取り上げられるだろう。たとえば，クライニアンのカウンセラーが，夫婦の問題を検討する契約を結んでいる場合には，配偶者とクライエントの関係にほとんど議論を費やすかもしれない。そして，夫婦関係とカウンセラーとの関係を明確に繋げることが意味あるときにのみ，クライエントとカウンセラーとの関係を観察し，利用するかもしれない。癌や多発性硬化症のような当惑する病気にはじめて罹り，カウンセリングを求めてきたクライエントに対して，ただちにカウンセラーとの関係に焦点を当てれば，理解され，支持された気になりようがない。だが，関係性の問題が，面接の主題に使われる場合もある。たとえば，クライエントが，自分のような病状を持たない他人を見るのが苦痛だと話すなら，クライニアンは，癌や多発性硬化症を持たないカウンセラーと一緒にいる，この部屋の問題なのだろうかと，いぶかりながら発言してみることだろう。もしそうなら，それを話し合うことで，カウンセリング・ルーム外でのクライエントの関係性を援助することができる。カウンセリングの関係終結に関する仕事も，重要なものになりそうだ。なぜなら，ひとつの関係の終結は，以前の別れに起因する感情を，さまざまに喚起しがちだからである。しかしながら，カウンセラーやカウンセラーとの関係について，クライエントの気持ちを話し合うのは，次の危険性と常にバランスを保って使われる必要性がある。すなわち，カウンセラーがクライエントの他の問題を除外するほど，自分たちの関係性にもっぱら関心があると，クライエントに思われる危険性もあるからだ。関係性を扱うやり方が，クライエントにとって理解されたなら，クライエントの関心の焦点と関係性とを明確に結合させることが，本質的な意味を持つのである。

逆転移
　ポーラ・ハイマンの「逆転移について」（1950）という論文は，逆転移に関して今日承認されているクライニアンの見解の重要な部分を明確に述べて

いる。この論文は，今日のカウンセリング界内部にも，生き生きとした問題提起をしている。

　ハイマンが言うには，彼女の弟子たちは，逆転移は災厄の源以外の何物でもないと信じていた。「逆転移」は，患者に向ける分析家の「転移」感情を表すために使われていた。すなわち，分析家自身の過去由来の感情，分析家自身の両親との関係に由来する感情，である。ハイマンは，逆転移は重要なことであり，分析家が考慮せねばならない一要素であることを明確にしている。しかしながら，彼女が指摘するのは，患者が分析家に向ける感情のすべてが転移というわけではないし，分析家が患者に向ける感情のすべても分析家自身の転移というわけではない，ということである。

　ハイマンに関すれば，「分析状況内での患者に対する分析家の情緒的反応は，分析家の仕事にとってもっとも重要な道具のひとつを示している。分析家の逆転移は，$\underset{\bullet}{患}\underset{\bullet}{者}\underset{\bullet}{の}\underset{\bullet}{無}\underset{\bullet}{意}\underset{\bullet}{識}\underset{\bullet}{を}\underset{\bullet}{探}\underset{\bullet}{求}\underset{\bullet}{す}\underset{\bullet}{る}\underset{\bullet}{道}\underset{\bullet}{具}\underset{\bullet}{で}\underset{\bullet}{あ}\underset{\bullet}{る}$」(Heimann, 1950: p. 81)（強調は引用者）。

　患者と分析家との関係を，他の関係から区別するものは，一方には感情がなく，もう一方には感情があるということではなく，それらの感情の経験のされ方であり，その利用のされ方である。分析家自身が分析を受けることによって，分析家は彼らのなかに生起する感情を経験し，「もちこたえる」ことができるはずだ。分析家は分析中，それらの感情を熟考し，患者を理解するために利用すべきである。そして，単に感情的に反応したり，表出したり，「放出」すべきではない。

　　私の観点では，分析家は逆転移を「認知し統制し」なければならない，とフロイトが要請していることは，逆転移が妨害要因であり，分析家は無感覚で無関心になるべきだ，という結論に導くのではなくて，分析家は患者の無意識への鍵として，自らの情緒反応を利用しなければならない，と言っているように聞こえる。そうすることで，患者が分析的関係のなかで再演化する情況の共演者として，分析家が参入してしまったり，その関係を分析家が自ら自身の欲求のために探索したりすることを未然に防ぐ。それと同時に分析家は，何度も自己非難したくなったり，自分自身の問題を分析し続けたくなったりするような，あり余るほ

どの刺激を受け取ることもある。しかしながら，それは，分析家個人の問題である。私は，分析家が自分の感情を患者にコミュニケートすることが良いことだとは思わない。私の見方では，そのような正直さは，告白の色が濃く，患者に負担をかけるものだ。いかなる場合でも，分析から逸脱してしまう。分析家のなかに喚起された情緒は，もしそれが，患者の無意識的な葛藤や防衛を洞察する源として一方ならず利用されるなら，患者にとって価値あるものとなろう。そして，それらの葛藤や防衛が解釈され，ワーク・スルーされるなら，現実感覚の強化を含めた患者の自我の変化が引き続く。その結果，患者は分析家のことを神でもなく悪魔でもなく，人間として見るようになり，分析状況における「人間的な」関係は，取りたてて分析家が分析手法以外の手段に頼らなくても，生まれて来るものなのである。(Heimann, 1950 : p. 83)

ハンナ・スィーガルは，『ハンナ・スィーガル著作集』(1981) のなかの逆転移に関する論文で，それを簡潔に表現している。

　私は，ありとあらゆる不快な感情を私のなかに催させる患者に出会った。それらの感情を，無視したり，私自身の神経症的な反応だとみなしたりしたら，とても愚かなことに思えただろう。なぜなら，この患者の主訴は，彼女の評判が恐ろしく悪い，ということだったからである。明らかに，彼女が私を動揺させるやり方は，彼女の精神病理の一機能だった。それは，彼女にとって最大限重要な機能であり，私たちが理解することが決定的に重要な機能であった。(H. Segal, 1981 : p. 81)

クラインは，このような逆転移の使用を承認しなかった。彼女は，患者に対する分析家の感情は，いつでも分析家自身の病理の徴候として分析家によって対処されるべきだと考えた。クラインは，訓練生が自らの不快な考えを避けるための言い訳として，この概念を使おうとする考え方に感情を害した。このことは，スィーガルが述べている次の挿話によって描き出されている。あるとき，訓練生がセミナーのなかで，クラインに次のようなことを話していた。つまり，患者が分析家のなかに自らの混乱を投影したのをいかに

解釈したか，と。クラインは，痛烈に言い放った。「やれやれ，あなたが混乱してたんじゃないの」。

　問うべき問題は，「クライエントが私をどんな気持ちにさせるか」である（ひとつの答えとして，「無力さ」というのを挙げてみよう）。いったんひとつの答えが定式化されたなら，それは三つのやり方で対処される必要がある。最初に，その答えが現実を本当に反映しているのかどうか，問うべきである（私はこのクライエントに，ある意味で無力になっているのだろうか？）。この疑問は，スーパーバイザーと取り組まれるのがよい。2番目は，治療者のなかで，その答えがどこからきたのか問うべきである（この患者同様に，私に無力感を感じさせた人を誰か思いつくだろうか？　私は無力であることについて，どう感じているのか？　私は，たとえば小賢しさというような，他のもっと危険な感情を防衛するために，この無力感を利用していないだろうか？）。これらの探求は，クライエントと共有されるべきものではなく，治療者自身の治療のなかで取り扱われよう。

　3番目に，その感情は，とにもかくにもクライエントの感情かもしれない，と問うべきである。すなわち，クライエントが自分自身のなかでは持ちこたえられない感情であり，それゆえ他者のなかに喚起しようとする感情である（クライエントには，無力感を感じる理由やそれを感じるのが困難な理由があるだろうか？　クライエントは，治療者ばかりでなく，他者のなかにもその感情を喚起させているだろうか？）。こうした細部にわたった探求は，他者とクライエントとの関係性の側面から，クライエント自身の感情の側面から，クライエントの身になって行われるものだ。

　一例を示そう。ある婦人は，彼女のはじめて診断された疾病について語っていた。そして，その病気が彼女にとっていかにひどいものであるかを述べていた。カウンセラーは，並々ならぬ不快感を覚え始め，クライエントの言うことをまったく信じられない自分に気づいたが，それははじめてのことではなかった。カウンセラーは，なにも発言しないことで，クライエントの言うことを信じたふりをしているように感じた。少し時間が立って，カウンセラーは次のようにようやく語ることができた。「なにか奇妙なことが起きて

います。あなたの話を聞いていると，それが本当のことではないような気持ちが強く起きます。でも私はそれが事実だとわかっているんです。あなたは私に，それが事実ではないと感じてほしいのでしょうか。そうすれば，あなたがそれを信じる必要はどこにもなくなるでしょう。けれども，それと同時にそれが本当なのを私が信じないのもあなたは心配しています。ですから，あなたは私にそのことを信じさせようとして，誇張している。……もしあなたが他の人とそういうことをしているなら，あなたは人と関わるのが難しくなるかもしれない。彼らはあなたの言うことを信じないでしょう。信じた振りをしている他人とともにいて，あなたはひとりぼっちにされます。そして，あなたは自分がその話をでっち上げていると感じるがゆえに，罪悪感を覚える。……けれども，おそらくあなたにとっては，それが本当であるよりもでっち上げだと感じる方がまだましなのでしょう……」。これは，単純明快な介入のモデルではない。これは，とても痛ましい状況から意味をつくりだそうとする葛藤的な試みであったし，それをそのまま提示したものだ。それでも，クライエントは，ここから実際になにかが起きていることを認識できた。その後のセッションにおいては，彼女とカウンセラーは，彼女が「大袈裟に言う」ときにはいつでも気に留めることができるようになった。そして，それを他でもしていることに，彼女自身も気づき始めた。彼女がカウンセリングをやめる頃までには，彼女はもはやそんなことをするのではなく，自分の症状について，もっと正面から向き合うことができるようになった。

このように治療者との関係で協同作業することで，クライエントは，自分たちが他者といかに多様なコミュニケーションの持ち方をしているのかを見つめる機会を得る。このプロセスのなかで，クライエントは以前には単純に他者のなかに排出していた自己の側面を，自己の内部に取り戻すので，クライエントは自らについて学ぶことができるようになる。この若い女性は，カウンセラーのなかにとても巧みに預けていた真実と嘘との弁別能力を，カウンセラーから取り戻すことができた。彼女は，「大袈裟に言っている」のかどうか気づくようになった。そして，それは以前には彼女が捨て去っていた

知識だった。カウンセラーは，彼女がもっと現実的基盤に則って，病気という現実を認識する苦痛に耐えられるように援助した。そして，彼女は，もはや前の錯綜した手段によって，現実を迂回して避けようとはしなくなった。

解 釈

　解釈の問題は，分析的治療者と他の治療者との間に違いが生じる領域かもしれない。それは，無意識的プロセスへの信念と関連しているが，技法の問題とも重なっている。

　ある治療者は，このクライエントには表現していない感情がある，とかなりの確信を持つかもしれない。その治療者は，クライエントがそうした感情にきっと気づいてはいるものの，実際には嘘をついている，と思うかもしれない。あるいは，そのクライエントが意識的には自覚していない感情なんてあるはずがないと疑うかもしれない。人によっては，「無意識的感情」という概念全体が，用語上矛盾していると考える人もいよう。フロイトは，これが難問であることに気づいてはいたが，それでもなお，彼（および多くの人たち）は，そうしたものが存在することを確信していた。たとえば，ジェーン・オースティン Jane Austen は，『プライドと偏見』のなかで，エリザベスがダーシーに恋しているのは，エリザベスが自分でそれに気づく随分前からだった，と読者に明らかにしている。

　しかしながら，カウンセラーや治療者のなかには，クライエントの気づいていない気持ちを，彼らに指摘することにすこぶる用心深い人たちがいる。そして，それにはもっともな理由がある。人が自分の気持ちに気づいていないときに，彼らにそれを伝えると，多くの危険が起こりうる。エリザベスは，最初の頃なら，ダーシーに対する軽蔑以外の気持ちはない，と力を込めて否定したことだろう。彼女は，そういった軽蔑心が，魅力を感じていることへの隠蔽だとして却下されたら，侮辱や誤解だと感じ，憤慨して余りあったことだろう。分析の洗礼を受けたあらゆる種類の治療者に向けられる疑念のなかには，そのような無意識的感情を意識化させようとする企てに関する稚拙さに基づくものもある。そういう治療者は，「私はあなたよりもよくわかっていますよ」と，横柄そうに見えたり，患者やクライエントを誤解していたりすることもある。

クラインは，葛藤やパーソナリティの葛藤的側面を強調しているので，適切に使用されれば，この種のふるまいは減ることだろう。比較的表層的な感情の現実性は認識されうるし，その一方で，隠れた感情が潜む可能性も提起される。ダーシーに対するエリザベスの軽蔑心が探索されたなら，別の感情も存在することが彼女にもはっきりしたはずだ。治療者は，不充分な証拠のままで一足飛びに結論に急がずに，そうした別の感情がないかどうかに関して，開かれた心でいる必要がある。クライエントからの充分な証拠が利用できるようになったときにはじめて，治療者は最終的な関連づけをすることが役に立つ。解釈されている感情が，治療者自身のものかもしれないという危険性は，その通りだ。無意識的感情への間違った解釈によって，侵入され，コントロールされ，不当に判断されたという感覚は，非常に強力なものとなる。やっかいなのは，人は正しい解釈に対しても，そんな風に感じることがある，ということだ。

　週5回の分析においては，週1回の治療やカウンセリングにおけるよりも，解釈は正確になされようし，おそらくは危険性も少ない。治療者には，患者を理解するより良い機会があるばかりでなく，それに加えて，誤解やミスを正す機会も素早く利用できるからだ。

要　約

　本章では，子どもの仕事に関するクラインの精神分析技法や実践を，最初に検討した。その後，筆者は，現代の治療者にとっての実践的意味をいくらか考察した。次章では，クライニアンに加えられる批判に関連した，多くの諸問題を取り上げたい。

第4章

批判と反論

イントロダクション

　クラインやクライニアンの治療者に浴びせられる批判のなかには，あらゆる分析家に向けられているものもある。他の批判のなかには，分析的，治療的サークルのなかでのクライニアンや彼らの考え方に限って向けられているものもある。批判は，臨床実践に向けられたものと，治療者の態度に関する理論的定式化に向けられたものとに分けられる。クライン自身は他者に対して極めて批判的であったし，彼女自身の立場は，他者との意見の相違を通して築かれてきたところがある。本章にはクラインが他の分析家の手法に加えた批判も含まれている。

治療者の態度

「クライニアンの分析家の態度は人間的でない」

　この批判とそれに対する反論は，いくつかの部分から成り立っている。これらの議論が，今日の臨床実践に関連している問題のいくらかは，第3章，第5章においてさらに論じられている。
　クラインの弟子であるポーラ・ハイマンは，彼女の論文「逆転移について」(1950) のなかで，患者に対する分析家側の感情について論じ，フェレンツィの見解「分析家は患者に対して，広範で多様な感情を抱いているのを認識するばかりではなく，それらの感情をときには公然とすすんで表現するのがよい」を取り上げた。アリス・バリント Alice Balint (1936) は，「そのような分析家側の正直さは有用であるし，精神分析固有の真実に対する尊

重と軌を一にするものである」と指摘した。他の分析家も同様に「分析家が患者に対して自分の気持ちを表明すれば，分析家はもっと『人間的に』なり，患者との『人間的な』関係が築きやすくなると主張してきた」と，ハイマンは述べている（Heimann, 1950：p.81）。ハイマンは（クラインはもちろんのこと），断固としてそれは間違いであると言い切った。分析家の仕事は，患者を分析することであり，そのなかには，患者が分析家の感情をどのように認知するかを理解する仕事が含まれている。分析家側の感情の表明は，このプロセスを混乱させうる。すなわち，そうなれば，患者にあれやこれやの不必要なプレッシャーを加えてしまうのである。

　もう一方で，ハイマンはまた次のように指摘した。いかに「多くの訓練生たち（精神分析トレーニングのための）が，患者に向けている自分の感情に気づくようになると，恐怖や罪悪感を覚え，その結果，いかなる情緒的反応をも避けようとし，まったく無感覚で無関心になろうとする」と。このため分析家は，「冷たく隔たった」ような態度になる。ハイマンが明確にしているのは，この態度も分析家が取ってはならないものである。この見解は，今日のクライニアンによって大いに共有されている（たとえば，Rosenfeld, 1987：pp.271-272）。私の経験では，クライニアンの治療者はたいてい，人としても専門家の立場としても，温かいけれども侵入的にならないように他者と関わる。彼らは，人として他者を尊重する気持ちを持っている。けれども，理論的論争においては，断固としてゆるぎなく反対の異を表明するかもしれない。クラインの患者や弟子たちは，彼女のことを温かくも勇気づけてもくれると感じていた。グロスカースは，クラインの子どもの患者を追跡した。彼は，グロスカースがくれた本を手にとり，その背表紙のクラインの写真に「親愛なる年老いたメラニー」とつぶやきながら，キスをした（Grosskurth, 1986：p.374）。

　別の信条を持つ治療者は，自分自身の情報を開示するのは，もっと「平等な」ことだと，しばしば反論する。治療者やカウンセラーのなかには，クライエントとの平等性を主張するために，いろいろ手を尽くそうとする人もいる。たとえば，コ・カウンセリング co-counselling の動向では，誰もが治療者になりうるし，順番にそれを引き受ける問題に過ぎないと主張される。他のカウンセラーのなかには，彼ら自身の人生，彼ら自身の成功や失敗

を，彼らが「優れている」わけではないことの立証のために，クライエントに話して聞かすことが重要だと信じている人もいる。クライニアンは，そんな風には仕事しない。彼らは苦痛な問題を濁らせてしまわないように，ひときわ心配りしている。たとえば，クライエントが援助を求めて治療者のもとにやってきている事実，そのためクライエントの気持ちとしては，治療者は，おそらくクライエントにはないものを持っていると考えがちな事実に対して，気を配る。治療者の現実生活についての情報を与えることによって，注意の焦点がクライエントから治療者にシフトするばかりでなく，クライエントの空想と現実とのもつれを紐とくのも難しくなることだろう。

　また，クライエントは，治療者の行動，発言ともに誤解しうる。ある婦人はこう言った。「出て行くとき，私は振り向いて治療者のことを見ました。そうしたら彼は，恐ろしい表情を浮かべて私のことを見ていました。どうしたのか尋ねると，彼は，『あなたは私のことが本当に嫌いなんですね』と言いました」。また別のクライエントはこう言った。「私の治療者は，私が彼を興奮させるというんです。でも，彼は，自分がなにもしようとしないなら，そんなことはなんでもないと言いました」。両者のクライエントとも，治療者の発言，あるいは治療者が発言したと彼らが思っている内容によって，随分と心を痛めた。この種の自己開示はプロではないと，クライニアンは断固として主張するだろう。そして，他の多くの治療者も賛成するところだろう。おそらく，上に引用されたか，誤用されてしまったかした治療者にしろ，そう思うことだろう。治療者による自己開示を一律禁止にすれば，クライエントや患者に，先の例のようなことが自分たちに言われたという印象を与えずに退出してもらうことが，より簡単に保証されることだろう。また，クライエントが耳を疑ったときに，そんなことが自分たちに言われるはずがない，と納得しやすくもなる。クライニアンの治療者は，自己開示に全面的に反対している。それはいくらかは，患者やクライエントに対する現実的な押しつけがましさになるからであり，いくらかは，深刻な誤解が容易に生まれうるからである。

　また，治療者による自己開示は，治療者の望む効果を生み出さないかもしれない。あるクライエントは，治療を受けることがどんなに恐ろしいことか，おそらくカウンセラーには理解できないだろう，と言った。この（新米

の）カウンセラーは，その発言を探究する代わりに，それどころか彼女もカウンセラーになる前に，数年間治療を受けていた，とクライエントに語った。クライエントは，その発言を受け，カウンセラーは気が狂っているので彼女を助けることができないのは明らかだと，声高に言った。別のクライエントは，彼女のカウンセラーが自分自身も病気だと自己開示したのに反応し，カウンセラーから目を離すことができなくなった。なぜなら，今やカウンセラーが彼女を必要としていると思ったからである。

　クライエントに提供する治療者の能力も，文脈のなかで見ていく必要がある。クラインが指摘するには，クライエントが治療者を理想化することに気を配っているなら（たとえば，クライエントは「なにも」持たないのに，治療者は「あらゆるもの」を持っている），治療者は，クライエントが同時に治療者のことをまったく違った目で見ていることに，ほどなく気づくことだろう，と。治療者への理想化の背後には，治療者はなにも持っていない，せいぜいのところ役に立たないか，自分のことさえ救うことができない，クライエントをひとりにしてしまう，最悪のところクライエントを脅かしもするし，ダメージを与えたりもする，事態を悪化させるだけだ，というような観点が存在するかもしれないのだ。根底に治療者への誹謗が潜むクライエントとともに働く治療者は，長くは優越感を維持できない。

　クライニアンは，クライエントに対する次の援助も，仕事の一部だと考えている。すなわち，クライエントが不平等な関係のなかで，その違いを誇張することなく耐えることができ，しかもそれに対処できるようになるための援助だ。この人にはあり，あの人にはないという意味での違いは，私たちの存在や発達にとって根本的なことである。望んではいても，自分にはないミルクを，乳房は持っているという事実に，私たちが耐えることができないなら，私たちは，次の事実にも耐えることができないかもしれない。すなわち，教師には私たちの必要な情報があるという事実，私たちにない能力が他の人にはあるという事実，異性には性器があり，私たちひとりでは不可能な赤ん坊を授ける能力があるという事実，である。私たちが，学び，創造的に仕事をし，赤ん坊をもうけるためには，私たちは，必要なものを提供してくれる他者に，フラストレーションを感じながらも依存している，という事実に本質的に対処できねばならない。しかしながら，カウンセラー自身の生活

に関する情報は，クライエントのなかに，単に複雑な感情をかきたてるだけかもしれないのだ。それによって，分析的探求は困難になり，なんの利益も得られなくなる。

　クライン自身は論敵から，傲慢だ，うぬぼれている，威圧的だ，と言ってときに批判された。彼女は，自分に異を唱える人に対して，とても辛辣になったことも，至極明白だった。彼女は，弟子が偽の仕事に弁解するのを許さなかった。しかし，クラインの患者でも同僚でもあったハンナ・スィーガルは，クラインには「平等さへの才」があったと述べている。カウンセリング・ルームのなかや，攻撃を受ける心配のないときには，彼女は同情的で，理解力があり，自ら進んで耳を傾けようとし，弟子の考えを勇気づけたようだ。

　患者と分析家の転移関係によっては，実際にはそうでないときでさえ，分析家が非人間的で偉そうにふるまっている，と感じられることもある。私たちは皆，両親がときに屈辱的なほど偉そうだと感じることがある。クライニアンの考えは，以前には人生の不可思議だった領域に意味を授けたが，その強力な考えと連動した暴露性と興奮によって，カウンセリング・ルームの外部では，熱狂的な優越感に浸っているように見える人もいる。分析家や他の治療者が，横柄そうにふるまっているなら，クライニアンはその態度を，さらにもっと良い分析を受ける必要のある徴候だとみなすことだろう。

　「非人間的」であるという非難を，ときにもうひとつ紡ぎ出しているのが，クライニアンの分析家は，面接回数に関してあまりに融通がきかない，患者やクライエントを待たせないことにこだわりすぎる，分析家の態度，衣服，治療の設定の一貫性に関して強調しすぎる，という点に関してである。クライニアンの分析家が，遅刻や時間変更の要求を分析することに固執するとき，あるいは，たとえば患者が遅刻したときに時間延長を拒否することに関して，「パワー・ゲームをしている」と言って非難されてきた。

　これらの批判はすべて，クライニアンによって論駁されている。クライニアンの治療者は，患者やクライエントとの関係は専門的なものであり，社会的なものではないという基盤に立っている。また彼らは，患者の無意識的な衝動や反応に取り組んでいるのであり，単に意識的なものを扱っているわけではない。これらの衝動や反応のなかには，パーソナリティの精神病的な側

面に関わっているものもある。しっかりとした設定を設けること，分析家が個人情報を断固として開示しないことは，両方ともこれに関わることである。

　通常の社会的規則では，重度の障害をもった人とはうまくことを運べない。たとえば，精神病的破綻をきたしているときには，時間が来ましたという普通の社会的な文言では，それに応えない人もいる。彼らは，とても押しつけがましい質問をするかもしれないし，他者の空間に侵入しようとするかもしれない。その一方で，他者の接近に対しては，とても脅えて奇妙な様子で反応するかもしれない。こうした状況では，境界線をすこぶる明確にすることが有用なばかりでなく，必須でもある。治療においては，しっかりした境界線があれば，パーソナリティの精神病レベルを探求することが可能だし，安全に抱えることができる。それなくしては，クライエントや患者は，たとえば治療者ともつれ合ってしまったり，やるかやられるかになったりするのではないかと，不安になる。患者の時間の区切りや患者に与えられる情報の線引きは，こうした状況においては生命線となる。

　時間の制限をしっかり守ることも，患者に安心感を与える。なぜなら，患者は自らの力を試したり，治療者の境界線を保持する能力，誘惑にあらがう能力，誠実さへの攻撃に生き延びる能力を試したりするからである。小さい子どもがあまりにも自由を許されて，かえってためにならないのと同じように，患者やクライエントも自由を許容されることで助けられるわけではない。明確な境界線から締め出されたり，その枠内に制限されたりすることへの怒りの方が（それは，治療において対処できるものだが），子どもや患者を親や治療者にあまりにも接近させることに付随する虐待や罪の怖れよりも好ましいものである。

保証も雑談もせず

　クライニアンは，治療の初期に患者をくつろがせたり，雑談を楽しんだりしない，といってときに批判される。フェレンツィは，患者に保証のような他の手法を用いると公言した分析家のひとりだった。今日，分析家のなかにはこうした手法を用いる人もいる。中間派の分析家（決してすべてではないが）の一部の人は，分析や解釈以外の方法に訴えることを時折擁護してき

た。それには，愛撫のような身体接触の推奨も含まれていた。クラインは，そういうふるまいをとても憂慮し，それは分析ではない，と言って断固として反対した。

　すでに記載したように，クラインは，患者に保証する試みがいかに役に立たないものなのかをとても明確にした。幼い子どもに関して言えば，解釈が分析状況を構築するばかりでなく，子どもの不安を即座に緩和させることに，クラインは気がついた。この不安の緩和によって，分析は実行可能になり，クラインは子どもがそこに滞まるに値する信頼できる人としての立場を着実にした。実際のところ解釈こそ，距離をつくり出すどころか，彼女と子どもとの距離を近づけたのであった。

　　たとえば，とても両価性の激しい子どもであるリタは，なにか抵抗を感じると，すぐに部屋を出たがった。私は，この抵抗を解消するために，ただちに解釈しなければならなかった。私が彼女の抵抗の原因を明らかにするや否や——常にその原因をオリジナルな対象や状況に還元しながら——抵抗は解消した。そして，彼女は再び親しみをもって信頼感を寄せ，プレイを続け，私が与えた解釈を微に入り細を穿って裏づけてくれた。(Klein, 1975, vol. II : p. 21)

　クラインが『児童分析の記録』(1975, vol. IV : pp. 320-325) のなかで例示したのは，いかに保証が役立たないと彼女が感じているか，である。リチャードは，クラインが封筒を取り置きし，それを「戦時努力」の一部としてリサイクルしたかどうか尋ねた。彼女はそうしたよ，と答えた。リチャードは小踊りして喜び，彼女のことを「愛国的」だと言った。すると，彼は窓の外に見える少女から目を背けた。クラインがこれを理解するには，彼がクラインのことを，「愛国的なクライン婦人」と外部の「悪い少女」にスプリッティングさせた，ということだった。クラインは，もし彼女が彼のこの猜疑心を最初のうちに取り上げておいたら，このスプリッティングは避けえたのに，と感じた。彼女が取り上げなかったので，リチャードは，彼の猜疑的な自己を彼女との関係のなかに持ちこむことができないと思い，それを外部に放逐しようとしたのだった。

導入部を最小限に留めたいのは，なにも子どもに関してばかりでない。分析に邁進することこそ，クライエントが時間（おそらくはお金も）を費やしていることに，治療者が気を配っている証となる。治療者は，治療者の健康や家族に関する質問，たとえば，治療者が休日をどこで過ごすかという質問に対して，普通の「社交的」返答をしたら，どのように受けとめられるのか知りようがない。とりわけ，治療者がクライエントに言わんとしたことが，クライエントの側に，不安，羨望，優越感を引き起こしたのかどうか，知りようがないのである。こうした感情は，クライエントがもち込みたがっている感情や思考なのかもしれない。加えて，クライエントが最初におしゃべりをしたがる理由のなかには，クライエントの人生上の重要問題の指標になるものもあろう。たとえば，クライエントは治療者の仕事を邪魔したがっているのかもしれない。しかも，このことは，クライエントが，次のことを許容できないという問題を反映しているのかもしれない。すなわち，人が仕事したり，クライエントのコントロール外で人が機能したりすることを許容できない，という問題である。こういうケースでは，治療者は，面接のしづらさ自体について話すのが，比較的適切なのかもしれない。

　ジェーン・ミルトン Jane Milton は，この問題に関する比較的最近の議論のなかで，次のことを述べている。「しばしば分析家や精神力動的心理療法家が，患者に対して自然に反応したり，説明したり，保証したりしたいという願望を，いかに強く抱いていることか。そのような衝動に道を譲ったら，どんなに分析家は楽になることか。しかも，分析家は，自分がいいことをした気になるし，親切にも感じることだろう。とりわけ，陰性転移像に必然の道徳的非難から分析家は免れることができる」(2001：p. 435)。治療者は，患者がカウンセリング・ルームのなかで，過去からの混乱した関係を再演化するのをとても受け入れがたく感じる。だが，分析家はそれをやっているのだ。もし分析家がもっと社交的で普通のふるまい方をしたらどうなるのか，ミルトンは続けて述べている。

　　　分析家は，外見上はもっと「現実的」に見えるけれども，それは錯覚だというパラドックスが生まれる。分析家は，患者の圧力に迎合することで，実際のところは転移対象のままなのである。しかも，患者が内的

にも外的にも置き去りにされるのは，このお馴染みのかなり弱々しい人物像とともに，なのである（Feldman, 1993）。分析的スタンスを崩すことで，分析家が真に目覚しい新たな対象になる可能性が奪われてしまう（Baker, 1993）。患者の投影からすばやく免れてしまうのではなく，それに耐え熟考することができるのは，内在化されたこの新しい対象なのである。（Milton, 2001：p. 435）

分析的スタンスにおいては，分析家は，自分に対する患者の態度に影響を及ぼそうとはしない。特に，患者の先入観，期待感，信念を，それを観察し理解する他は弱めようとはしない。ミルトンが言うように，「『生きた』情緒体験は，分析家にとっても患者にとっても，ときに不安に満ちた苦痛を誘発させる。しかしながら，生きた方法で，歪んだ内的対象関係を活性化させることによって，それらの情緒体験は，探求される可能性が生まれ，次第に経験によって変えられうるのだ」（同上書：p. 435）。

「クライニアンはあまりにアクティブだ」

治療者のなかには，クライニアンはやりこなそうとしすぎていると感じる人もいる。つまり，クライニアンはもっと待って，患者に仕事をさせるべきで，すぐに話しかけようとすべきではない，と。他の治療者のなかには，患者が話しだすまで，通常クライニアンがするよりも，随分と長い時間座って待つことに費やす人もいるだろう。

クライニアンは臆するところなくアクティブである。けれども，彼らも長く沈黙する状況はある。定義上は，患者の最深層にあるもっともやっかいな不安や問題は，意識の背後にある，ということになる。治療者がどんなに長く待ったところで，患者はそれらをひとりでに意識はできないだろう。クライン自身の息子が，子づくりにおける父親の役割を質問できなかったことが（Klein, 1975, vol. I : p. 27），この事情を物語っている。彼は，それに頭を悩ましていたあまりに，質問できなかったのである。

分析家側のこうした営みによって，分析家の理解力や洞察力に対する羨望（あるいは依存心）を含む複雑な感情が，患者のなかに喚起されうるということも自覚されている。クライニアンの観点では，いつもそういうわけでは

ないが，そうした場合には，この複雑な感情をあからさまにし，それをワーク・スルーするのが肝要であり，解釈を差し控えることで，分析が滞ってしまってはならないのである。患者は沈黙をいろいろな意味に解釈する。患者のなかには，ときに沈黙をすこぶる迫害的に感じる人もいるのだ。

「解釈はクライエントに侵入的でぶしつけなので，避けた方がよい」

これは，カウンセリングのロジャーズ学派から起きる批判である。カウンセラーは，クライエント自身の見方や考え方に可能な限り付け加えないほうがよい，という意味のことが，ときどき膾炙されている。

解釈することに関しては，多くの難問がある。侵入的で，「知ったかぶりの」解釈には，明らかに問題がある。すなわち，なんの証拠もないくせにあまりにも多くの間違った仮説に基づいた解釈，タイミングの悪い解釈，クライエントが自分の話をしているのを遮る解釈，誤解をあからさまにしてしまう解釈，クライエント自身の不安に触れようとするよりも，治療者自身の関心や誤用された理論的理解から引き出された解釈，等々。治療者は，解釈を与えるとき，クライエントの感情にとても細心である必要がある。すなわち，その解釈は，クライエントの聞くに耐えうるものか，あるいは単に違和的に感じられるだけなのかをうまく把握する必要性である。ローゼンフェルト（1987）は，彼のもとにくる前に，1,2 の失敗に終わった分析を経験した多くの患者について述べている。彼は，そこで，間違った解釈の効果や解釈の悪いスタイルについて論じている。

加えて，タイミングが良くて，明確で，同情的で，理解を持った解釈でさえ，問題となるクライエントもいる。正しく理解されるプロセスにおいてさえ，クライエントや患者のなかに多くの複雑な感情を引き起こしうるのだ（十代の青少年が，ときに親が自分の理解者であることに耐えられないように）。治療者の能力への羨望ばかりでなく，対照的に理解されなかったという他の早期の経験に関する悲しさや後悔も生じうる。誰にも頼る必要もなく，自分だけがあらゆる知識や情報の根源でありたいという願望が起こりうるし，より多くを求める貪欲さは，与えられたものを使おうとしない気持ちと結びついたりもする。クライエントのなかには，治療者やカウンセラーが言うべきことを持っているのを受け入れにくい人もいる。彼らは自分の声し

か聞きたがらないし，新しい考えに対しては，その時点，おそらくは永久に，付き合いたがらない。カウンセラーは，クライエントとのセッティングや契約と照らし合わせながら，クライエントが引き続きそうしていくのがいいのか，他の人にも考えがあることを受け入れられるように援助していく方針がよいのか，決定せねばならないかもしれない。

しかしながら，タイミングの良い解釈は，理に適い，不安や罪悪感をある程度減らす，新しいものの見方をクライエントに可能にし，安心とともに受け入れられるものである。クライエントの内的世界，他者との関係性の探求に一役買って，解釈は，クライエントにとっても治療者にとっても，新たな洞察に導きうるし，新たな探求への道を切り拓きうるのだ。

たとえば，ロジャーズ自身は，「ジャン」の面接フィルムのなかで（ソーン Thorne による報告，2003, p. 57），ときどきクライエントに明確な解釈を行った。ジャンは，素人演劇のなかで「行儀の悪い少女」を演じることを語り，その少し後に，ジャンが，彼女は援助的な関係を熱望しているんだと表明していたときに，ロジャーズは次のように述べている。「あなたがその少女と友達になることができたらいいですね……」。ジャンの詳しい説明の求めに応じて，ロジャーズは語る。「たぶん，あなたのベストフレンドのひとりは，あなたの内部に隠れているまさにあなた自身，恐ろしい少女，行儀の悪い少女であり，大手を広げて出て来ることができない真のあなたなのです」。私の観点では，これは解釈である。今日，同様の状況では，おそらく治療者は，「真のあなた」という言葉ではなく，もっと中立的に，「もっと生き生きとした」「もっと行儀の悪い」あなたという言葉で話すことだろう。すなわち，自己の別の側面を，クライエント自身の価値ある特徴（たとえば，「もっと行儀良くふるまうあなた」）に受け入れられるようにすることだろう。クライニアンは，クライエントになにかを求める風には語らないという点でも，ロジャーズとは異なっているところだ。健康な心になってほしいという他者の願望によって，迫害されると感じる人もいるのだ。他の誰かがそうしてくれるなら，自力でなにかをする必要がないと感じる人もいる。しかしながら，あらゆる種類の解釈は役に立ちうるものだ。先のクライエントが「行儀の悪い少女」的自己を受け入れる必要性について，ロジャーズが観察し定式化したことによって，彼のクライエントは援助されたようだ。

「クライニアンは攻撃性や陰性感情をあまりに強調しすぎる」

クラインは，あまりに悲観的であり，陰性感情に重きを置きすぎるといって，ときに非難される。エリザベス・ボート・スピリウス Elizabeth Bott Spillius は，『メラニー・クライン トゥディ』（1988）という題名の本のなかで，この批判を取り上げている。

> 精神分析理論において 1920 年代までは，ほとんど攻撃性に焦点が当てられてこなかった。たとえフロイトのケース・ヒストリーが無意識的な性的願望ばかりでなく，競争心や攻撃性を解釈している豊富な例を示してくれていたにしろ，である。確かにクラインは，破壊性やそれが喚起する不安について十二分に意識していた。それは彼女のもっとも初期の研究分野のひとつであった。だが彼女が同様に強調したのは，理論においても実践においても，愛情の重要性や対象に対する患者の思いやり，罪悪感，償いの重要性だった。さらにクラインの後期の仕事においては，特に陰性感情が露になるときには，彼女は患者を強力に支えようとする気持ちになっている。とりわけ『羨望と感謝』（1957）のなかで，このことは明らかである。私の印象では，クラインは患者から敵ではなくて仲間として経験されている。それは，患者が自分自身のなかで憎んでおり，それだからこそ否認し，抹殺したがっている感情を，格闘しながらも受容するうえでの仲間，という意味である。この態度こそ，「バランス」感覚を提供するものと，私は考える。スィーガルは，クラインの分析を経験したなかで，そのことがとても重要だったと述べている（H. Segal, 1982）。きっとこの種のバランスこそ，今日のクライニアン分析家が絶えず渇望してきたものである。(Spillius, 1988, vol. II : p. 8)

ローゼンフェルトは，『治療の行き詰まりと解釈』（1987：p. 266）のなかで，羨望の解釈によって，分析は行き詰まりを免れるだろう，と早々に希望を表明している。だが，少し先には，これは必ずしも真実ではない，と彼は気づいている。これとは逆に，「患者の寄与と比較して，羨望の解釈や分析

家の貢献を過大評価することは，しばしば行き詰まりの原因となる」と。彼が言うには，強調点は，むしろ，羨望が愛する能力を抑制するがゆえに，羨望が引き起こす苦痛，不快，恥に耐えられるように，患者を援助すべきだ，ということだ。ヒューマニストの最善のアプローチを想起させるものなのだが，ローゼンフェルトはまた，「羨望が次第に弱まっていくのは，患者が分析のなかで受容され援助されたと感じ，考え成長する空間が自分にはあると感じるときである」と指摘している。分析家の理解力への羨望が減るのも，患者，分析家ともに，協同作業をしている患者の貢献に思いを馳せることができるときである。

　ローゼンフェルトがことさら取りあげるのは，患者の陰性反応が，分析家の過ちや誤解に対する理に適った反応と理解してもよかったときに，分析家がそれを，治療に対する羨望に満ちた攻撃的な反応と誤って解釈する場合に関して，である。彼は，分析家自身の分析の重要性を強調する。そして，分析家は，患者が彼らのなかに引き起こす精神状態を把握でき，それに耐えられるようになるまで，充分に自己分析をやり遂げねばならない，と強調する。彼があきらかにするのは，とりわけ精神病的な混乱領域に関わることが，治療者にとっても，いかに動揺させられることで，それゆえ治療者は，無感覚で，残酷で，横柄で，軽蔑的な患者の内的人物像を映し出すようなやり方で，ときにはふるまっているかもしれない，ということである。明らかに，このことは，治療者のパーソナリティにとってばかりでなく，患者や分析にとっても，深刻な脅威となりうる。それにもかかわらず，ローゼンフェルトは次のことを明言している。すなわち，動揺し，混乱した，攻撃的なパーソナリティの精神病的部分に直接対処することは可能であり，それによって，患者は，多くの他の治療方法のように，その部分を切断するよりも，もっとそれを理解し，修正し，統合できるように援助されることも可能なのである。治療者は，充分にスーパーバイズを受け，自分自身の混乱した機能領域に，充分に触れることが必要である。

　攻撃性の分析に対するクライン自身の態度は，「児童分析に関するシンポジウム」(Klein, 1975, vol. I : p. 161) で読むことができる。ある少女が，強迫神経症を患って，アンナ・フロイトのもとに連れてこられた。分析の経過中，アンナ・フロイトが少女に示すのは，人は，憎い人に対してだけ，そ

んなにひどい態度を取ることができる，ということだった。その子は，そのとき質問した。「私は，お母さんが充分に愛してくれると思っているのに，どうしてそのような敵意のある気持ちを向ける理由があるの？」。クラインは，このことは，分析のエッセンスについてのよき理解を伝えてくれると述べ，その分析が取り組むべき方法について言及した。しかしながら，アンナ・フロイトは，この時点で，その答えがわからなかった，と報告している。その子どもの患者が，分析家に明確に伝えようとしたのは，彼女が母親を憎んでいたかもしれない，その理由についてだった。「居てほしいときに，いつもどこかへ行ってしまう母親への非難を込めた夢を，彼女は繰り返し見た。後には，兄弟や姉妹に対する嫉妬心を明確に表している別の夢も見た」。しかしながら，アンナ・フロイトはこのサインを取り上げもしないし，母親に対する子どものライバル心も分析しなかったようだ。

　クライニアンは，このように「患者を恐怖のままに残しておくこと」の危険性を警告する。そのときのアンナ・フロイトの分析手法によって，患者は自らの攻撃性を見ることができるほどの進展を見せたが，だが，攻撃性は理解されうるし，攻撃性に関する罪悪感や不安も減らすことができる，と患者が感じるほどには進展しなかった。それに反してクラインは，そのようなケースにおける罪悪感の緩和は，必須である，と感じていた。強迫神経症のクライン自身の患者（「エルナ」，同上書：p. 160，および，vol. II『児童の精神分析』）は，過度の罪悪感に悩まされ，絶えず罰せられることを求めるという，明確な徴候を示していた。この罪悪感を分析によって緩和することは，この分析を成功裏に終わらせるためには，重要な要因として貢献しうるものだ。

認知行動療法家からの批判

　認知療法家は，精神力動理論に多くの批判を抱いている。認知行動療法（CBT）の創始者のひとり，アーロン・ベック Aaron Beck は，分析の考え方の多くを，もっと単純で非侵襲的な方法で利用できると考えた精神分析家のひとりだった。彼は，まず，比較的意識下の思考を扱うのは不必要だと考え，患者の意識的思考に取り組んだ。時を経るに連れ，認知行動療法家も分

析家と似た観察をするようになってきた。彼らの考え方には，分析家と相容れないものもあるが，同意できるものもある。たとえば，「スキーマ」や「中核信念」という概念は，人が必ずしも認識しているわけではない様相で，感情や行動が影響されるという意味が込められている。だが，それらの感情は，発見されうるし，過去の思考，出来事，行動，状況まで遡ることができるのだ。

「分析家は技術を教えない」

『精神分析と認知行動療法——ライバル・パラダイムなのか共通基盤なのか？』（2001）において，ジェーン・ミルトンは，ふたつの治療形態の類似性と相違について論じている。その主題となっているのは，分析家や患者は認知行動療法にぐっと近いものへと，手に手を取って「崩落」していくような力に，絶えず引っ張られている，ということである。認知行動療法家は，患者を生徒や同僚のように扱い，彼らに世界の見方について教えたり，考えるように手助けしたりする。彼らは，普通のうちとけた会話を用い，思い込みに挑んでいき，論理の繋がりに疑問を呈する。ミルトンは，それを，「お馴染みの個別指導的関係の特殊形態」と述べている。これとは対照的に，分析家は，

> 親密な共感的注意を払うが，患者の自由連想にことの進み行きを任せ，開かれた関係のなかで，関与する観察者として患者に関わっている。……認知行動療法とは対照的に，精神分析的営みによって促進される変化は，意識的な洞察の局面とは，比較的無関係である。（同上書：p. 435）

認知行動療法家が技術を教えるのに対して，精神力動的なオリエンテーションの治療者は，現実味のある人物像との新たな関係性の発展や内在化にいっそう焦点を当てる。

「分析家はあまりに過去に焦点づける」

認知行動療法家が精神力動的治療者を糾弾するのは，彼らが過去にばかり

焦点を当て，未来を充分に忖度しない，という点もある。クライエントのなかにも，そう述べる人もいる。彼らは，過去について考えたがらない。過去を忘れ，背後に退け，未来について考えたがる。私の経験では，これらの傾向は，好きなことを話してもいいですよと言っても，過去があまりに激烈に日常生活の差し障りとなっているので，未来について考えることができないような，そういうクライエントにこそ，まさに認められるのである。私が経験するのは，彼らは過去を憎んではいるが，過去のいろいろな局面に由来していたり，付随していたりする問題を，首尾よくワーク・スルーできたときに，はじめて未来に向かって動き出せるし，直面できる立場になれる，ということである。しかしながら，過去の話は，ときには現在の問題を避ける手段となる。今日，多くのクライニアンの分析家や心理療法家は，過去よりも現在にいっそう焦点を当てるようになっている。

「分析家はネガティブな思考を鼓舞する」

認知行動療法に影響を受けてきたように思われるカウンセリング・グループのクライエントには，「ポジティブに考える」ことを望む人たちもいる。彼らは，カウンセラーがネガティブな思考を「鼓舞」し，それに興味を持ち，時間や空間を当てるのではないかと，心配しているところがある。「ポジティブに考える」試みのなかには，明らかに，恐ろしい「ネガティブな」思考を隠蔽しようと意図するものもある。クラインは，否認は，現実的思考ではなくて，むしろ迫害的思考に対する防衛として利用される，と考えた。不幸なことに，「悪い」考えを心から締め出そうとする努力が，生きる上での方策となれば，高い代価を払わねばならない。一定の心の領域は扉を閉ざし，利用できなくなる。薬物，悪行，ストレスフルな関係が，思考を寄せ付けないために使われる。これに反して，ネガティブな思考をカウンセラーや治療者と検討していくことによって，現実は耐えられるものになり，概して好ましいものにもなる。たとえ，これが，悲嘆のプロセスの始まりを意味しようとも，恐ろしい考えの背後に潜む迫害的幻想の恐怖，不安，罪悪感，不確定さは，いくらか緩和されるのだ。

ある女性が，不治の病という診断を受けたというまさにその理由で，カウンセリングにやってきた。彼女は明るく楽しげで，前向きであることが大事なんですと語った。彼女はすべてうまくいくのはわかっていると言った。カウンセラーは微笑みながら，それが本当のことなのか，それとも彼女がそう納得したいがためにそうふるまっているのか，どちらなのかと尋ねた。その女性はくつろいだ様子で笑いながら，同じ病気を患ったおばについて語り続けた。そのおばは，まったく希望を失って，ひどい気持ちに陥ってしまったとのことだった。彼女は，急激に悪化し，若くして死んでしまった。カウンセラーは，そのことは彼女も急激に悪化し，若くして死ぬかもしれないという恐怖を意味するために，不機嫌になったり，希望がなくなったりすることについて考えられないほど怖くなっているのではないか，と口にした。彼女はほんの少しでも抑うつや苛々や不安を感じるときには，いつでも恐怖感は増したのだった。女性は同意し，彼女とカウンセラーは一緒になって，その恐怖感がいかに現実味のあるものかを探求することができた。そのセッションの終わり頃には，抑うつや怒りを感じることへの彼女の恐怖心は，緩和したようだった。

　クラインが信ずるに至ったのは，不安は，たいていその人自身の恐ろしい衝動に由来し，問題の原因になりうる，ということだった。症状は，それらの衝動をコントロールしようとする試みのなかから生起し，もし根底にある不安が除去されないなら，一方がもう一方に代用される，と彼女は考えた。ある空想を心から追い出そうとする試み，思考や歪んだ知覚をコントロールしようとする試みは皆，不安緩和を目的としている。あいにく，不安緩和のこれらの方法は，短期的には効果を挙げるように見えても，長期的には深刻なダメージを及ぼしうるのだ。たとえば，嗜癖や虐待などの多くの様態になりうる。分析は，この防衛システムの代わりとなるものを用意する。恐ろしい衝動を，その文脈に添って解明し，理解しようとすることによって，それらの衝動は，現実に対してばかりでなく，それほど損傷的でない他の衝動に対しても，確かめられうるものとなる。そのプロセスのなかで，衝動や不安

は変化し，症状を産み出す力を失う。フロイトとクラインは，自由連想は，根底にある不安を解明する，もっとも迅速な手段だと一致している。分析が機能すれば，考えは解き放たれ，自己や他の世界をもっと現実的で安全に体験できるようになる。自己の諸側面は，切断される必要がなくなり，統合されるので，自己は強化され，さらに柔軟性のあるものとなる。クライニアンが到達目標とするのは，この水準での変化である。精神分析的心理療法から学ばれるのは，他者ばかりでなく自分の声を聞き取る技術である。それは，自分がなにを経験しているのかについて用心するために，身体面や行動面の自分自身のシグナルに気づく技術である。しかも，こうなりたいという姿ではなくて，自分のありのままを見ることに耐えうる技術である。これとは対照的に，認知行動療法家は，望ましくない思考や行動の背後にあるものを理解しようとせずに，それらを避けるように援助する技術を教えるかもしれない。クライニアンはこの技術を，心を狭める類の自己治療を推奨するものであり，最初から問題を引き起こしうる危険性がある，とみなしている。

「分析家は患者のコミュニケーションを私物化する」

　認知行動療法家からクライニアン治療者に向けられる批判のなかには，クライニアンの手法は，患者のコミュニケーションをすべて，治療者-患者関係の反映だと考える点に関するものもある。

　クラインと彼女に追随する分析家は，「転移のなかで分析すること」が，分析のもっとも効果的で強力な手法だと発見した。部屋のなかでの関係が話し合いを進め，分析家や患者にとって，唯一利用できる議論の余地のない真実と化す。しかも，この関係を検討することによって，患者の心のなかでなにが起き，それが患者の自己や他者との関係の持ち方にどう影響を与えるか，それらのことを検証し，最終的には合意にも至りうる。たとえば，患者の他者への言及を，それとは気づかない分析家への感じ方を標するものとして利用できるなら，強力な洞察や変化が新たに生まれうるのだ。

　不幸なことだが，多くの人が気づいているように，この手法が悪用されれば，分析家が自らの重要性を単に患者に話したがっているだけだ，と患者には受け取られる。私自身信ずるところだが，クライニアンの分析のこの特殊な側面は，クライエントが自らの存在様式に関して援助の手を求めてくる，

あらゆる形態の精神力動的治療に継承可能なものである。だが、これが適していない状況も別にある。クライエントはときどき、彼ら自身手立てのない状況、自らを変えようとする気持ちがないか、ほとんどない状況において、（特にカウンセラーのもとに）援助を求めてやってくる場合がある。私自身の仕事で言えば、多発性硬化症の人とのカウンセリングでは、クライエントと私との関係のあり方には、まれに言及するだけだ。しかも、そうする正当な理由があるときだけだ。その際には、この言及は私たちの関係性、ならびに私ばかりでなくクライエントの理解に対しても、強力な効果を及ぼしうる。

たとえば、私がなにを言おうと、しかも、クライエントの発言を言い換えることなく、単に正確に繰り返そうとしたときにさえ、彼女がいつも「いいえ」と言ったときには、私はそれについて言うべきときが来たと感じた。それに対して、彼女が即座に反応したのは、またもや「いいえ」だった。だが、私たちはそれに笑い合い、その後私は、彼女がなぜそういう態度をとるのかについて、彼女の以前の発言に基づきながら、いくらか意見を述べることができた。私は、彼女が「いいえ」と言うことができなかった子ども時代の状況と関連させた。その後、はじめて彼女は、私との部屋のなかばかりでなく、普段の生活においても（彼女はそこでもとても大きな問題を抱えていた）、そのような態度を取るに至った感情や記憶について語ることができた。過去との繋がり、私との関係性への焦点づけによって、彼女は、カウンセリング・ルームでの関係性を含む、現在の行動や関係性における問題に、取り組むことができるようになった。しかしながら、これは長期的な関係のなかでのひとつの介入に過ぎない。大部分は、彼女の現在の生活に関する思考や感情、多発性硬化症の現在の生活における衝撃を、クライエントが選り分ける作業に関連する仕事だった。

他の分析家からの批判

「子どもの分析は危険である」

クラインは、子どもの分析手法に関してごく初期から攻撃された。1927年の「児童分析に関するシンポジウム」で、彼女は分析家の憂慮を俎上に載せ

た。私たちはクラインの討論から、彼女になされた非難、フロイトが子どもの分析を企てた際に加えられた非難をいくらか推測できる。子どもの患者や分析家にとっての安全性は、最重要課題だった。それは単に、ヘルマイン・フグ゠ヘルムス殺害の結果ではなく、以前から明らかに存在していたものだった。というのは、フグ゠ヘルムス自身が子どもの最深層の感情に触れるような、子どもの分析に対して警告を発していたからである。今日、子どもの心理療法家のなかには同様の意味の発言をし、両親に対する子どものネガティブな感情や攻撃的な感情をあまりに解明するのは危険である、と指摘する人もいる。

　クラインは、5歳のハンス（「リトル・ハンス」Freud, 1909）に対する（少年の父親を通しての）フロイトの分析の重要性を強調することから、その論文を始めている。「そこでは、子どものなかのエディプス・コンプレックスの存在や発展が示され、エディプス・コンプレックスが子どものなかで作動している様態が論証されているばかりでなく、そうした無意識の諸傾向が安全で極めて有益に意識にもたらされうることも明らかにされた」。クラインは続けてフロイトを引用している。

　　だが、子どもによって抑圧されているばかりでなく、両親によっても怖れられている類のコンプレックスを、ハンスのなかから引きずり出し、明るみにすることで、彼にどんな害が及んだのかを、私は今や調べなければならない。少年は、彼が母親に望んだことに関して、なにかまじめに行動を起こそうとしたか？　あるいは、父親に対する彼のよこしまなたくらみは、よこしまな行為に場所を譲ったか？　そのような疑念は、精神分析の性質を誤解し、邪悪な本能は意識化されることによってむしろ強化されると考える、多くの医者にむろん浮かんだことだろう……。

　　これとは逆に、分析が唯一残した結果は、ハンスは回復し、馬恐怖はなくなり、父親との間柄はむしろ親しくなった、ということだった。
　(Freud, 1909 : SE vol. 10 : p. 144)

　アンナ・フロイトもヘルマイン・フグ゠ヘルムスも、子どもが両親に対し

て抱く，比較的攻撃的で性的な幻想に触れようとするのを嫌った。彼女らは，子どもの両親に向ける攻撃性を暴くことによって，子どもが両親と疎遠になるのを怖れたばかりでなく，彼女らは，子どもが彼女たち自身にも良好で友好的な感情を抱くように求めた。このことは，子どもが彼女らと協同作業するためには必要だと考えた。

　クラインは，彼女自身の息子が父親を殺して，母親と赤ん坊をつくりたいと話すのを，辛抱強く聞き続けた。クラインは，幼い患者たちが両親に対してまったく恐るべきことを願っても，それを話すように援助した。結果として，子どもたちの不安は軽減し，知的関心や好奇心が開花し，子どもたちと両親との関係の著しい進展が起こった。

　クラインは経験的に，攻撃幻想はそのまま放っておかれたときよりも分析されたときの方が，ずっと危険性が少なくなるのを確信するに至った。クラインは，子どもの攻撃性は，強力な愛情や償いの欲動と匹敵し，絶えず葛藤状態にあるのに気づいた。この葛藤を持った子どもを手助けするためには，攻撃性の認識が不可欠であった。加えて，分析家に向ける良い感情のみ奨励することは，子どもが周囲の他者に，もっと怒った感情を表現してしまう危険性を高めてしまう。そうなれば，事態はさらに悪化しうるのだ。

　精神病的な少年であったディックでさえ，クラインは，残酷なサディズムばかりでなく，並外れた共感性や愛する能力があるのを見出した。それを彼の母親は見逃していた，とクラインは感じた。攻撃性は，親の歪んだ像に向けられるので，転移を通して明るみに出すことで，（分析家ばかりでなく）親へのもっと現実的な見方を発展させうるし，攻撃性の修正が引き起こされうるのである。そのプロセスにおいて，自我は攻撃性を取り戻し，憎むべき親のせいにされていた自我自身の憎むべき部分を自己化するので，自我は強化されるのだ。クラインが信じるには，このプロセスによって，子どもや周囲の人びとはその恩恵にもっぱら浴すことができるのである。

幻想の浸透

　「論争につぐ論争」の時代から今日に至るまで，多くの分析家はクラインの幻想概念をやっかいなものだと思っている。「論争につぐ論争」の間，シルビア・ペイン Sylvia Payne 博士はこう語った。

誰もが皆，記憶痕跡はなんらかの意味を持ち，あらゆる心的経験の名残りであることを知っている。だが，無意識的幻想が固着していないなら，必ずしもそれが備給される（すなわち，情緒的意味を帯びる）とは思われないし，生涯を通してそのように力動的に働くとも考えられない。もし患者が，初期精神病の兆候を示していないなら，無意識的幻想の一群が恒久的にそのように備給されると仮定するのは，心的機能の既存の力動説に反するもののように思われる。世に後者の考えを丸ごと問うことはばかげていよう。(King and Steiner, 1990：p. 335)。

　クライニアンは，彼らの考えを丸ごと世の中に当てはめた。彼らの幻想に関する見解は，幻想はただ単にもっと遍在的なものだし，それまで考えられていたよりも，異常なものではない，ということだった。彼らは，必ずしも顕在的な精神病ではなくても，誰もが精神病的に機能する領域をいくらかは持っていると信じるようになった。
　エリザベス・ボート・スピリウス（1988, vol. II：p. 6）は，「無意識的幻想の概念は……合理的非合理的とを問わず，あらゆる思考の根底にあると掌握される」と述べている。クラインは，「合理的で適切であり，そのため分析する必要もない，思考や感情の特別なカテゴリーがあるとは思われないし，また非合理的で無分別であり，それゆえ転移を表現しているので分析される必要がある，思考や感情の第2のカテゴリーが存在する」とも考えなかった。これは，無意識的幻想の考えに対する，新しくも過激なアプローチであり，新たな探求方法を切り拓くものだった。たとえば，両親に対する子どもたちの感情の背後には，強力な幻想が存在すると考えられるので，子どもたちの感情は単に表面的な価値を持つだけというよりも，さらに充分に探究される必要のあるものと化した。感情や思考がどんなに合理的に見えようとも，根底にある幻想の探究は報われるものとなろう。

内的幻想に対抗するものとしての外的現実の役割
　クラインが批判されてきたのは，外的現実をないがしろにするほど，内的生活に多大の注意を払いすぎる，ということだった。
　クラインは，不安や葛藤が生みだされる際の，乳児自身の内的プロセスに

関する知覚の役割を類別している。しかしながら，クラインは子どもの内的世界と外的世界の関係に関して，複雑な見解を抱いていた。「早期不安に照らしてみたエディプス・コンプレックス」(1945)（Klein, 1975, vol.Ⅰ）という論文で，彼女の態度は明確に表現されている。クラインは，リチャードの家族について述べている。その少年の分析は後に一冊の本としても著されている。リチャードは学校にいけないし，他の子どもに脅えてしまうということで，分析に連れてこられた。クラインは彼の症状を詳細に記載し，最早期の授乳歴，乳児期の健康，手術経験に触れている。彼女は，彼の両親との関係，母との関係，年上の兄弟との関係についても，かなり気を配って記載している。それらの関係はすべて，ある意味で欠如していたようだが。彼女は続けて，「家族状況には問題があったけれども——リチャードの生育歴における深刻な問題と同じく——私の見るところ，彼の病気の重さはそうした環境のみでは説明できない。あらゆるケースにおいて，環境要因ばかりではなく，体質要因に起因し，相互に影響し合う内的プロセスを考慮に入れねばならない」(Klein, 1975, vol.Ⅰ : p. 372)。セッションに関するクライン自身の説明を読むと，リチャードの素材を分析する上で，彼女があらゆる種類の外的要因を考慮に入れ，外的要因に対するリチャードの反応を取り上げて，分析していたことがわかる。

　同様に，クラインはディック論文において，精神病の発達について論じる際に，「おそらく彼の発達は，あらゆる世話を受けてはいても，彼には真の愛情は注がれなかったし，彼に対する母親の態度はごく初期から不安過多であった，という事実に影響された」と語っている。だが後にクラインは，ディックについて，不安耐性に対する「明らかに体質的な無力さ」と書いており，母親の「不安過多な」態度が，ディックの問題の単純な原因になったというよりは，ディックの異常さに対して少なくとも部分的には責任があったかもしれない可能性として含みを残している。クラインが母親を責めようとしない態度は，当時の多くのほかの分析家とは対照的である。

　クラインが明確にしているのは，生来的な要因が子どもの発達に重大な影響を及ぼす，と彼女が信じていることである。けれども，彼女はまた，親の態度のいかんによっては，子どもの発達を助けもすれば邪魔をもすると明言している。

クラインの最初の論文は，ある意味で，子育てにおける少年への影響を扱った。彼女は，子育てに関する重要なガイドラインを幾つか記載した。たとえば，子どもたちが両親の性交を目撃しないようにする必要性，子どもが「長い期間のびのびと自然なままに，さほど干渉されずに……この天真爛漫さに対して文化的性向を手早くこしらえてしまわずに，さまざまな本能衝動や快楽を意識するようになる」（「子どもの心的発達」：Klein, 1975, vol. I : p. 26）のを許容する必要性，である。後に1936年の「離乳」（同上書）に関する公開講座で，クラインはかなりの時間を割き，彼女の考える，子どもにとっての外傷的な所業を述べた。彼女が言うには，子どもは，「生まれてこの方」性的感情の早期の表れとして，吸うことばかりではなく糞便や排泄にも関心をもつ。クラインは，「母親は子どものこれらの徴候に対して，真に親しげに接しねばならない」，そして，このことを，「大人の満ち足りた性発達ばかりでなく，子どものパーソナリティや性格」の発達に関しても，本質的なことだと語っている（同上書：p. 301）。

この論文で彼女はまた，遊びを乳母に任せるよりも，母親が子どもと遊ぶ方が，子どもや母親にとって価値があると記載している。そして，このように語っている。

> 母と子の真に幸福な関係とは，赤ん坊に乳を飲ませ養育することが，母親にとって義務ではなく真の歓びであるときにはじめて確立されうる。もし母親がそれを心から楽しめるなら，子どもは彼女が歓んでいることを無意識裏に気づくだろう。そして，このお互いの幸福さは，母と子の間に充分に情緒的な理解を築きあげることだろう。（同上書：p. 300）

明白なことだが，クラインは，子どもに対する母親の行いばかりではなく，母親のそのやり方の重要性も軽んじてはいない。母親のふるまいや感情は，子どもの発達を伸ばしもすれば抑制もする。いかにもクラインらしいのは，母親が自らの子育てを楽しむことができない可能性も認めていることである。クラインは患者ばかりでなく親に対しても同情的である。そして，サディスティックで残酷な衝動やそれらが生みだす不安に対処するのは，子で

あろうと親であろうと，誰にとっても難しいと強い自覚を訴えている。

　クラインが，ある問題には素因的な起源があるかもしれないと感じている一方で，彼女がもっとも障害の重い人にさえ正気の部分があり，それは分析によって到達可能で，治療同盟さえもたらしうる，と考えていたのを認識するのも大事なことである。子どものときに，それ相当の障害を被っていた人のなかには，分析から得るものがあり，分析家の援助を得て，発達して豊かになっていく人もいる。明らかにその背景がもっと軽症の人でも，それが難しい場合がある。情緒的問題をあらん限り少なくして，子どもたちを成長させるにはなにが必要なのか，依然として私たちには充分わかっていない。親がそれを提供できるかどうかに関しても，私たちはそれほどわかってはいない。

「あまりに独断的だ」

　クラインがときどき誤解されるのは，彼女が人生早期の重要性を強調するあまり，後期に起こることはまったく重要ではないと考えている，ということだ。それが正しくないのは明白である。なぜなら，分析家が行う大人の分析のすべては，人生最早期に形成された幻想や構造を変化させることを目的とするからだ。クライニアンにとって，人生とは時々刻々変化する幻想だとみなされる。たとえば，中年期危機は，永遠の生命がないという事実に人が直面する時期だと考えられる。それに取り組むことによって，人は原始的な幻想をいくらか意識化したり，再評価できたりする。結果的に，彼らがそれに耐えられなければ破綻する。そして/あるいは，耐えられるなら，もしくは耐えられるときには，新たな成熟がもたらされる。性的関係，子を持つこと，仕事自体は，心的変化を引き起こす意味あるものとなりうる。クラインは，自らの人生の終焉に向けて書いた『羨望と感謝』のなかで，生来的な素質によって，分析（ないしは人生）による変化可能性の程度は，おそらくは限界づけられると表明した。そうではあるが，変化の可能性は誰にとってもそれ相当にあると考えていたのも，至極明瞭である。限界は，多くの変化があらかじめ起きた後，はじめて明らかになる。

生後6か月の赤ん坊の心

アンナ・フロイト学派は，赤ん坊には，「身体欲求の充足に純粋に基づいた」「生後数か月の」時期があると考えた。「赤ん坊が身体願望の充足を切望する最初の期間においては，誰によって赤ん坊の日常的世話がなされても，この欲求は満たされうる」(Dorothy Burlingham, 引用は King and Steiner, 1990：p. 336 より)。彼らは生後1年，特に生後6か月までの赤ん坊については，まるでその衝動や感情が自己愛的な「快感」以外に意味がないかのように言及している。一方クラインは，最初から赤ん坊は，母親と真の愛情や知的関心で関わっており，それは速やかに母親の幸福への心からの配慮に発達しうるものだと考えた。クラインが考えるには，赤ん坊は，母親を食べものや温かさの源としてのみ見なしているわけでは決してない，ということだった。母親の喪失は，赤ん坊によって，「私ではない not-me」愛する外的対象の真の喪失と体験されるだろう。早期の喪失に対する反応のひとつとして，自己や身体の一部を失った人物と同一化する，ということがある。その結果，身体は，失った人物を愛したように愛される。これは，その後，自己愛性として顕現しうる。そのような早期の自己愛は，防衛であり，喪失に対する反応だ，とクラインは考えた。生後数週ですら，赤ん坊は親の身体や存在と関係を持っている，とクラインは確信した。母親を失った赤ん坊の悲嘆には，おそらくはいろいろな幻想が付随しており，それらの幻想においては，愛する対象の不在から生じる苦痛の結果として，愛する対象が攻撃されていたりする。赤ん坊は，生後3か月以前には，良い母親/乳房の喪失という意味を把握できそうもない。しかし，嚙み砕かれ，憎らしい乳房/母親の悪い断片が，内からも外からも攻撃してくるという感覚は充分に感じられるかもしれない。たとえば，胃の痛みとして経験されるように。

1970年代以降，乳幼児発達に関する研究は，赤ん坊はとても複雑な様相で，環境に対して関係を持つ，という考えを立証しているように思われる。たとえば，ダニエル・スターン Daniel Stern (1985：p. 10) いわく，「乳児は，出生後，新生自己感を経験し始める。彼らは，自己オーガナイジング・プロセスに気づくように生まれついている。乳児は決して，全面的自己/他者未分化期を経験しない。……乳児は，外的な社会的事態に選択的に反応す

るように生まれついており，自閉様の期間など決して経験しない」。

　エスター・ビック Esther Bick やマーサ・ハリス Martha Harris は，長年の間，赤ん坊の観察を行ってきたが（Piontelli, 1986 参照のこと），その幾らかは，小さい赤ん坊に感情的反応の証拠などない，という批判への対抗だった。これらのセミナーでは，豊富で詳細な観察がもたらされ，それによって，赤ん坊が単に未分化な本能の束であり，人の違いに無頓着であるとは考えられなくなった。ふるまいや動作の詳細な記述からは，ごく早期の愛着行動に対する，納得のいく解釈が生みだされうる。たとえば，何回も観察されるのは，赤ん坊が，母親の意識的，無意識的なシグナルに添うように，あきらかに自分の態度や感情を合わせている，ということだ。赤ん坊についてのそのような注意深い観察によって，赤ん坊が環境に対して複雑な感情のありさまで反応し，両親のなかには，それに対してまことに感受性豊かな人もいるという見解が支持されている。

攻撃的な赤ん坊

　幼い赤ん坊は，ごく早い時期に，たいてい母親や母親の乳房に対してさえ，強烈な攻撃的感情を抱いているかもしれない，というクラインの見解は，多くの人に反対されている。フェアバーン，ウィニコット，ボウルビィは皆，これに関して異論を唱えた。長年の間，クライニアンの考えを講義してきて気づいたのは，小さな赤ん坊が，生まれながらに憎悪の感情や攻撃性を持っているという考えは，はなはだ口当たりの悪いものであり，赤ん坊にもっぱら同一化している人にとっては，とりわけそうであった，ということである。私の経験からすると，赤ん坊を産んだ経験のある人たちは，クラインの考えにもっと寛容な観点を持つ傾向にある。赤ん坊が母親に対して，好ましくて愛らしい感情のみ抱いていると考えるのは，泣き喚いて機嫌が良くならない赤ん坊，ときには乳房から顔を背け，乳房を叩き，理由もわからないのに泣き喚く赤ん坊を抱えて，あちこちさまよい歩く夜を経験しているものにとっては，しっくりこないのである。

　「分裂的機制についての覚書」（Klein, 1975, vol. III）のなかで，クラインはフェアバーンとの異同をはっきりと説明している。クラインが言うには，フェアバーンは次のことを軽視している。つまり，「憎しみや攻撃性が人生

早期から果たす役割である。そのアプローチの結果として、フェアバーンは、早期の不安、葛藤、発達に及ぼすそれらのダイナミックな影響の重要性に充分重きを置いていない」(同上書：p. 4)。クラインの見解では、子どもの攻撃性は不安を生じさせる。なぜなら、それは子どもの愛情衝動と強烈に葛藤を引き起こすからだ。攻撃性に反駁する子どものこの力は、ときに看過されている。

　ウィニコットやボウルビィはふたりとも、赤ん坊や母親のなかにさえ攻撃的感情が常在するというクラインの見解に、こぞって反対した。そのため、両親の役割の点で、随分かけ離れた結論に至った。というのは、ウィニコットの後継者にとっては、クラインが思うよりも、赤ん坊はずっと無垢で犠牲的な存在だからだ。自我や内的世界のスプリットは認識されているが、子ども（や結局大人でさえ）が、それらのスプリットを維持し、積極的につくりだす営みについては強調されていない。クライニアンの観点からすると、このことは、このプロセスに関する子どもや大人のコントロールという重要な局面を省いているばかりでなく、スプリッティング・プロセスに関するコントロールの回復、スプリットの修復、という見込みもほとんど欠いているという点で、臨床上の影響が出てくるものと思われる。クラインは、「分裂的機制についての覚書」のなかで、赤ん坊は無統合から始まる、というウィニコットの見解を取り上げている。クラインは、それは至極説得力があると述べているが、すぐさま、それは「解体」であり、統合への傾向と交替するものだと言い直した。違いは決定的である。

　ウィニコットは、彼の著作『子ども、家族、外的世界』(1964) のイントロダクションで、「夫の支えがある普通の良い母親」、「乳児にひたすら没頭する」母親の良さについて書いている。クラインと比較して、ウィニコットのアプローチは、母親や母親の立場を途方もなく理想化している。ウィニコットは、正しく事を処す母親の「自然な傾向」について語っている。このことは、子どもが泣いても抱き上げない母親について語る、トルービー・キング Truby King のような人物の理論とは、重要な対極をなす。けれども、母親たちは自分にそのような「自然な傾向」があると言われて、しばしば苦笑する。母子関係についてのクラインの記載の方が、これまで私が出会った親皆にとって、ずっと現実味があるように思われた。

第4章　批判と反論

　ウィニコットは，この本で，クラインやその後継者たちが投影プロセスについて記載したすべてに関して，見解の相違を強く匂わせている。その投影プロセスというのは，自己や内部の対象/人物の嫌悪すべき「悪い」側面は，外部の人のなかに投影され見出される，というものだ。ウィニコットは，多くの母親がときに赤ん坊のことを憎み，別のときには赤ん坊の存在を忘れ，たいていの時間をとても葛藤的でやっかいな気分でいるのが明らかなのにもかかわらず，まるで母親のみが，いつも赤ん坊のことを善良で愛くるしいと見ているかのように記載している。理想化することによって，逆にウィニコットは，自分たちの「悪さ」や不快さを認めてもらえない現実の母親に対して，極めて迫害的になっている。ウィニコットがもっぱら強く示唆しているのは，現実の女性，すなわち「通常の献身的な母親」は，赤ん坊が彼女におもらしをしても，寝させてくれなくても気にもとめなかったり，ミルクを呑んでくれるときにはただもう喜びや興奮を感じる——最初は耐えがたいほど痛い経験でもありうる——ということである。赤ん坊に向ける現実の母親の愛情は，ウィニコットの記載に比較して，弱々しく，不充分で，つかのまかもしれない。その一方で，クラインの表現する母親よりも，良い母親を想像するのは簡単だ。

　ボウルビィもウィニコットも，父親の役割を，外的世界から母親を守ることとは見ているものの，子どもから母親を守り，母親から子どもを守る存在とは見ていない。子どもが母親に幻想上の攻撃を加えた後で，母親の健康さ，善良さ，幸福さ，ならびに母親のなかの赤ん坊を回復するうえで，子どもは，父親の支持や援助が決定的なものだと感じている，とクラインは信じた。もし母子間の攻撃性や攻撃幻想が，充分に認識されないなら，父親の役割も認められない。このことは，ウィニコットとクラインが分離に対して考えるアプローチの相違と歩を同じくする。クラインは，母子間の健康な分離に関して，父親とのエディパールな関係が決定的に重要だと強調する（第2章参照のこと）。ウィニコットは，子どものコントロール下にあり，無生物でもある「移行対象」（あるいはライナス・ブランケット Linus blanket）〔訳注：漫画ピーナッツに出てくるライナス少年はいつも毛布を持ち歩き，それで安心していた。そこから，ライナス・ブランケットという言葉が，安心するものという意味で用いられるようになった〕の役割を強調する。

性の発達

「論争につぐ論争」の間，ウィーンの分析家たちも，超自我や性の発達の問題に関して，クラインがフロイトから変節したといって，彼女を糾弾した。クラインはそれらの分野において，フロイトと袂を分かった。

「早期不安に照らしてみたエディプス・コンプレックス」(1945) (Klein, 1975, vol. I) において，クラインは，少年のエディプス・コンプレックスの発達を記述するためにリチャードの素材を使い，少女のエディプス・コンプレックスを例示するためにリタの素材を用いた。その論文の末尾に，クラインは性の発達に関するフロイトと彼女の相違について記述している。下にそのいくつかを要約する。

クラインは，口唇的，肛門的，性器的関心はそれぞれ順繰りに続くことには同意したが，フロイトの考えよりもそれらは重なり合い，相互に刺激し合うと考えた。フロイトは，ほぼ3歳から5歳までの期間は，「唯一の性器いわば男性器だけが顧慮され，そのため存在するのは，性器の優位性ではなく，男根優位である」(Freud, 1975, vol. 19：p. 142) と考えた。しかしながら，クラインが考えたのは，「両性の乳児は，母や父に向けた性器願望を経験する。そして乳児は，ペニスと同様に膣の無意識的知識を持っている」(Klein, 1975, vol. I：p. 416)。

また，フロイトは，超自我が発達した後は，罪悪感のみが子どもの経験のなかに参入すると考えた。そして超自我は，フロイトが考えるには，父から去勢の脅しを受けて，エディプス・コンプレックスの消失後生じる。換言すれば，ほぼ6歳の年齢の後である。クラインの観点は，こうである。

> 両性における最早期の罪悪感は，母親，本来は母親の乳房をむさぼり食いたいという，口唇サディズム願望に由来する……。それゆえに罪悪感が生じるのは，乳児期である。罪悪感は，エディプス・コンプレックスの終息するときに現れるのではなくて，むしろ最初からエディプス・コンプレックスの工程を鋳造し，その結末に影響を与える要因のひとつなのである。(同上書：p. 417)

クラインは，超自我は口唇感情の影響下で，ずっと早期に生じることも見出した。この意味は，最早期の超自我は，むさぼり食い，嚙み砕く姿であり，「責めさいなむ」良心や「嚙みつく」ような批判の土台となっている，ということだった。後に子どもは，尿道的願望や，その後は肛門的，最終的には性器的願望の影響下で，両親（そして他の重要な人びと）を取り入れる。

> かくして，超自我は，幼い子どもの世界においては，実際の人物に多くの点で対応するけれども，超自我はさまざまな構成要素や特徴を持っており，子どもの心のなかの幻想的イメージを反映している。子どもの対象関係と関連しているあらゆる要因が，始めから超自我形成にある役割を果たしている。
> 　最初に取り入れられた対象，母親の乳房は，超自我の基を形成する。母親の乳房との関係が父親のペニスとの関係に先行し，強く影響を及ぼすように，取り入れられた母親との関係は，超自我発達の全工程に影響を与える。愛情深くて保護的か，破壊的で貪欲かにかかわらず，超自我のもっとも重要な特徴のいくつかは，超自我の早期の母的な構成要素から生じたものである。（同上書：p. 417）

フロイトが考えるには，少女は，母親との長くて排他的で「プレ・エディパール」な愛着期間を持ち，少女がクリトリスの存在に気づくようになる男根期になると，母親からペニスをもらいたがる。フロイトは，少女が女らしくなるまでは膣に気づかないと考えた。フロイトは，母親が少女にペニスを与えてくれなかったので，恨んだり憎んだりして，母親から顔をそむける，と考えた。少女が母親にペニスがないのを発見することは，父親の方に関心を向ける一因となる。そして，その父親からペニスをもらうのを少女は願う。だが，ペニスをもらうことができないのに気づいたとき，はじめて少女は父親から赤ん坊を授かりたいと心に誓う，ということだ（Britton, 2002参照のこと）。

クラインがどれほどの挑戦をしてきたかは，すでに明らかになったと思われる。母親に彼女自身のペニスがないのを少女が発見したときに，フロイト

が考えるほどには少女は気にかけない，とクラインは考えた。クラインの考えはこうである。

> 私の経験では，母親が，賞賛され嘱望される父親のペニスを内包しているという無意識理論は，フロイトが少女と男根的な母親との関係として記載した多くの現象の根底に存するものである。
> 　父親のペニスへの少女の口唇的願望は，父親のペニスを受け入れたいというはじめての性器的願望とごちゃまぜになる。こうした性器的願望には，父親から子どもを授かりたいという願望も含まれている。それは，また「ペニス＝子ども」という等式によって支持される。ペニスを内在化し，父親から子どもを授かりたいという女性的願望は，自分自身のペニスを所有したいという願望にいつも決まって先んじているのだ。
> （同上書：p. 418）

個人的には，私は，子どもが膣とペニスの生来の知識を持つという考えに納得したことはない。クラインや他の分析家によって提示された臨床素材を，私なりに解釈すると，多様な観点にまったく合致しないものはないということになるが，子どもは乳房の経験，乳首と口の経験，ミルクや他の良いものを生みだす母親の能力の経験から，ペニスと膣の幻想を創造する，ということになる。ペニス＝乳首の等式は，次のふたりの小さな男の子によって明白に示された。その男の子たちは，私が知る限り，言葉を話せるほどの年齢になっても授乳されていたし，乳首という言葉を使ってペニスに言及していた。「授乳ペニス」という空想は，明らかに男性の乳首の幻想に基づいているように思われる。それは「歯を持った膣」という空想が，口の幻想に基づくのと同じである。しかしながら，面接室のなかでは文字には記載し切れないいろいろな要素が作用しているので，臨床の仕事のなかでは，私ではなく，クラインなら利用できる裏づけを，彼女がいろいろ持っていたとしても不思議ではない。

死の本能

カーンバーグ Kernberg（1969）は，クライニアンの仕事を論じるなか

で，生来的な死の本能という理論を裏づける「臨床的証拠のまったくの欠如」に言及している。けれども，彼はフロイト自身の挙げたその証拠に関してはなにも言っていない。カーンバーグは，この死の概念は，クラインの他の考えの支持にも，足手まといにもならないし，他の理論にダメージを与えることもなく，早々に消えていくものだと考えた。

ハンナ・スィーガルは，今日クライニアン分析家の指導的存在であるが，『精神分析，文学，戦争』（H. Segal, 1997）において，広範な文化的問題について論じた際ばかりでなく，彼女の臨床的仕事のなかで，死の本能を利用している。「分析的作業という安定したセッティングのなかで死の本能に直面することが，患者の生への力をいかに動員させるか」（1997, p. 25）と，彼女は明言している。彼女は，死の本能と，ハルマゲドンや原子力兵器の破壊性という考えとを結び付けている（同上書：p. 150）。

ジョナサン・ミラー Jonathan Miller との 1983 年の対話のなかで，スィーガルはこう語った。「私にとって死の本能とは，無機物に返る（フロイトがそう述べたように）という生物的欲動ではなくて，誕生によってもたらされた突然の変化を破滅させたいという心理的な願望である」（Miller, 1983：p. 255）。スィーガル（1993）によれば，苦痛から逃れようとする試みは，（幻想上の）苦痛の根源ばかりでなく，苦痛を知覚する能力をも殲滅することに関わっているかもしれない。すなわち，それは，生自体の破滅の試みをも意味する。この自己破壊的な衝動を，彼女は，死の本能と呼ぶ。そして，死の本能は生の本能と葛藤状態にある，と考える。この観点は，クラインの観察と一致している。けれども，スィーガルが言うには，クライン自身は愛と憎しみの葛藤の方にいっそう焦点を当てていた。それは，フロイトが憎しみを，死の本能の自己からの偏向と考えたのに従ったものである。相違のいくらかは，アプローチの変化に役立つはずである。「本能」理論の全体は，フロイトやクラインが著述していた時代から，さまざまな修正が企てられてきた（たとえば，Grotstein, 1982 参照のこと）。ビオンの仕事も，原始的プロセスについての新たな思考様式をもたらした。

私たちが理解せねばならないのは，この原始的でとても強力な自己破壊的様式が，患者のなかばかりでなく，大規模破壊の考えに惹かれる政治家やテロリストのなかにも活動していることを，認識（そして恐怖）せねばならな

い，ということである。それを死の本能と呼んだり，死の本能を生の本能との絶えざる葛藤状態にあるものと見たり（そして，死の本能は生の本能によってコンテインされる必要性があるとみなしたり）することによって，私たちは，自己破壊から免れられない私たちの無力さ，それなくしては世界を考えることができない無力さに思いを馳せることもできるのである。

精神分析の科学的ステイタス

　概して精神分析は，「非科学的」だとしばしば批判されてきたし，今も批判され続けている。戦時中分析家は，イギリス医学会と認可をめぐって争わねばならなかった。分析家は研究に関する科学的基盤がないとして，一括りに批判されてきた。エドワード・グローバー Edward Glover は，イギリス医学会から精神分析を守るべき立場の分析家だった。その彼が，今度はクラインを科学的でないといって批判した。今日，一方では，臨床効果を例証することに関心がおよび，もう一方では，乳児の行動理論に関する神経心理学的証明に関心が向いている。これらふたつの関心は，精神分析のふたつの（相互関係はあるが別個の）側面，すなわち，臨床実践と人間の行動理論を反映したものである。

臨床効果
　「エヴィデンス・ベースト実践」の新たな風潮においては，精神分析や精神分析的心理療法は，一方では，心的苦痛に対する薬物治療と，もう一方では，少なくともイギリスにおいては，認知行動療法と競合しなければならない。その両方ともが，効果判定がもっとたやすい。分析の臨床効果は，証明するのがはるかに難しい。精神分析は，患者の積極的な協力なくしては，行いえないからだ。したがって，二重盲検臨床試験は試みようがない。症状の除去は，患者の別の症状形成を意味するなら，充分ではないかもしれない。分析は，長期的な状態改善を経由するなかで，さらなる問題の蓋を開けるかもしれない。分析の顛末は，分析家のトレーニングの性質ばかりでなく，分析家の個人的資質にもかかっている。また，それは，患者自身ばかりでなく，分析や分析家に向ける（意識的ばかりでなく無意識的な）患者の態度に

よるところも決定的だ。それにもかかわらず，クライニアンを含む分析家のなかには，分析の臨床効果を例証する方法を捜し求めてきた人もいる。

精神分析的効果の包括的な調査研究において，フォナジー Fonagy 他 (1999) は，問題の方法論や構想の範囲を同定した。しかしながら，彼らは次のように結論づけた。

> 精神分析は，一貫して，比較的軽症の（神経症的な）障害を持つ患者の力になるが，他のもっと重症のグループには，それほど一貫した力を持たない，ということが証明される。長期的で集中的な治療は，もっと短期で集中的でない治療よりも，良い結果を残す傾向にあった。精神分析のインパクトは，仕事の機能，健康管理のコストの減少という尺度による症候学の範囲を明らかに超えている。(Fonagy, 2000)

フォナジーと同僚によって考察された研究のほとんどには，クライニアンの分析家は特別含まれなかった。けれども，カーンバーグ他は，北アメリカの分析家の自我心理学的アプローチには，「クライニアンの観点によって徐々に豊かにされた」対象関係論の影響がさまざまに認められる，と断言している (Kernberg, 1999 : p. 1077)。

精神分析理論に関する神経心理学的エヴィデンス

この領域では，現代の研究が新しいエヴィデンスを生み出している。その大部分は，クラインの着想を多く支持するものである。たとえば，研究者は，今や小さい赤ん坊を社会への積極的な参加者だと見ている。すなわち，赤ん坊はことを選び，彼らの自己の感覚は，以前に認識されていたよりもずっと早期に発達する。そして，意味深い情緒的，認知的能力を持ち，関心を抱く相手には複雑なやり方で関わる（たとえば，Gopnik, 2003 参照のこと）。新たな発見が，情緒，記憶，自己の感覚，無意識的知覚に関してもなされている。そのすべてが，精神分析の観察を裏づけるものであり，同時にその観察に新たな光を投げかけるものでもある（たとえば，Bechara et al, 1997 ; Damasio, 2003 ; Schore, 1997 参照のこと）。『新しい科学者』*The New Scientist* 誌（5月3日，2003 : pp. 26-27）には，新旧両リサーチが報

告されているが，それによると，悪い経験の記憶が思いだされると変化可能になり，逆に意識化されない記憶は，ずっと行動に影響を与え続ける，と例証している。議論はまさに，なにが発見されつつあり，なにが挑まれつつあるかに向かっている。精神分析家と神経科学者は，お互いが対話し合い，お互いの関心に顔を向け始めているのである。

精神分析理論の発展

　科学の特徴のひとつとして，新たな発見は時を経て進展する，ということがある。精神分析的着想は，この百年の間にそれ相応に存続，発展し続けてきた。他の分析家とともに，クライニアンも考えを修正し，とりわけ精神病的コミュニケーションや精神分析技法に関して，新たな理論に寄与してきた。投影同一化概念は，発展，拡張された（たとえば，Rosenfeld, 1987；Feldman, 1994；H. Segal, 1997：pp. 111-119；Bell, 2001）。象徴化に関するスィーガルの着想（たとえば，Segal, 1957），ビオンのコンテイナー概念，「心的退避」に関するシュタイナーの研究（Steiner, 1993）は皆，主要な現代クライニアン理論に新たな洞察を提供してきた。エディプス・コンプレックスもかなり議論の的となってきた（たとえば，Britton et al., 1989 参照のこと）。ローゼンフェルト（1987），ジョセフ（1989），リーゼンバーグ＝マルコム（1999），シュタイナー（1993）は，概して混乱した心的状態に関心を持ち，困難ななかで，患者と分析家との関係を創りあげている。幼児期記憶ではなくて，面接室で患者と分析家との間に生起する事象を重点的に解釈するというテーマは，いくらか論争の的となってきた（たとえば，Joseph, 1985；Riesenberg-Malcom, 1986）。フロイトの死の本能概念は，とりわけフェルドマン（2000），H. スィーガル（1997），ジョセフ（1982）らによって議論されてきた。ハンナ・スィーガル（1997）は，特に近年，政治の舞台に精神分析の考え方を応用している。

　日々の実践に基づいて，クライニアンの分析家は，毎日患者に（解釈を選択しながら提供し，その結果を観察するという形で）仮説を試みることによって，分析の「科学的」側面を検証している。分析家は，患者の反応を観察し，いつどのように反応するか判断することによって，臨床のなかで生起している事象に絶えず仮説を立て，検証している。それが共有されれば，彼

らの観察や考えは,同様の仕事のやり方をする訓練された分析家にも利用されたり,検証されたりするものともなる。面接室外での観察(たとえば,エスター・ビック Esther Bick やマーサ・ハリス Martha Harris の乳児観察セミナーばかりでなく,スーザン・アイザックス Susan Isaacs が草分けの子どもの観察に関する学派(1944, 1945))も,心的状態に関する理論や考えを発展させる上で,一定の役割を果たしてきている。アレッサンドラ・ピオンテリ Alessandra Piontelli (1992) は,子宮内の胎児にまで観察を拡げた。精神分析概念の応用に付随する,科学的プロセスの性質やいくつかの方法論的問題は,精神分析始まって以来の論争点である。『国際精神分析誌』75 周年特別記念号は,このテーマに当てられている (Caper, 1994 ; Tuckett, 1994)。クラインの投影同一化概念は,客観的観察に関わる情緒的複雑さの論争,分析家は「関与しながらの観察者」であるという論争に大いに導いた(たとえば,Tuckett, 1993 参照のこと)。神経科学者も,適切な情緒が,観察に影響を与えるばかりでなく,意思決定の「合理的」領域にも明らかに影響することを発見している。このことは,科学的プロセスと情緒との関係について興味深い問題を提起するに違いない。

いったい私たちは,精神分析家を必要としているのか

　分析家はまるで時代おくれのように,ときに書かれたり話されたりする。イギリスにおいては行動療法学派が強くて,ずっと勢力を維持してきている。精神分析は浪費であり,自己道楽であるという感覚もある。
　精神分析の存続が重要であると考えるのには,いくつかの理由がある。ひとつには,週5回の精神分析は,最深層の不安のレベル,とりわけ精神病水準で心がどのように機能するのかに関する研究機会を提供するからである。その後で,分析家の洞察は他の文脈のなかで,カウンセラー,教師,看護師,医師の仕事のなかで,あるいは両親によっても活かされうるのだ。過去50年かそれ以上,分析家の仕事や分析に啓発を受けた人たちの仕事の影響で,子どもや大人双方の理解に関する,大いなる変化が生み出されてきた。保育実践,看護実践,教育実践は,分析由来の洞察によって多大な影響を受けてきたのだ。認知行動療法家(Milton, 2001)を含む他の多くの治療者に

よって使用される考えは，分析的方法や態度に対する彼らの公然たる反対にもかかわらず，精神分析の洞察の恩恵を大いに受けている。

　また，大人と子ども双方の分析によって，たとえば親の入院，家出，死亡時に，子どもが被る喪失の痛手に，さまざまな方法で対処する必要性が認知されるようになった。悲哀のプロセスに関するこのような洞察によって，カウンセラーは，過去の喪失によって障害を被った大人の治療に携わりやすくなる。分析の仕事は，週1回の治療やカウンセリング・プロセスに洞察を提供し，治療者やカウンセラーに，もっとも変化促進的なカウンセリングの諸側面にいっそう注意を向けることを促している。

　分析のみが変化をもたらす事態も，いくらかある。たとえば，統合失調症を含む精神病的状態は，「やさしく愛情深い世話」や他のもっと積極的な治療にとても抵抗を示すが，週5回の分析には反応するかもしれない。加えて，喘息や湿疹のような身体状態のなかには，分析によく反応するものもあるかもしれない。

　分析は高価で，たいていの人には手が届き難いという事実があるからといって，その代金を支払える人や自由に手に入れることができる人からも，分析を奪う理由にはならない。分析家へのよりいっそうの支援，保健サービスのより良い組織があれば，分析はもっと多くの人に利用できるようになり，もっと有益なものとなろう。たとえば，刑務所，警察，病院，とりわけ精神病院で働くような，なんらかの傷を受けやすい立場の人びとに，分析は提供されてもよい。もう一方では，私たちは，精神分析的スーパーヴィジョンを含む責務をこなさなければならない。トレーニング中の分析家に利用される低料金の分析もある。加うるに，多くの分析家は，ごく低料金で患者を何人か引きうけたり，ある条件のもとで，分析を自由に提供できる機関で働いたりしている。そして，その仕事の補塡として，個人開業を当てている。今日，多くの分析家は週5回未満で患者やクライエントをみている。そして，面接の頻度が違いを生むのかどうか，生むとしたらどんな風に生むのか，心理療法家ばかりでなく分析家の間でも相当の議論が交わされている。

「クラインの考えは不可解である」
　この章では，ひとつの実例を示す。そして，クライニアンの分析家と患者

とのまさに人間的で生きたやりとりを提示するのに，凝縮された理論的定式化では，それがいかに難しいかを例証する。クラインの考えは難しくて理解できず，子どもたちがどのようにその考えを理解できるのか見当もつかない，と考える人は多い。『ハンナ・スィーガル著作集』(1981) からの次の一節は，ちょうど4歳になるかならないかの少女とのセッションの記載である。セッション自体は，児童分析家の仕事の一例として，輝かしいものだ。

　当時，この子どもに関するスーパーヴィジョンを，メラニー・クラインに受けていた。週末のいくらか難しい面接を急いで提示しようとしていたので，週の最初のセッションをごく簡潔に彼女に要約したいと考えた。私が述べたのは，月曜日にその少女は，週末の間，私が妊娠しているという幻想に心奪われていたようだった，ということだ。それから，深く息をついで私は言った。「そこで私は，圧倒的に羨望に満ちた貪欲さに基づく取り入れによって，内的対象の断片化，自己の断片化，内的迫害感，混乱，アイデンティティの喪失，とりわけ性的アイデンティティの喪失がもたらされる，と少女に解釈しました」。そのとき，メラニー・クラインがとてもショックを受けた表情で私を見つめているのに気づいた。そして，彼女はとても静かに口を開いた。「私はむしろこの面接自体を見てみたいと思います。4歳にならない子どもに，あなたがそのことをまったくどうやって解釈したのか，私には見当もつきません」。その後私は，その面接を詳細に報告し，クラインは私の解釈の大筋に賛成してくれた。
　その少女は部屋に入ってきた。彼女は私のお腹を見て言った。「あなたは週末に太ったわね」。少女は私に小さな財布を見せ，明らかにとても得意そうだった。彼女は引きだしのところに行き，茶色の紙袋を引っ張り出した。それは先週彼女がおもちゃを一杯つめたものだった。彼女は袋を見て，猛烈に怒りながら言った。「あなたのお財布はいつも私のよりも大きくなるんだから」。そこで私は次の解釈をした。彼女が考えるには，私のお腹はいつも彼女のお腹よりも大きいし，しかも紙袋のように赤ちゃんで一杯のせいで，私のお腹はそれほど太くなっている，と。すると彼女は，洗面器を水で満たし，紙袋をずたずたに裂いて，破

れた袋や動物すべてを洗面器のなかに入れた。彼女自身の財布もそこに入れ,「とにかくこれはあなたのおもちゃではないの,全部私のおもちゃなの」と言った。彼女は怒りながら水をかきまぜ,石鹸のかけらを入れ,水を濁らせ始めた。過去にも,この水の入った洗面器にいろんなものを入れることは,しばしば取り入れを表現していたし,それに伴って,彼女は「これ全部私のおもちゃなの」と言ったので,私は彼女に次のような解釈をした。つまり,彼女は自分のお腹のなかに,私のお腹や私の赤ちゃんを取り入れ,それを彼女の赤ちゃんにしたがっている。しかし,彼女はそれが最初は私のものであったことに憤慨するあまりに,彼女のなかに取り入れた後で,全部ばらばらに引き裂いてしまった,と解釈した。その後彼女は,幾分怒りが収まった様子で私を見て,日曜日に彼女が嫌なお腹の痛みに襲われたことを語った。私は,その嫌なお腹の痛みと,彼女の内部の私のお腹や赤ん坊をばらばらにひき裂いた幻想とを関連づけ,そのかけらが怒り,彼女を傷つけたのだ,と語った。それから彼女は洗面器を見て,「いや,なんてごちゃまぜなの」(ごちゃまぜという感覚は,場合によっては,なにか洞察的めいた不平でもある)と言った。私は次の解釈をした。彼女が水を濁らせるために石鹸のかけらを入れたのは,彼女の内部のどのかけらが彼女のものであり,どれが私から盗んだと彼女が思っているのかを,彼女が知りたがっていないためだ,と。そして,彼女はこのごちゃまぜを,彼女のお腹のなかの腹痛でもあり,彼女の思考におけるごちゃまぜでもあると感じている,と解釈した。どの思考が彼女のものであり,どれが私に由来するものかが,彼女にはわからなかった。それから彼女は,水のなかの財布を探し始め,「そのごちゃまぜのなかに」財布を首尾よく見つけられなかったので,とても不安げになって怒り出した。私はそこで次の解釈をした。彼女が自分の内部に私の内部のものをとても欲しがり,彼女と一緒にすべてのものをごちゃまぜにしてしまい,とても腹を立てながらそれらをかけらにまで引き裂いていたときに,彼女はとても脅えてしまったので,自分自身の身体を実感として感じられなくなってしまったのだ,と。彼女は一方の手を洗面器のなかに浸し続け,もう一方の手で,股の間の彼女の性器を探し続けた。そこで私は言った。彼女は,今のように自分自

身のものを見つけることができないという気持ちになると，ときに自分自身の「赤ん坊の穴」を見つけられないという気もしてくるのではないか，と。なぜなら，彼女の心のなかでは，その穴は私のものとひどくごちゃまぜになっていると感じられるからだ，と。この解釈のあと，彼女は財布を速やかに見つけ，それを水から取りだし，とても安心した様子を示した。

　セッションのいかなるときにおいても，私の解釈が彼女にとって複雑すぎて，彼女がついてこれないと感じたことはなかった。そして，このセッションのなかでは，彼女はほとんど言語化はしていないけれども，次のセッションにおいては，とても自由に以下の不安を語った。すなわち，私か彼女の母親かのどちらかが新しい赤ちゃんを産み続けるのではないかという不安，それに対する彼女の羨望，彼女自身が「赤ちゃんで一杯のママ」になりたいという願望について，などである。(H. Segal, 1981 : pp. 34-35)

スィーガルが言うように，上記のような解釈を要約すると，「子どもにはまったくちんぷんかんぷんな言葉を話しているかのように聞こえるかもしれない」。クラインはちんぷんかんぷんなことは話さなかった。だが，要約してしまうと，彼女の考えは実に奇妙に聞こえよう。

第 5 章

メラニー・クラインのあまねき影響

　メラニー・クラインは相当の影響力を持っているが，しばしば認識されていないこともある。1973年に，マンチェスターのディナー・パーティで，私はある研修医に，精神分析について一体なにを教えてもらったかを尋ねた。彼は，精神分析は「時代遅れ」であり，「証明されたことがない」と，私に語った。その晩，遅くになって，彼は最近講義で学んだことを熱心に話していた。「赤ん坊が生後3か月ぐらいで抑うつになるなんて，知っていたかい？　もしならないなら，どこか具合が悪いところがあるということなんだ」。おおよそメラニー・クラインの精神分析の仕事に基づく考えを彼が引用している，とやさしく教えると，彼はいささか当惑した様子だった。
　クライン，彼女の同僚，弟子たちの仕事は，精神分析，心理療法，カウンセリングの分野，さらには，ソーシャル・ワーク，法律，文芸評論，医学という広い枠組みのなかでも，影響を及ぼしてきた。私たちが今日，子どもについて当然のこととして考えている多くの考え，すなわち，子ども時代の重要性，子ども時代における経験や関係性の影響力については，実のところ，クラインに影響を受けた人の仕事を通じてもたらされたものである。赤ん坊でさえも，一定の範囲で感情があり，外的世界の人びとと積極的に関わっているというクラインの主張は，心理学者が赤ん坊を綿密に観察する際には，もはや無視できなくなっている。今や，情緒は価値ある研究対象としての地位を奪還し，ブレーンスキャン・テクニックは，人が多様な情緒や思考を体験しているときに脳の多様な部分に血液が流れるのを，心理学者が観察するのを可能にした。そのおかげで，心理学者は，多くの点で精神分析的洞察に収斂するように思われる心の働き方を，新たに理解，発展させている。たとえば，思考プロセスや行動への無意識的影響が，今や認識され，脳の発達自

体も，「乳児の神経システムの成熟と世話する人の養育能力との相互影響」だとみなされている（Connelly and Prechtl, 1981：p. 212，引用は Green, 2003：p. 24 から）。

とりわけ，投影同一化概念は，必ずしも言葉の介入がなくても，感情，情緒の領野で起こるやり取りを理解するのに，多くの文脈で使用されるひとつの道具立てを提供してきた。おそらく，その影響力を推し量るものとして，グーグル Google ウェブ上での「投影同一化」に関する検索は，精神分析の出典ばかりでなく，ユンギアン，ゲシュタルト，カップルと家族カウンセリング，組織の力動，文学サイトも含め，2万4500件にのぼることが挙げられる。

精神分析，心理療法，カウンセリングに関するクラインの影響力は，彼女の弟子や被分析者の仕事を通して媒介されてきた。彼女の仕事への解説としては，クライニアン理論にもっとも重要な貢献をしたひとりである，ビオンの仕事への言及なくしては，完全ではないだろう。本章では，精神病に関するハンナ・スィーガルやハーバート・ローゼンフェルトの仕事ばかりでなく，コンテイニング機能，アルファ要素，ベータ要素というビオンの概念を簡潔に論じることを含めたい。

精神分析へのクラインの影響

私はこの本の初版を執筆した際に，クラインは，アメリカ合衆国におけるよりも，南アメリカの分析家の考えに，強力な影響を及ぼしたと報告した。その後，北アメリカや世界各国の分析家も，次第にクラインに関心を抱くようになってきている。

『精神分析的探究』*Psychoanalytic Inquiry* 誌，1994年14(3)号では，現代クライニアンの精神分析に特集が当てられ，ドイツや北アメリカの分析家からの論文が収められた。そのなかで，アメリカの分析家であるロイ・シェーファー Roy Schafer は，「たとえ，（伝統的フロイディアンの）多くが「クライニアン・フロイディアン」をけなし続けたり，無視していたりするようにみえたとしても，前者は後者から断然多くのことを学んできている」と著した。とりわけ彼が思うには，クライニアンは，「逆転移や実演 enactment の

分析に綿密な注意を払うように他の分析家に影響を与えてきた。すなわち，早くから彼らは，早期乳児期の攻撃性，原始的超自我機能……そして，概してプレディパールな対象関係の全領域の重要性を認識する方向に影響を及ぼしてきたのである」(Schafer, 1994 : p. 466)。クラインや同僚は，もっとも原始的で最早期の前言語的な関係様式の重要性を信じたが，その考え方は世界中の分析家に影響を与えてきた。1999 年に出版された『精神分析的対話』 *Psychoanalytic Dialogues* 誌の投影同一化に関するシンポジウム論文には，クライニアンの概念と現代アメリカ乳幼児観察研究との統合を論じ，投影同一化概念を親子相互作用の解明のために使用したものもある（たとえば，Seligman, 1999 参照のこと）。

クラインの死後，彼女の仕事は，最初にイギリスの分析学派によって大いに前向きに取り上げられた。『精神分析的探究』誌（1994）のエリザベス・スピリウスの論文は，多年にわたるクライニアンの思考や実践の発展のいくつかを明確で啓発的に説明している。クラインの分析的スタンスを厳密に信奉しながらも，クライニアン分析家は精神病的幻想や思考プロセスの理解を洗練し発展させてきた。こうしてビオン，ローゼンフェルト，ハンナ・スィーガルは，精神病に罹患した人びとを分析する領域に最初に足を踏み入れた。彼らが発展させた概念は，彼ら自身の観察やクラインの洞察に基づき，投影同一化，象徴化，妄想分裂ポジションと抑うつポジション間の心的状態の前後する動き，という新たな理解を包含している。さらに最近では，患者と分析家との時々刻々の相互作用の詳細な理解（Joseph, 1989 参照のこと），正常な象徴的コミュニケーションとしてよりも，むしろ行動としての言葉の使用（Hanna Segal の象徴化に関する考え，Segal, 1981 参照のこと）を次第に強調するに至っている。クライン自身が自分のもっとも大きな貢献だと考えたのは，抑うつポジションに対する防衛の理解に関してであった（Hanna Segal, interview 2003）。

シェーファー（1994）は，クライニアン・フロイディアンの論文は，伝統的フロイディアンのそれとは異なった水準に焦点を当てている，と指摘している。「彼らは，自分たちが観察し，推論するもっとも原始的な機能水準を強調する傾向にあり，その水準の破壊性が随分と大きな役割を演じている，と見ている。かくして，彼らは，かなり途方もなく絶望的な防衛や空想を強

調する」(1994, p. 466)。クライニアン理解の進展は，多くはこの水準で起きてきた。シェーファーが言うように，そこでは「被分析者にはコミュニケーション自体がとても危険に感じられるので，彼/彼女は，それをひどく制限し，考えること，理解すること，理解されるのを攻撃することによって，コミュニケーションをほとんど不透明にしてしまう」(同上書：p. 467)。その後，クラインの仕事からは，もっとも原始的なコミュニケーション水準の探究が導かれた。精神病患者との関係性のなかで，それが観察されたので，分析家らは，別のセッティング，たとえば週1回の心理療法や組織の観察 (Obholzer and Zagier Roberts, 1994 ; Menzies Lyth, 1988) ならびに，文芸評論，映画評論，世界平和への脅威の理解 (H. Segal, 1997) において，これらの洞察を利用できるようになった。

子どもの分析と子どもの心理療法

イギリスにおいて実践されているような，子どもの分析や心理療法のセッティングならびに構造は丸ごと，クラインの仕事から大きな影響を受けている。すなわち，おもちゃ，水，部屋の使用や分析家の態度は，現代の臨床に紛れもない痕跡を残している。アンナ・フロイト学派の子どもの分析家は，依然としてクライニアンとはある程度距離を保っているが，実り豊かな考えの交流もかなり生じてきている。ウィニコットの影響も，子どもの分析に関するクラインの考えを，(ときには対立するが) しばしば補強してきた。

子どもの心理療法は次第に利用されるようになってきているので，比較的重症の子どもたちも治療に連れてこられるようになっている。とりわけ，とても重症の子どもとの仕事に関しては，それらの子どもは，あれやこれやと治療者に圧力をかけ，不安のあまりに行動化させようとするが，それに関してクライニアンの洞察が活かされるかもしれない。その圧力を理解し，対処することによって，治療者は自らの考える能力，治療的に子どもと関わる能力を保持できるようになる。あいにく子どもの心理療法は，他の精神保健サービスと同様の圧迫を受け，資金繰りと闘わねばならないし，子どもへの別のアプローチと競合せねばならない。しかしながら，子どもの心理療法は，なおも多くの場所で治療として選択されており，そこから得られる知識

は，当面子どもの利益に供するばかりでなく，もっと広い世界で効果を持ちうるものでもある（たとえば，Waddell, 1998 参照のこと）。

カウンセラーや心理療法家へのクラインの影響

　クラインは，週5回未満で患者をみた場合，分析を行うことはできないと言ったが，クライニアンの分析による洞察は，今日，心理療法やカウンセリングのなかで大いに役立てられている。カウンセラーや心理療法家は，心や発達モデルの理解を必要とする。今日，その基礎コースの一部として，クライニアンの考えから教えられるところは多い。多くの精神分析家は，精神分析ばかりでなく，心理療法も提供している。より深層の不安には，頻回のセッションがなければ接近できないという人もいれば，週5回であろうが，週1回であろうが，おなじように患者を分析できると主張する人もいる。イギリスにおける精神力動的心理療法家の訓練には，クラインの仕事が多く含まれている。分析心理学協会（ユングの後継者）によって，治療者に提供されているコースのなかにも同様のものがある。

　イギリス・カウンセリング／心理療法協会内で，「精神力動的」オリエンテーションを主張するカウンセラーや心理療法家は，少数派である。彼らのなかには，もちろんすべてではないが，クライニアンの考えを信奉している人もいる。しかしながら，精神力動的な雑誌の流通の増加，それらの雑誌におけるクライニアン分析家への言及の数から判断すると，クライニアン信奉者は増えているように見える。だが，依然として，分析や分析的治療者への疑念も一定量にのぼる。それは，ときにはひどい臨床実践に対する正当な批判，ときには個々人の不幸な経験，ときには今日の臨床実践や理論に関する誤解や知識の欠如に基づいているかもしれない。アメリカ合衆国におけるカウンセラーや心理療法家の理論のなかには，精神分析家の影響を受けたか，あるいは彼らに対抗して発展させてきたかのどちらか，という理論もある。たとえば，ロジャーリアンの「人間中心」学派は，よきにつけ悪しきにつけ，ロジャーズが精神分析家の属性と考える，教条的で独善的態度に明確に対抗している。ロジャーズの一致の強調，クライエントの言うことを親身に共感的に聞く能力の強調，クライエントの世界に，自らの考えで判断したり，自

らの考えを早まって押し付けたりすることなく，理解することへの強調は，ビオンのコンテインメント概念（Bion, 1967）と共通するところが多い。

　クラインの面接方法についての考えは，すでに記載した。いかなるクライニアンの治療者も，自らの言動，部屋や建物のあらゆる仔細までもが，患者やクライエントにとって無意識的な象徴的意味を持つことに，とても自覚的である。それに加えて，クライニアンの分析自体へのアプローチも，独特なものがある。クライニアンは，患者の防衛を混乱させるのを怖れるよりも，恐怖や不安が隠されたままに患者を置き去りにする方を憂慮する。治療者が当の不安に直面できるなら，それらは軽減されうるからだ。他の治療学派のなかには，反対の見解を支持する人もいる。彼らは，治療者が防衛を混乱させないことを推奨している。そして，その方が，クライニアンのやり方よりもダメージが少ないし，破壊的ではないと考えている。この意味で，クライニアンは，内的現実に直面できるクライエントの能力を頼みにし，もっと信頼もしている。彼らは，現実は直面する価値があるという，揺るぎのない確信も抱いている。このことは，知覚は無意識的幻想に基づくので，そのような幻想を現実吟味すれば，未知や非言語に付着した，とても原始的で脅威的で化け物じみてさえいる幻想を除去できるという信念に由来している。その結果，（安全なセッティングのなかで）それらの恐怖に名前をつけ，明るみにすることによって，恐怖は緩和するのである。

　クライニアンの分析家は，クライエントと分析家との関係，時々刻々揺れ動くコミュニケーションの色合い，分析家と患者によって経験される部屋のなかの情緒にしばしば焦点を当てる。このことは，とりわけ比較的重症のクライエントと取り組む場合，精神力動的心理療法家にもある程度受け継がれうる。あらゆるクライエントにとって，治療者の態度や感情についての無意識的感情や幻想，特に，不在や終結に関する幻想に基づくクライエントのコミュニケーションには綿密な注意が払われねばならない。しかしながら，クライニアンの分析家や心理療法家は，他のグループの人と同様に，学んだり理解したりするものが増えるにつれ，彼ら自身の臨床スタイルや個々のやり方も時を経て変化させている。

治療者のための治療

　クライニアンは，治療者のための治療をもっとも強力に勧める人たちである。その理由の一部は，それがトレーニング上の必要性のためという主張に拠るかもしれない。クライニアンは，クライエントと治療者との関係は，意識的な要因ばかりでなく，無意識的なものによって決定され，しかも，治療者の無意識的態度，隠されたパーソナリティ要因は，治療を経てワーク・スルーされる必要がある，という鋭敏な自覚を持っている。自分の治療を受けなければ，治療者やカウンセラーは，感情を把握し内省するよりも，普通の人がクライエントの過去に拠するように，クライエントに反応しかねない。誰もと同じように，治療者やカウンセラーもいくらかやっかいな感情を抱えているし，関係性の衝撃から身を守ろうとして，いろいろな機制を発動させるかもしれない。すなわち，治療者のための治療とは，彼ら自身のパーソナリティのなかで，うまく機能できない領域を減らし，その結果，クライエントに対する繊細さや理解力を増大させる方向に進めようとするものである。

　とりわけ，治療者自身が治療を受けることにより，「世話役」の感情や明白に「自立」した感情ではなくて，むしろ「世話される側」，依存的な側の複雑な気持ちが体験可能になる。このことは，クライエントの立場に添って，ことの成り行きを理解する治療者の能力を大いに高める。治療者は，「援助される」側の難しさに，いくらか思いを馳せるようになる。というのは，多くの治療者は，「援助者」の喜びを味わうために仕事を求めているかもしれないからだ。治療を受けたことがない治療者が危険なのは，主として，治療者自身の問題をクライエントのなかに引き起こすことがあるし，しかもそれが，治療者自身の無意識的な目的のために，そのまま維持されてしまうこともあるからだ。さらに，深刻に危険なのは，クライエントばかりでなく治療者にもダメージを与えるやり方でふるまうというクライエントからの圧力に，治療者が持ちこたえられないかもしれないこと，クライエントの情緒状態によって圧倒されたり，ある意味役たたずになったりするかもしれないこと，である。治療を受けることによって治療者は，圧倒的な感情を切り離すことなく，それらに耐え考えることができるようにもなるのだ。

　この文脈での「治療」は，まさに適切な呼称とは言えない。クライニアン

が治療者にとって不可欠だと考えるのは，精神分析である。「治療」は病気の治療をいくらか意味する。それに対して分析は，生起している事態を理解することを意味し，「病気」や「治癒」を暗に含んではいない。しかしながら，この意味での精神分析は，心理療法的セッティングでも起こると主張する人は多い。

ウィルフレッド・ビオン

　ビオンの仕事は，クラインの多くの考えをさらに展開させた。多くの治療者は，クライエントの不安や問題の「コンテイナー」として自らが機能するのを，さまざまな形で認識している。コンテイニング機能というビオンの概念は，とりわけ投影同一化に関するクラインの考えから発展した（第2章参照のこと）。

　ビオンは，分析的な患者ばかりでなくグループにおける仕事に関しても書き著した。多くのグループ分析家も，彼の考えを参考にした。たとえば，グループの課題遂行への防衛様式としての，闘争-逃避，ペアリング，依存という「基底的想定」に関するビオンの記載である。

コンテイニング機能
　マーゴット・ワデル『内側の人生：精神分析とパーソナリティの成長』(1998) は，乳児期から老年期までのパーソナリティの成長や発達に関する，現代クライニアンの考え方を明瞭かつ充分な例示とともに解説したものである。分析家でもあり，子どもの心理療法家でもある彼女は，次のように述べている。

> 　フロイトが，赤ん坊の主たる葛藤として，死の本能と生の本能を焦点化し，強烈な光を当て，クラインが，愛と憎しみの葛藤を強調したのに対して，ビオンは，これらに新しくも過激な概念化を追加した。ビオンは，一方では，人には自らの経験に関してその真実を知り理解したいという願望があり，もう一方では，その知識や理解に対する嫌悪があり，その窮状のなかにこそ葛藤がある，と考えた。彼が主張するのは，自ら

の経験の真実を探究する真摯さは，実際に経験する能力のなかに，経験とともに留まるという感覚のなかに，経験を追い払ったり迂回したりする方法を見出すよりも，経験にさらされ耐え忍ぶという感覚のなかにこそ宿る，ということである。(1998: p. 30)

クラニアンの心理療法は，子どもに関しても大人に関しても，恐ろしい情緒状態を実際に経験し，理解し，持ちこたえることを可能にする「コンテイナー」を，治療者が提供できるかどうかにかかっている。ワデルが記載するのは，アルツハイマーの恐ろしい情緒的混乱にさらされている90歳の女性に，家族メンバーがこの種のコンテインメントを提供している様子だ。クラインは，両親が赤ん坊や子どもに対する愛情ばかりでなく，憎しみ，嫉妬，怒り，怨みとも格闘することを述べているが，それに関して，クラインの影響力の準備が整ってきたことは明瞭である。

『再考』のなかで，ビオンはコンテイニング機能を次のように記載している。

現実的な営みとして，（投影同一化は）現れる。たとえば，乳児が逃れたいと思う感情を，母親のなかに引き起こすような計算づくの理に適ったふるまいとして。もし乳児が，今にも死にそうだと怖れるなら，乳児は母親のなかに死にそうだという恐怖を喚起させることもできる。バランス感覚の良い母親なら，それらの恐怖を受容し，次のように治療的に反応できる。すなわち，乳児は，自らの恐るべきパーソナリティを再度戻されるものの，耐えられる形で戻されている，と感じられる方法で。そうして，恐怖は，乳児のパーソナリティによって対処できるものとなる。(Bion, 1967: p. 114)

感情を理解し認識している一方で境界線を保持することによって，親や大人は，子どもの攻撃性，残酷さ，サディズムばかりでなく，子どもの愛し創造する能力，公平で理性的な能力，養育し世話する能力をもコンテインしているのかもしれない。「コンテイニング」の関係を通して，子どもは，自らの感情を認識し，それに耐え，単に行動するよりも考える能力を発達させる

ようになるのだ。

　クライエントの情緒の苦痛に耐えることのできるカウンセラーや心理療法家は，同様の機能を実践している。母親は身をもって，赤ん坊の耐えられない経験——赤ん坊がそのとき抱えられない感情を含む——のコンテイナーとなる。母親はときにその苦痛な経験に名前をつける。たとえば，「おっぱいがほしいのね」，「今日は気難しい女の子ね」などの，意味ある命名として。治療者も，クライエントの経験に名前をつけるように援助することもある。「あなたは怒っているときの自分が好きではないと言いたいんですね」，「あなたが言いたいのは，誰かに苦痛を全部取っ払ってもらいたいし，すべてうまくいくようにしてほしいということですね」。治療の境界線をしっかりと保つことによって，クライエントが治療者と一緒に取り組みたいと願う重要な局面を，治療者は抱えることもできるのだ。

　条件さえよければ，乳児は幻想のなかで，乳児の苦悩をコンテインし，その意味を理解してくれる能力を備えた母親を取り入れる。同様にクライエントも，コンテイニングしてくれる治療者を取り入れ，セッション外でも治療者を心のなかで頼みにするかもしれない。子どもやクライエントが，このコンテイニング機能を持つ人の感覚をいったん内部に保持できるようになると，思考能力，ひどい感情への耐久力は，増大する。この乳房／母親／治療者は，悪い感情によってもっぱらこなごなにされたり，悪いもの自体に変えられたりすることなく，悪い経験に耐え，それを価値ある経験，なにか良い食べ物に変えることもできるのである。その後，他者のなかに感覚をひたすら排出するばかりではなくて，それを保持しコンテインする能力が，取り入れられていく。時空間の感覚が創出され，経験は即座に拒絶されたり，吸収されたりする必要はなくなり，しばしの間憩いうる。そして，思考や考えることが可能となる。こうしてカウンセラーや治療者は，クライエントの経験を保持する能力，考える能力を回復させ，拡大できるように援助しうるのである。

アルファ要素とベータ要素

　ビオンは，精神分析に多くの新たな考え（および古い考えの刷新）をもたらした。彼の重要な区分のひとつに，心のなかの「アルファ要素」と「ベー

タ要素」というものがある。

　ビオンによれば，未消化な生の素材から生じるあらゆる種類の感覚印象（イメージ，情緒，感覚，音）を，「アルファ要素」に変形させるように作動する心のなかの機能がある。アルファ要素は，夢見ることや考えることのために使用され，通常は貯蔵されたり忘却されたりする。ベータ要素は，「刺激の増大」であり，放出されたり，他者のなかに排出されたり，何度も経験されたりする。通常の環境下なら，母親は，赤ん坊からのそのようなベータ要素の投影を取り入れ，修正し，「あらかじめ消化し」，赤ん坊に消化できるようにして赤ん坊に戻す。赤ん坊の幻想のなかでは，母親は，不要な排泄物すべてにこうしてくれている。糞便，尿，苦痛なガスは，母親のおかげで良いミルク，理解，快適さに変えられているのである。

　ベータ要素は，通常，死の恐怖や解体恐怖のようなものを含んでいる。けれども，それらはいったん言葉に表現されれば，もはやベータ要素ではなくなり，アルファ要素になる。もし母親との関係が良ければ，赤ん坊の死の恐怖は，耐えられ，修正され，ある意味正体を明かされる。もし母親との関係が良くなければ，恐怖は，母親の「コンテイニングしない」反応によって増大し，赤ん坊は「言い知れぬ恐怖」のままに置き去りにされる。言い知れぬと言うのは，その恐怖が，名づけられ，思考され，夢見ることさえ可能な変換がなされないがため，である。母親は，こうした恐怖が起きていることにまったく無頓着で，とてもやっかいな赤ん坊に対処しなければならないと思うだけかもしれない。

　この理論は，精神病状態の人の行動様式を理解するのに役に立つ。ビオンが言うには，彼らにとってアルファ機能は破綻して（あるいは破壊されて）しまっている。彼らは眠ることも，感覚印象を貯蔵することもできない。彼らは，目覚めていることも，現実と接触することもできない。この状態においては，内的対象と外的対象は同じものと知覚される。そのことは，殺人や自殺が起こりうる理由をいくらか説明する。ビオンは，ある男性例を提示している。「両親を殺せば自由に愛することができると感じるかもしれない。というのは，性に対抗的な内的両親は，この行動によって排出されたとみなされるからである。そのような行動は，『心から刺激の増大を取り除くために』企図される」(Bion, 1962 : p. 7)。

この理論は，カウンセリングやカウンセリングの効用を考える上でも役に立つ。カウンセラーや治療者は，ときにクライエントから恐ろしい感覚要素を取り入れ，クライエントがそれらを思考や言葉に変換できるように援助する。「私は以前にはこのことを話したことがありません」という発言は，特殊な象徴化がはじめて起こっている証しである。以前には他者のなかにかきたてるために使われるだけだった感情は，名づけられるかもしれないのである。カウンセラーや治療者が，「私たちの間に起きていること」を言葉に変えていくのが重要になるのは，こうした理由からである。なぜなら，この関係のなかでこそ，言い知れぬベータ要素が，活性化しているからである。

　ある女性は，夫，5歳と7歳になるふたりの娘を残して家を出た。彼女自身の母親も，彼女が7歳のときに家をでた。それで彼女は考え込んでしまった。なぜなら，彼女は常日頃，子どもたちにだけは同じ思いを決してさせまいと言ってきたからである。ビオンのベータ要素理論を使用すれば，彼女自身の母親の喪失によって喚起された感情のなかには，おそらく決してアルファ要素までにはワーク・スルーされずに，それゆえ彼女の経験の一部として認識されるまでには至らなかったものもある，ということが示唆される。子どもたちが成長するにつれ，彼女自身が子どもと同一化したことによって，7歳以来の彼女自身の感情が再覚醒し，彼女を家出に導き，子どもたちに母親の喪失を経験させるに至ったのだ。そうした感情の自覚もなく，彼女もまた先ほどのビオンの患者と同じく，おそらくは自由にふたたび愛すことができると感じたことだろう。不幸なことに，この解決策は，母親にとってもほんのつかの間であり，加えて，子どもたちにも深刻な一撃を食らわせている。

　親の病気，死，離婚によって，子どものときに見捨てられたことのある大人たちとの取り組みから示唆されるのは，この見捨てられに伴うひときわ激しい熱情に，彼らがしばしば気づいていない，ということである。「いいえ，私は彼女に怒ってはいません」，「私は彼がいなくなっても淋しくはなかった」。ビオンの仕事が暗示するのは，これらのたいそう苦痛な感情のなかには，良いコンテイナー，すなわち，それらの感情を変形するのを手助けしてくれる，愛する大人の助力なくしては気づきようのないものもある，ということである。それらの感情は，後年パートナーとの関係のなかで経験される

かもしれない。というのも，そのパートナーというのは，そもそもの起源としては父や母からスプリット・オフされた人物だからである。「私の妻は，私をとても怒らせる」。それらの感情は直接には思い当たることがなくても，他者のなかにかき立ててしまうかもしれない。「子どもたちは，私がいなくなっても，寂しがったりしないでしょう。だから，私は出て行くのです」。

　ベータ要素は，周囲の人を破壊してしまいそうな危険な対象として感じられる。その存在は，感情としては認知されない。ベータ要素が出現可となれば，そのダメージへの恐ろしさのあまり，子ども（後年，大人も）は，表現するのを押し留まるかもしれない。こうした想像すら不可能な感情を表現できるように手助けされなければ，人は自分自身では，それらの感情の所在を発見できないし，知ることもできない。彼らは，自分がなにを感じているのか知らないままとなる。おそらくは，なにかが欠けている，なにか溝があるという感覚と共に。彼らは，その溝をなにかで満たしたいという絶望的な欲求を感じるかもしれない。だが，そのなにかとは，本当には必要とされていないものにすぎない。それらの未消化なベータ要素は，摂食困難や学習困難の要因となるかもしれない。その際，取り入れられるものは，決して正しくはなく，決して満足されなく，決して充分には楽しまれない。それらは，大人における外傷後のストレスにおいても，ある役割を果たしているかもしれない。悪夢，および周囲の人や物に向けた突発的な恐ろしい虐待は，未消化で象徴化されえない恐怖と関係しているかもしれない。戦争中兵士が観察するぞっとするもの――たとえば，子ども，女性，仲間の身体の一部――は，クラインが幼い子どもにおいて記載した種類の破壊的幻想に酷似する。その幻想のなかでは，愛する人は切断され，燃やされ，ばらばらに切り刻まれ，食べられ，生きたまま埋められている。それらの幻想を象徴化によって対処できなければ，外傷を受けた兵士は，それから逃れる唯一の方法は，周囲の人びとを恐怖に陥れることだと，無意識のうちに感じるかもしれず，もっとも恐ろしくて原始的な幻想を戦場で実行しようと思うかもしれない。いったん戦闘が終われば，現実や悪夢のなかで，帰還後自らの行いに対する兵士の罪悪感や恐怖は，自殺衝動や企図の一因となるかもしれない。

　暴力的な性体験も，ベータ要素的な外傷を生じさせ，転移のなかで反復経験されるかもしれない。レイプや虐待された経験のあるクライエントは，カ

ウンセラーや治療者から，単に言葉の上であっても，レイプされている，虐待されている，と感じるかもしれない。そうした状況において，唯一選択できることは，転移に取り組むことのように思われる。なぜなら，さもなければ，喚起された不安が治療を維持するには，あまりにも強力になってしまうからである。

精神病に取り組むこと

1950年代前半，クラインの3人の弟子は，明らかに精神病の患者と取り組み始めた。当時，分析家のなかには，そのような患者に純然たる精神分析を行うのは不可能だと主張する人もいた。だが，クラインの励ましを受け，ハーバート・ローゼンフェルト，ハンナ・スィーガル，ウィルフレッド・ビオンは，精神病の分析が可能でもあり，実り豊かでもあるのを見出した。エリザベス・ボート・スピリウスは，彼らの論文をいくつか編纂した（1988, vol. I）。そのイントロダクションのなかで，彼女は，ビオンとスィーガルが，お互いにあらかじめ議論し合うこともなく，精神病に関するはじめての論文をほぼ同時に発表し，しかも，研究方向も同じくすることを見出した，と述べている。後の仕事では，彼らの間に議論が交わされ，お互いの貢献を認め合っている。精神病理解に関する他の重要な早期の論文には，クライン，ハイマン，モネー-カイル（1955, 1971復刊），H. スィーガル（1981），ローゼンフェルト（1965），ビオン（1967）がある。特に，H. スィーガルの論文には，心を打つ明晰なケースレポートが載っている。ビオンは，読むのがいささか難しい。

精神病においては，自己と現実との関係は，著しく混乱している。ハンナ・スィーガルの「統合失調症における抑うつ」（1956: Spillius, 1988に再録）では，耐え難い抑うつ感情という現実を否認するために，投影同一化を使用する患者について記載している。その患者は，父親の自殺に対する自分の感情を正気のまま認めることができなくて，気の狂った「オフィーリア」となって行動化した。患者ではなくて分析家の方が，現実と空想との相違，死と生の相違を知るように任された。ハンナ・スィーガルは，象徴に関する重要な観察も行っている（H. Segal, 1955, 1957）。彼女が発見したのは，

妄想分裂ポジション下で形成され，大規模な投影同一化によって創出される象徴では，象徴と象徴されるものとが混同されうる。さらに，抑うつポジション下では，象徴は，象徴されるものを表象するために使用されうる，ということである。彼女の例では，バイオリンを弾くふたりの若い男性が取り上げられている。精神病状態のひとりは，演奏を拒み，「公衆の面前でマスターベーションしろというのか」と言った。それに対してもうひとりの男性は，彼の脇に立つガールフレンドとバイオリンを弾くのを夢見て，「弄ぶ，マスターベーションする，を連想した。そこから，バイオリンが彼の性器を表し，バイオリンを演奏することが，女の子との関係でのマスターベーション幻想を表しているのは明瞭だった」(H. Segal, 1981)。この種の観察は，精神病状態の人の苦悩，さもなければ説明不可能なふるまいを理解しようとする際に，いくらか役立ちうる。たとえば，ある女性は，室内装飾業者が壁から壁紙を剝がしにやってきたときに，ひどく取り乱し興奮した。それは，彼女自身の一部と壁を混同し，彼女は皮膚を剝がされている，と感じたからのようだった。

　ローゼンフェルトの論文「急性統合失調症者における超自我葛藤の精神分析」(in Klein et al., 1955) では，しばしば破綻した奇妙な文章（「アン王子」「誰かがフォークを片づけてしまった」「処女マリアが殺された」）を話したり，ときにはまったく話のできない患者の分析可能性が示唆されている。クラインとの仕事から導きだされた知見をもとに，ローゼンフェルトは，患者の不安をなんとかして理解し，永続的な変化をもたらそうと試みた。ビオン，ハンナ・スィーガルと同様に，彼も，患者の投影同一化の使用に起因する，患者自身と分析家との混乱を記載した。

　ビオンは，知覚装置——聞くこと，見ること，考えること——自体が，攻撃にさらされると考えた。好ましくないものを見ることに対する「神経症的」反応は，目を逸らしたり，どこか他を見たりすることかもしれないが，精神病的反応は，知覚のプロセス自体を攻撃することである。すなわち，見ること，聞くこと，自分自身の思考や感情を知覚することへの攻撃である。このひとつの方法としては，見る，聞く，感じる能力を投影する，ということがある。すなわち，人は，自分を見ている目の幻覚を持つかもしれないし，レコード・プレイヤーが自分の言うことを聞いていると想像するかもし

れない。また，一時的に盲目になったり耳が聞こえなくなったりするかもしれない。自己の諸部分も，とても恐ろしい方法で投影されるかもしれない。ある男は，テーブル上の小瓶のなかに自分自身が注がれていると語った。そのような考えを口にする人と関わるスタッフにとって，クライエントの会話の意味をもっと理解できるためには，クライン，ビオン，スィーガル，ローゼンフェルトの考えが役に立つと，気づくことだろう。

　ビオンは，物事をまとめるための唯一の方法が，残酷で破壊的なやり方しかない人たちがいる，と考えた。ビオンは，赤ん坊と母親との結合には，重篤な障害の水準もある，と考えた。授乳状況はどこかしら残酷さと偽善さで注入され，一方，善良さは並々ならぬ残酷さを隠蔽するためのごまかしとしか見ようがない。こうした状況においては，早期のスプリッティング・プロセスは正しく発動されない。その結果，子どもは，良いものと悪いもの，すばらしいものといやなもの，愛情と残酷さのごちゃまぜ状態のままに置き去りにされる。大人の病者のなかには，このごちゃまぜ状態を見事に見せてくれる人もいる。たとえば，そういう人は，食べ物に毒を盛られていると（事実無根なのに）恐怖する。大人や子どものなかには，善良で愛らしいふるまいに対して，攻撃されているかのごとくに反応する人もいる。それはちょうど，乳首が攻撃者であるかのように，赤ん坊が乳首に目を向けるのと同じである。

　私は，精神病的障害を抱えた人と施設のなかで働く際には，スタッフに事態の意味を理解させるには，ビオンの考えが役立つと思った。たとえば，良いふるまいでもネガティブな反応を引き起こしうると考えることによって，スタッフは，自分自身の行動をお互いにチェックし合う必要性を感じ，そして，入所者メンバーの即座の反応だけを頼みにすることはできないと気づくこともできた。ある状況下では，スタッフの残酷ささえ，歓迎するメンバーもいる。なぜなら，その残酷さによって，メンバー自身の混沌や混乱に対する罪悪感が，いくらか緩和されるからである。一方，善良で親切なふるまいも，メンバーの怒りを誘いうる。

　クライニアンの仕事は，多くの文脈において，「正常な」パーソナリティにも精神病的に機能する領域がどれほどに多く含まれているかを明確にしてきた。そうした領域は，現実との接触から内的にも外的にも切断されてい

る。精神病者相手の仕事をする人たちは，自分自身のパーソナリティの精神病的側面が共鳴するのに気づくかもしれない。そのパーソナリティの側面は，とても障害されており，他者にも自己に対しても，残酷でダメージを与えるふるまいに導くかもしれないのだ。

　ビオンは，クライン同様に，狂気の様相を呈するときでさえ，人のパーソナリティのなかには正気の部分がある，とみなした。圧倒的な圧力の下，正気の部分など存在しない装いのときでさえ，これを忘れずに，パーソナリティのこの部分に語りかけるのがとても大切である，とビオンは考えた。正気の部分の難しさは，もしそれを認めてしまうと，自分が気が狂っているということを認識しなければならない，というところにある。だが，もしそれを無視したり否定したりすると，狂気は首尾よく正気を破壊してしまう。たとえば，統合失調症と診断された患者に関わる人たちは，狂気じみた考えを押し付けられ，それを信じなさいという圧力にことのほかさらされるかもしれない。もし彼らがそれに従ってしまったら，狂気の人ばかりではなく，正気の人も狂気じみたという幻想のなかに彼らは取り込まれてしまう。これはまったく恐るべきことだ。そのようなところで働くスタッフが難しいのは，狂気の人が向ける羨望にいくらか恐怖心を覚えるからである。正気だと，もっとひどい目に遭わないだろうか？ いや，遭うかもしれない。このことは，長くなると，狂気に持ちこたえられる正気なんて存在しないという幻想に希望なく荷担してしまいかねないのである。

　精神障害者施設に入所中のある若い男性は，その場所が狂気じみており，早く抜け出さないと，気が狂ってしまうと喚き散らしていた。彼は事実，明らかに脅えており，自制心も失わんばかりだった。スタッフは，彼を落ち着かせようとするもののうまくいかず，彼はスタッフから隠れようとしていた。施設長がやってきて，事務的な調子で彼に語りかけた。「駄目です」。施設長は言った。「私は気が狂っていません。私たちも狂っていません。あなたが狂っているのです」。若い男性は，平静に戻り，病院移送の必要はなくなった。

施設長は，その若い男性の正気の部分に語りかけることに成功したようである。施設長には，狂気が認識され，狂気と正気の識別がなされれば，その若い男性は，もはや狂気を建物やそこの人たちに投影する必要はなくなる，とわかっていたのである。かくして彼は，狂気の臭いの少なくなった環境のなかで，より安全感を感じることができるようになった。施設長は，若い男性に，狂気を見ることができる正気の自己を，充分に体現したのかもしれない。施設長は，正気が若い男性の攻撃から生き残ることができることを，首尾よく彼に示した。そして，理解することやコンテインメントが，残酷にならずに可能なことも示した。他のスタッフは，度肝を抜かれた。気が狂っていると率直に告げるなんて，彼らにはとてもできそうにないと語った。スタッフの感情は，おそらくは狂気に対する「正常」反応ばかりではなく，その若い男性の葛藤的な感情をもいくらか映し出している。自分の狂気を見ることの危険性を感じたために，おそらくはそれが決定因のひとつとなって，その若い男性は，狂気を建物や他者のせいにしようとした。正気と狂気，残酷さと親切心，愛情のある関係と攻撃的な関係とが混乱している人たちにとって，そのパラドクスが，あまりに悲惨で苦痛なのは明白である。

外傷と災害研究

強制収容所の生存者研究は，第一次世界大戦の「戦争神経症」の治療に端を発する，戦争後遺症の精神分析学的研究に貢献してきた。長年の間，この研究はそれほど大衆の意識に浸透してこなかった。たとえば，1960年のアバーファン災害〔訳注：イギリスの炭鉱村，アバーファンで起きたぼた山惨事。豪雨のためぼた山が崩れ，小学校や民家を呑み込み，116名の児童が遺体で発見される〕は，予防することもできた恐ろしい山崩れだったが，子どもたちを亡くした人びとに対するいかなる系統だった支援も行われなかった。しかしながら，比較的最近の災害，たとえば，ヘラルド・オブ・フリー・エンタープライズの沈没〔訳注：1987年，イギリスのフェリー船がベルギー沖合いで沈没。193名が亡くなる〕では，かかる外傷に対処するために犠牲者を援助することに関心が払われるようになった。アメリカ合衆国においては，ベトナム帰

還兵の体験が公表されたが，それは外傷の現実的で持続的な影響力に大衆の耳目を集める効果があった。けれども，イギリスの軍隊は，フォークランド，アイルランド，イラク紛争で外傷を受けた兵士や女性の支援に，それほど力を入れてこなかったように思われる。

この領域での研究のなかには，他に伍してクライニアンの考えが影響を及ぼしてきたものもある。外傷事件後の治療に関しては，未だに満足のいくものではないけれども，警察，消防署，軍隊などのいくつかの分野においては，それらのスタッフが，今や災害の情緒的後遺症に対処する上で，ある種の援助を求める必要があると認識され始めた。この分野では，タヴィストック・クリニックの災害セミナー，キャロライン・ガーランド Caroline Garland（2003）の研究が有力だ。

アルファ要素とベータ要素のビオンの理論は，外傷事件を充分に語り尽くすことが，なぜ役に立ちうるのかという問題を説明するのに役に立つ。（子ども自身および彼らの内的両親像ほどには）クライエントを厳しく裁くことのない他者と一緒に，安全な状況で感情を再体験することは，ベータ要素をアルファ要素に変換する上で，不可欠かもしれない。これをやり遂げなければ，人は悪夢に曝されやすく，感情はもっぱらぶり返すだけで修正されず，重篤な行為障害や関係障害を来たすかもしれないのだ。

治療中の海軍将校は，彼の生命が20年前に数時間，深刻な危機にさらされた経験を語った。彼は，それについて誰にも話したことがなかった。その外傷は，未だに悪夢のなかに出現していた。彼は，ときどき半覚醒状態でベッドの妻を攻撃したものだった。彼は未だに上級将校に憤慨していた。というのは，当時，彼のことを支援してくれず，その経験を話し合う機会を一度ももうけてくれなかったからである。彼は，上官から彼の苦悩を拒絶されたと思い込み，見捨てられ感を激しく抱いていた。極めて明白なのは，彼にはその経験の意味を理解してくれる親的人物が必要である，ということだ。すなわち，その経験を考えることも耐えることもできる人物だった。その手助けがないので，事態をのみこめない妻に当るばかりになっていた。妻は，夫の人生が夫のそもそもの外傷の一部と化していることに対して，混乱，怒

り，絶望，見捨てられ感，恐怖を感じていた。

　もちろん，このような人びとが（そして，おびただしい数の職業のなかでは多数存在するのだろうが），他者に外傷を加えるように気持ちが動いてしまう危険性もありうるのだ。彼らは昇進すると，世話してきた男女を見捨てたい気になるかもしれない。彼らが自国や他国で人の上に立つ状況になると，大衆のなかに，自分たちが受けた心の傷をつくり出したい気になるかもしれない。占領軍は，その仕事が表向き「平和維持」のときですら，必ずしも被占領民を丁重に扱ったりしない。たとえば，軽犯罪者に対する虐待のなかには，報復できない状況のなかで，警察官や刑務官が上記のようなベータ要素を他者のなかに排出しようとする試みもある。外傷状況のなかで支援なく働く医師，看護師，助産婦でさえ，陸続たる患者を前にして，ときにひどいふるまいをしてしまうかもしれない。

　明らかに，これらの反応はよく知られている。「猫を蹴飛ばす」として通常知られているように，人の「せいにする」ことを，ここでは言っている。けれども，これがいつ，なぜ起きるのかに関して，ビオンは重要な指摘をしている。仕事がうまくいかない日に誰かを怒鳴りつける反応をするのは，我慢のできない感情から逃れる一手段かもしれないが，その反応はそれほど否定的に機能するわけでもないかもしれない。その感情が，それほど危険でも耐えられないわけでもない状況では，怒鳴られた人の態度次第ではあるが，その反応によっては，考え，罪悪感を覚え，問題の所在を突き止め，それを思考や認識可能な感覚印象に変換し，総じてその問題に気をとめる機会も提供されうるのだ。

　さらにひどい外傷的な状況では，それは不可能かもしれない。即座に悪影響と考えられるのは，人は精神的打撃を受けて退避し，おそらくは周囲の世界との接触をまったく断ってしまう。そして，感覚印象を象徴化したり，表現したりできなくて，それらを切断しようとする。自己のまとまりの感覚は，途方もなく脅かされる。善良で愛すべき人としての自己感が切実に脅かされ，そのような情緒的反応で，心は溢れかえってしまう。たとえば，生き残るために人を殺そうと思うのは，とてもショックなことだ。同様に，興奮

や「ハイ」な状態が戦闘のなかでは優勢になりうるし，その際には，人を人としてみるのではなくて，ものや漫画の敵のごとく見ることにもなりかねない。

　こうした状況においては，その場にいる人と感情を共有し，徹底的に話し合うことが役立つかもしれない。安全なセッティングで一定の期間をかければ，カウンセリングによって，ベータ要素をアルファ要素に徐々に変換することも可能かもしれない。あいにく，ただ一回のセッションでは，うまくいくよりもむしろ害になるかもしれない。すなわち，恐ろしい経験を単に呼び覚ますだけで，それを経験したとき以上にはうまく扱うことができず，その耐え難い性質を確信させるだけかもしれない。犠牲者援助に失敗した「外傷カウンセリング」のメディア・レポートは，ただ一回の試験的な面接に基づいている（この問題は，イギリス・カウンセリング／心理療法協会の『カウンセリングと心理療法』誌（CPJ），14(3)号，pp. 4-15, 2003年4月において論じられている）。催眠や「カタルシス的」ドラッグ使用にも同様の弱点がある。心は，耐えられない感情が横溢して反復するのに圧倒される。一定期間自由連想法を行うことによって，比較的穏やかな方法で，感情や思考は耐えられるようになり，意識にもたらされる。最初は，感情はすこぶる危険な対象で，恐ろしいものだと感じられている。そして，クライエントばかりでなく，カウンセラーをも傷つけてしまうという思いが，はなはだ強くなっているかもしれない。クライエントのなかには，カウンセラーは自らそのような経験をしたことがある人たちだと主張する人もいる。こうした主張には，多くの意図的でもっともらしい理由がある。だが，無意識的な動機のひとつとして考えられるのは，すでにそれらの感情を経験したことのあるカウンセラーなら，（他の災害関係者と同様に）すでに傷ついているかもしれないので，経験をカウンセラーにぶつけても罪悪感をあまり覚えなくてもすむ，ということかもしれない。

　災害や拷問のような外傷によって喚起される感情は，消化しがたい。治療者がクライエントの期待に背かないためには，それらの感情を消化できるように，治療者自身にも援助の手が必要だ。母親が赤ん坊の極めて混乱した幻想をコンテインできるためには，出産の際に里帰りする必要があるのと同じように，外傷に対処する治療者が，外傷を受けたクライエントの真に恐ろし

くも奇怪な不安をコンテインできるためには，すぐれて支持的なスーパーヴィジョン，および/もしくは，治療を受ける必要がある。自分自身が外傷的状況を経験したことのある治療者は，この場合大いに価値ある貢献が可能かもしれない。よくよく重要なのは，治療者がクライエントに危害を加えることなく，自らの未解決な精神病的不安への対処を確実なものとするためには，治療者自身がすぐれたスーパーヴィジョンによる支持や治療を受けるのがよい，ということである。

悲嘆の仕事

クラインの比較的一般的な影響のなかには，悲嘆や悲哀への態度に関するものがある。抑うつ感情は，なすべき課題があることの徴候であり，それ自体を無視したり拒否したりしてはならない，とクラインは明確化した。クラインは，悲嘆に対してまず手始めに発動される躁的防衛を記載し，成熟や発達と，喪失の苦痛に持ちこたえる能力とを結びつけた。心底愛する人を喪うと，自己はその人たちの特徴をいくらか受け継ごうとするプロセスを開始する。その後，どれがその人の特徴で，苦痛なことにも喪われてしまったのか，そして，どれが自分のものであり，保たれているのか，次第に選り分けていく。また，重大な喪失に起因する内的対象の潜在的な崩壊可能性，アイデンティティの一過的な喪失に関しても，クラインは記載した。

　ひとつの喪失がもうひとつの喪失を呼び覚まし，ある喪失の結果は以前の喪失の影響次第であることも認識され始めている。悲嘆のプロセスを短縮しようとする試みが得策でないばかりか，愛する人の喪失を全うするのには長い時間がかかることも，徐々に認識されている。

組織，慢性疾患，能力障害に関する仕事

　イザベル・メンツィス・リス Isabel Menzies Lyth やエリオット・ジャックス Elliot Jacques は，クラインの多くの考えを使って，組織に人間味をもたせる方策を模索したクライニアンの分析家である。たとえば彼らの考え方は，病院，学校，刑務所やその他多くの組織に関する相談業務を通じて，し

ばしば浸透している (Menzies Lyth, 1988 ; Obholzer and Zagier Roberts, 1994 参照のこと)。J. C. スィーガル (1991 a) は，彼らの研究の影響を受け，近年論文を書き著している。

1985 年以来，私は，多発性硬化症 (MS) の人たち，その家族，彼らと関わる専門家にカウンセリングを行ってきた。私はこの仕事において，クラインや弟子たちの仕事を広く頼みにしてきた。クラインの洞察は，疾病や能力障害と付き合うことになった人びとの人生に，その困難がどのような影響を及ぼすのかを理解するのに役立つ。当事者それぞれが疾病に付与する象徴は重要であり，そのことが既存の防衛機制を脅かし，意味深い幻想を確証も反証もするような方法にもなる。だが，それを認識することによって豊かな洞察がもたらされ，当の疾病状態に関する現実的で避けられない影響と，幻想上の回避可能な影響との絡みをいくらか解きほぐすこともできるのである (J. C. Segal, 1989, 1991 b)。

メンツィス・リスの研究 (1988) に引き続いて，慢性疾患や能力障害に取り組む専門家への影響を探究するのも，価値あることが証明されてきた。投影同一化概念由来の考え方，つまり，特殊な状況で仕事をする専門家は，クライエントとよく似た問題の徴候を示すという考え方には，説得力がある。その考え方のおかげで，多くの専門家は自分たちとクライエントとの関係をさまざまな角度から見ることが可能になり，たとえば「彼らと私たち」の区分をいくらか理解したり，分析したりできるようになった。依存，自立，コントロールに対する構えも，疾病においては意味深いものであり，クラインや弟子たちの考えによって検討され，豊かな実りをもたらしうるものである (J. C. Segal, 1987)。

有力な理論家へのクラインの影響

ウィニコットとボウルビィ

多くのカウンセラーや治療者は，ウィニコットやボウルビィの仕事に影響を受けてきた。彼らとクラインとの間には，結局は意見の不一致が大きく，そのいくらかは第 4 章において論じたが，それでも彼らの考えの多くは，クラインの仕事に基礎がある。彼らの仕事が意義深いのは，子どもが母的人物

と最早期の関係を保持することの重要性に関して，一般の人びとに考えを普及したことにある。子どもの世話ばかりでなく，愛し関心を向けてくれる人を子どもから奪うのは，危険なことだと認識されるようになった。病院，ソーシャルワーク，児童養護施設は，結果としてある程度彼らの影響を受けてきている。子どもたちが，ひとりの人から世話されようと，多くの人から世話されようと，まるでなんの違いもないかのように，事務的に扱われることはもはやないはずである。けれども，病院や他の施設環境における子ども（および大人）の心への配慮には，依然としてずいぶん望まれるべきことが多い。

　ボウルビィは，「悪い」母親でさえ子どもにとっては重要な価値があることを強調し，子どもを両親からあまりにも簡単に，しかも傷つけるような奪い方をすることに疑問を投げかけた。ボウルビィは，子どもの心の営みよりも，子どもに及ぼす外的事態や外的関係性の，目に見えてはっきりした影響力に次第に関心を移すようになっていった。彼の仕事は，児童養護施設を変革する上で重要な働きをしたが，多くの分析家は，それは分析からの逸脱だと感じている。ボウルビィ自身は，クライン理論のなかに自分のルーツがあることを認めるにやぶさかではないが，だが彼は，内的プロセスと子どもへの外的影響を比較した場合，その重要性に関して次第にクラインと意見を異にするようになっていった。

ラカン，レイン，文学，そして女性運動

　R. D. レイン，フランスの分析家ジャック・ラカンは，両者ともクラインから多大な恩恵を受けたことを明言した。けれども，クラインや弟子たちは，彼らの仕事を認めなかった。統合失調症に関するレインの著作は，その病気を理想化し，その病態の並々ならぬ苦しみを過小評価しているように思われる。しかしながら，レインの仕事によって，クラインやクライニアンの門を叩いた人もいるし，さまざまな精神病を患う人と思いやりを持ってじかに関わる気になった人もいる。

　ラカンは，国際精神分析協会から最終的に除名され，フランス精神分析協会という自分自身の分派を設立した。彼もまた，クラインの考えを広めることに責務を感じていた。ラカンもレイン同様に，支配的なイデオロギーに対

抗しようとする人たちの間で、いっとき崇拝者となった。ラカンは、はなはだ（そして意図的に）神秘的なやり方でものを著した。彼は著作のなかで、ファルス（意識的、無意識的なペニス空想）を理想化している。それにもかかわらず、ラカンは1970年代半ば、イギリスの過激なフェミニストグループからグルと崇められた。このグループのメンバーであるジュリエット・ミッチェル Juliet Mitchell は、彼女の著作『精神分析とフェミニズム』(1975) で、ラカンについて書いている。この本は、フロイトと精神分析家は女性を教育する資格がないというアメリカのフェミニストの観点に疑義を挟んでいる。奇妙なことだが、ラカンと国際精神分析コミュニティとのつまらないいさかいのせいで、1970年代半ばの急進的フェミニストの間では、精神分析がまともな主題になっていたのだ。

　1976年になって、ラカンの仕事は、「家父長性」問題に啓発を与えたので、ロンドンの女性運動が、はじめて精神分析を真面目な議題として取り上げた。この会議の結果、クラインや他の女性精神分析家に関する研究グループが設立され、クラインはフェミニスト論者からひときわ真剣に取り上げられるようになった。ジャネット・セイヤーズ Janet Sayers による『精神分析の母』*Mothering Psychoanalysis* (1991) は、こうした流れのなかで、4人の女性分析家、ヘレーネ・ドイチュ Helene Deutsch, カレン・ホーナイ Karen Horney, アンナ・フロイト、メラニー・クラインについて著したものである。私自身の論文「子どもの物語における母親、セックス、羨望」(J. C. Segal, 1979) もある。ロンドンの女性運動の理論家の多くは、彼ら自身その後、分析家になったり、さまざまな主義主張を持つ治療者になったりしている。ジュリエット・ミッチェルは、クラインに関心を抱き、彼女のペーパーバックの著作集の編者になり、1986年に刊行を果たした。1988年には、ヴィラーゴウ Virago 社がクライン著作集のペーパーバックの新しい版を刊行した。

　『メラニー・クラインを読むこと』(1998) のイントロダクションで、ジョン・フィリップス John Phillips とリンゼイ・ストーンブリッジ Lyndsey Stonebridge は、文芸評論、芸術、社会学、哲学を包含する分野において、ここのところクラインの仕事への回帰が見られることを論じている。彼らは、クラインの考えに向き合う困難さについて書いている。「彼女が文字通

り記載する心の内的空間は，有無を言わさず現れてくるし，その現れるものゆえにぞっともさせる。クラインにとって，無意識とは，親の『腎臓』をフライにしてしまう場所かなにかなのである」(1998：p.3)。クラインの「躁うつ状態の心因論に関する寄与」(Klein, 1975, vol.I：p.280) に言及した一節である。

　ラカンの精神分析的着想に関する文学界のほれこみからは，多くの新たな洞察がもたらされた。しかしながら，ラカンは言語に重きを置いたので，クラインが目を向けた非言語的で，精神病的で，恐るべき経験領域は，いくらか除外された。フィリップスとストーンブリッジが言うには，「それは，なにかが失われてしまったかのようだ。クラインは，なんとかしてそれへの手がかりを提供しようとしている」(1998：p.4)。さらに「クラインは，ラカンの性的同一化に関する歴史的決定因の底流や，性差に関するさまざまな神話の底流で蠢いたり切断されたりしている根源を提供する。そして，いっそう深い理解をも提供しているのだ」(同上書：p.5)。この言辞は，「クラインは他の理論家がなしえなかったところに到達した」と言った，ある心理療法家を私に思い起こさせた。

クラインに関する著作

　本の売れ行きは，著者の影響力を追認するひとつの方法である。ハンナ・スィーガルの『メラニー・クライン入門』(1973) は，1964年初版だが，現在も売れ続けている。クライン執筆の本や論文も同様に売れ行き好調で，現在ではヴィラーゴウによる4巻の著作集やペンギン Penguin による選集として出版されている。1979年にハンナ・スィーガルの『クライン』が出版されたが，フォンタナ・モダン・マスターズ・シリーズ Fontana Modern Masters series に登場したはじめての女性だった。その本は第2版への需要があるので，精神分析的コミュニティの狭い範囲ばかりでなく，それ以外の広い関心を集めている証だ。今やクラインの研究に基づいた文学も幅広い。そのいくつかは，クライン派図書リストに載せた。他の重要な研究に関しては，メラニー・クライン・トラスト・ウェブサイト，www.melanie-klein-trust.org.uk を参照のこと。

結　語

　メラニー・クラインは，20世紀におけるもっとも創造的な思想家のひとりであった。子どもの情緒生活に関する洞察は，フェレンツィやアブラハムとの彼女自身の分析によって，フロイトの読解によって啓発され，さらに母としての経験から育まれた。彼女のおかげで私たちは，子どものことを，親が子どもの身体的欲求を満たしてあげれば親に反応してくる本能の固まりというよりも，むしろ考えたり感じたりする存在としてみなすことができるようになった。赤ん坊や子どもの感情，思考は，大人と同じではない。だがクラインは，子どもの世界の経験様式を，私たちがうまい具合に観察し考慮できるように切り拓いてくれた。

　クラインの研究は，私たちの社会における既成の行動様式に多々疑問を投げかけている。防衛は，現実に対してばかりでなく，現実よりもさらにひどい幻想に対してもしばしば企てられるという彼女の卓見，理想化や他の防衛は真実を知ることに対抗して向けられ，害がないどころか，幻想のなかでは，実際にダメージを与えているようにも感じられるという彼女の卓見，それらは，伝統からの過激な出立である。動転し，悲嘆にくれ，苦痛を感じるのが私たちにとってときには良いことかもしれないという着想は，常識的な信念とは相反する。

　内的葛藤を重視する観点は，既存の子どもの治療法に大いに疑問を投げかけている。世の親の多くは，子ども（とりわけ少女）を愛らしくお行儀良く育てるためには，まるで子どもたちが，愛らしくてやさしくてかわいらしいだけの存在のように，彼らに話しかけるべきであると信じている。嫉妬，破壊性，怒り，サディズムに対処する方法は，それらを無視することだと，両親はしばしば感じている。すなわち，深刻にそれらを受けとめたりせず，口に出そうともしないことだ，と。クラインの仕事が明確にしているのは，そうした態度では，それらの生き生きした感情を認識も認知もできず，いたずらに「悪い」ものだと決めつけてしまい，子どもをひとり置き去りにしかねない，ということである。すなわち，そうした態度では，それらの感情をもっと人間らしい特徴にまで，修正し統合できようもないので，子ども自身

が自信を得たり，共感を感じたりするようにはならない，というのである。

　子どもが母親との関係に子どもならではの難しさを持ちこんでくるという観点は，あまり一般的ではいない。クラインは，子どものやっかいさをすべて親のせいにはしない。けれども，クラインは，攻撃的でサディスティックな感情を親は持っているし，子どもに対してダメージを与えるやり方で行動しかねないことも認識している。クラインは，分析によって，子どもは親のひどい養育に対抗できるようになるし，親をそれほど挑発しないようにもなる，と考えた。

　とりわけ精神保健の分野においては，クラインの仕事は正気と狂気の既成の区別に疑義を投げかけてきた。そして，一方では正常発達においても作動する精神病的機制を例証し，もう一方では，行動と思考における正気と狂気の区別の重要性を明確にした。こうしてクラインの仕事によって，専門家は，彼らと病者との相違や類似性を誇張したり，貶めたりすることなく，同情や理解や創造性を持って働けるようになり，そのようなやり方で専門家自身と被援助者との区別をできるようになった。

　クラインの羨望研究，特に女性の創造性への羨望は，分析家に衝撃を与えたかもしれない。だがその研究のおかげで，私たちの社会における男女ともに，女性や女性らしさに対してどのような関わり方をしているのか，いくらか理解する道が切り拓かれたのだ。

　クラインは，彼女の研究が彼女の死後も生き残るかどうか，精神分析自体も脅威に瀕してはいないか，とときに憂慮していた。それにもかかわらず，今日のイギリス分析家世代において，もっとも才能豊かな人びとの仕事のなかに，彼女の影響力は生き続けている。それに加えて，彼女の多くの考えやものの見方は，子どもと格闘している親の間ばかりではなく，心理療法家，カウンセラー，教師，看護師，ソーシャル・ワーカー，他の多くの専門家の仕事においても，いたるところで共鳴を呼び，発展し続けている。だが，クラインの卓見が，充分に受け入れられるためには，まだまだ長い道のりが待っていることだろう。

クライン派図書リスト

Anderson, Robin (ed.) (1992) *Clinical Lectures on Klein and Bion*. London: Tavistock and Routledge.
Bell, David (ed.) (1997) *Reason and Passion. A Celebration of the Work of Hanna Segal*, Tavistock Clinic Series, London Duckworth.
Bell, David (ed.) (1999) *Psychoanalysis and Culture. A Kleinian Perspective*, Tavistock Clinic Series, London, Duckworth.
Bion, Wilfred R. (1962) 'Learning from experience', in *Seven Servants: Four Works by Wilfred R. Bion* (1977), New York: Aronson.
Bion, Wilfred R. (1963) 'Elements of psychoanalysis', in *Seven Servants: Four Works by Wilfred R. Bion* (1977), New York: Aronson.
Bion, Wilfred R. (1965) 'Transformations', in *Seven Servants: Four Works by Wilfred R. Bion* (1977), New York: Aronson.
Bion, Wilfred R. (1967) *Second Thoughts*, New York: Aronson.
Bion, Wilfred R. (1970) 'Attention and interpretation', in *Seven Servants: Four Works by Wilfred R. Bion* (1977), New York: Aronson.
Britton, Ron (2002) 'Forever father's daughter: the Athene–Antigone complex', in Judith Trowell and Alicia Etchegoyen (eds), *The Importance of Fathers. A Psychoanalytic Re-evaluation*, Hove and New York: Brunner Routledge.
Britton, Ronald, Feldman, Michael and O'Shaughnessy, Edna (1989) *The Oedipus Complex Today. Clinical Implications*, London: Karnac Books.
Bronstein, Catalina (ed.) (2001) *Kleinian Theory. A Contemporary Perspective*, London and Philadelphia: Whurr Publishers.
Caper, Robert (1999) *A Mind of One's Own: A Kleinian View of Self and Object*, London and New York, Routledge.
Grosskurth, Phyllis (1986) *Melanie Klein*, London: Hodder & Stoughton.
Heimann, Paula (1950) 'On Counter-transference', *International Journal of Psychoanalysis*, 31: 81–4.
Hinshelwood, R.D. (1991) *A Dictionary of Kleinian Thought*, London: Free Association Books.
Hinshelwood, R.D. (1994) *Clinical Klein*, London: Free Association Books.
Joseph, Betty (1989) 'Psychic equilibrium and psychic change', in E. Bott Spillius and M. Feldman (eds), *Selected Papers of Betty Joseph*, London: Tavistock/ Routledge in association with the Institute of Psychoanalysis.
King, Pearl and Steiner, Riccardo (eds) (1990) *The Freud–Klein Controversies 1941–45*, London: Routledge.
Klein, Melanie (1975) *The Writings of Melanie Klein*, 4 vols. Vol. I: *Love, Guilt and Reparation and Other Works 1921–1945*. Vol. II: *The Psychoanalysis of Children*. Vol. III: *Envy and Gratitude and Other Works 1946–1963*. Vol. IV: *Narrative of a Child Analysis. The Conduct of Psychoanalysis of Children as Seen in the Treatment of a Ten-Year-Old Boy*, London: Hogarth Press and the Institute of Psychoanalysis.
Klein, Melanie, Heimann, Paula, Isaacs, Susan and Riviere, Joan (eds) (1952)

クライン派図書リスト 185

Developments in Psychoanalysis, London: Hogarth Press and the Institute of Psychoanalysis.
Klein, Melanie, Heimann, Paula and Money-Kyrle, Roger (eds) (1955/71) *New Directions in Psychoanalysis*, London: Tavistock.
Menzies Lyth, Isabel (1988) *Containing Anxiety in Institutions. Selected Essays*. 2 vols. London: Free Association Books.
Mitchell, Juliet (ed.) (1986) *The Selected Melanie Klein*, Harmondsworth: Penguin.
O'Shaughnessy, Edna (1994) 'What is a clinical fact?', *International Journal of Psychoanalysis*, 75: 939–47.
Raphael-Leff, Joan (2000) *'Spilt Milk' Perinatal Loss & Breakdown*, London: Institute of Psychoanalysis.
Riviere, Joan (1991) *The Inner World and Joan Riviere. Collected Papers 1920–1958*, (ed.) Athol Hughes, London: Karnac Books.
Rosenfeld, Herbert (1965) *Psychotic States*, London: Hogarth Press and the Institute of Psychoanalysis.
Rosenfeld, Herbert (1987) *Impasse and Interpretation*, New Library of Psychoanalysis, Hove and New York: Brunner-Routledge.
Segal, Hanna (1973) *Introduction to the Work of Melanie Klein*, London: Hogarth Press and the Institute of Psychoanalysis.
Segal, Hanna (1979) *Klein*, UK Fontana Modern Masters. Republished London: Karnac Books and the Institute of Psychoanalysis, 1989.
Segal, Hanna (1981) *The Work of Hanna Segal*, New York: Aronson. Republished as *Delusion and Creativity*, London: Free Association Books, 1986.
Segal, Hanna (1985) 'The Klein–Bion Model', in Arnold Rothstein (ed.), *Models of the Mind*, New York: International Universities Press.
Segal, Hanna (1990) *Dream, Phantasy and Art*, London: Routledge.
Segal, Hanna (1997) *Psychoanalysis, Literature and War. Papers 1972–1995*, New Library of Psychoanalysis, London and New York: Routledge.
Segal, Julia C. (1979) 'Mother, sex and envy in a children's story', *International Review of Psychoanalysis* 6 (4): 483.
Segal, Julia C. (1985) *Phantasy in Everyday Life. A Psycho-analytical Approach to Understanding Ourselves*, London: Penguin.
Segal, Julia C. (1991) 'The use of the concept of unconscious phantasy in understanding reactions to chronic illness', *Counselling*, 2 (4): 146–9.
Sodre, Ines (2000) 'Non vixit: a ghost story', in Rosine Jozef Perelberg (ed.), *Dreaming and Thinking*, London: Institute of Psychoanalysis.
Sohn, Leslie (1999) 'Psychosis and violence', in Paul Williams (ed.), *Psychosis (Madness)*, Psychoanalytic Ideas Series, London: The Institute of Psychoanalysis.
Spillius, Elizabeth Bott (ed.) (1988) *Melanie Klein Today*, Vol. I: *Mainly Theory*. Vol. II: *Mainly Practice*, London: Routledge and the Institute of Psychoanalysis.
Steiner, John (1985) 'Turning a blind eye: the cover-up for Oedipus', *International Review of Psychoanalysis*, 12 (2): 161–73.
Waddell, Margot (1998) *Inside Lives, Psychoanalysis and the Growth of Personality*, Tavistock Clinic Series, London and New York: Karnac.

The *International Journal of Psycho-Analysis* (1983), 64 (3) is devoted entirely to Melanie Klein Centenary Papers.

ウェブ・リンク

American Psychoanalytic Association: www.apsa-co.org
British Association for Counselling and Psychotherapy: www.bacp.co.uk
British Psychoanalytical Society and Institute of Psychoanalysis: www.psychoanalysis.org.uk
Melanie Klein Trust: www.melanie-klein-trust.org.uk
New Library of Psychoanalysis: www. brunner-routledge.co.uk/nlp/

〔邦訳書〕

アンダーソン, R. 編『クラインとビオンの臨床講義』岩崎学術出版社
ビオン, W. R.『精神分析の方法Ⅰ・Ⅱ』法政大学出版局
ビオン, W. R.『再考:精神病の精神分析論』金剛出版
ブロンスタイン, C. 編『現代クライン派入門』岩崎学術出版社
ハイマン, P.「逆転移について」, 松木邦裕編『対象関係論の基礎』新曜社
ヒンシェルウッド, R. D.『クリニカル・クライン』誠信書房
ジョセフ, B.『心的平衡と心的変化』岩崎学術出版社
クライン, M.『メラニー・クライン著作集1〜7』誠信書房
ローゼンフェルト, H.『治療の行き詰まりと解釈』誠信書房
スィーガル, H.『メラニー・クライン入門』岩崎学術出版社
スィーガル, H.『クライン派の臨床』岩崎学術出版社
スィーガル, H.『夢, 幻想, 芸術』金剛出版
スピリウス, E. B. 編『メラニー・クライン トゥディ①〜③』岩崎学術出版社

〈訳者による追加〉

アルヴァレズ, A.『こころの再生を求めて』岩崎学術出版社
ビオン, W. R.『ビオンとの対話』金剛出版
ビオン, W. R.『ビオンの臨床セミナー』金剛出版
木部則雄『こどもの精神分析』岩崎学術出版社
木部則雄『こどもの精神分析Ⅱ』岩崎学術出版社
松木邦裕『対象関係論を学ぶ』岩崎学術出版社
松木邦裕編『オールアバウト「メラニー・クライン」現代のエスプリ別冊』至文堂
松木邦裕『私説対象関係論的心理療法入門』金剛出版
松木邦裕『不在論』創元社
ミルトン, J. 他『精神分析入門講座』岩崎学術出版社
ザルツバーガー-ウィッテンバーグ『臨床現場に生かすクライン派精神分析』岩崎学術出版社
シェーファー, R. 編『現代クライン派の展開』誠信書房
シミントン, N. & J.『ビオン臨床入門』金剛出版
祖父江典人『対象関係論の実践』新曜社
祖父江典人『ビオンと不在の乳房』誠信書房

文　献

Baker, R. (1993) 'The patient's discovery of the analyst as a new object', *International Journal of Psychoanalysis*, 74: 1223–33.

Balint, Alice (1936) 'Handhabung der Übertragung auf Grund der Ferenczischen Versuche', *Internationale Zeitschrift für Psychoanalyse*, XXII.

Bechara, A., Damasio, H., Tranel, D. and Damasio, A. (1997) 'Deciding advantageously before knowing the advantageous strategy', *Science*, 275: 1293–5.

Bell, David (2001) 'Projective Identification', in Catalina Bronstein (ed.), *Kleinian Theory: A Contemporary Perspective*, London and Philadelphia: Whurr.

Bion, Wilfred R. (1955a) 'Language and the schizophrenic', in Melanie Klein, Paula Heimann and Roger Money-Kyrle (eds), *New Directions in Psychoanalysis*, London: Tavistock.

Bion, Wilfred R. (1955b) 'Group dynamics: a re-view', in Melanie Klein, Paula Heimann and Roger Money-Kyrle (eds), *New Directions in Psychoanalysis*, London: Tavistock.

Bion, Wilfred (1962) *Learning from Experience*, New York: Aronson.

Bion, Wilfred R. (1967) *Second Thoughts*, New York: Aronson.

Britton, Ronald (1992) 'The Oedipus situation and the depressive position', in Robin Anderson (ed.), *Clinical Lectures on Klein and Bion*, London, New York and Canada: Routledge.

Britton, Ronald, Feldman, Michael and O'Shaughnessy, Edna (1989) *The Oedipus Complex Today. Clinical Implications*, London: Karnac Books.

Bronstein, Catalina (ed.) (2001) *Kleinian Theory. A Contemporary Perspective*, London and Philadelaphia: Whurr Publishers.

Caper, Robert (1994) 'What is a clinical fact?', *International Journal of Psychoanalysis*, 75: 903–13.

Connelly, K.J. and Prechtl, H.F.R. (1981) *Maturation and Development: Biological and Psychological Perspectives*, Philadelphia: Lippincott.

Damasio, A. (2003) *Looking for Spinoza*, New York: Harcourt.

Feldman, M. (1993) 'The dynamics of reassurance', *International Journal of Psychoanalysis*, 74: 275–85.

Feldman, Michael (1994) 'Projective identification in phantasy and enactment', *Psychoanalytic Inquiry*, 14 (3): 423–40.

Feldman, M. (2000) 'Some views on the manifestation of the death instinct in clinical work', *International Journal of Psychoanalysis*, 81: 53–66.

Fonagy, Peter (2000) 'Grasping the nettle: or why psychoanalytic research is such an irritant', paper presented at the Annual Research Lecture of the British Psychoanalytical Society on 1 March. Taken from the website www.psychoanalysis.org.uk, May 2003.

Fonagy, P., Kachele, H., Krause, R., Jones, E., Perron, R. and Lopez, L. (1999) *An Open Door Review of Outcome Studies in Psychoanalysis*, London: International Psychoanalytical Association.

Freud, Sigmund (1909) 'Analysis of a phobia in a five-year-old boy', J. Strachey (ed.), *The Standard Edition of the Complete Psychological Works of Sigmund Freud*, vol. 10, London: Hogarth Press and the Institute of Psychoanalysis (24 vols).

Freud, Sigmund (1975) *The Standard Edition of the Complete Psychological Works of Sigmund Freud*, ed. J. Strachey, London: Hogarth Press and the Institute of Psychoanalysis (24 vols). Some republished by Penguin Books.

Furman, Erna (1974) *A Child's Parent Dies*, New Haven, CT: Yale University Press.

Garland, C. (ed.) (2003) *Understanding Trauma* (2nd edn), London: Karnac.

Gopnik, A. (2003) 'What every baby knows', interview 17 May, *New Scientist*, 178 (2395): 42.

Green, Viviane (ed.) (2003) *Emotional Development in Psychoanalysis, Attachment Theory and Neuroscience*, London: Brunner-Routledge/Taylor & Francis.

Grosskurth, Phyllis (1986) *Melanie Klein*, London: Hodder & Stoughton.

Grotstein, James S. (1982) 'The significance of Kleinian contributions to psychoanalysis', 1: 'Kleinian instinct theory', *International Journal of Psychoanalytic Psychotherapy*, 9: 375–92.

Heimann, Paula (1950) 'On counter-transference', *International Journal of Psychoanalysis*, 31: 81–4.

Isaacs, Susan (1944) *Intellectual Growth in Young Children*, London: Routledge.

Isaacs, Susan (1945) *Social Development in Young Children*, London: Routledge.

Isaacs, Susan (1952) 'The nature and function of phantasy', in M. Klein et al. (eds), *Developments in Psychoanalysis*, London: Hogarth Press and the Institute of Psychoanalysis.

Joseph, Betty (1982) 'Addiction to near-death', *International Journal of Psychoanalysis*, 63: 449–56. Also in Elizabeth Bott Spillius and Michael Feldman (eds) (1989), *Psychic Equilibrium and Psychic Change. Selected Papers of Betty Joseph*, London and New York: Tavistock/Routledge, pp. 127–38.

Joseph, Betty (1985) 'Transference: the total situation', *International Journal of Psychoanalysis*, 66: 447–54. Reprinted in Elizabeth Bott Spillius (ed.) (1988) *Melanie Klein Today*, vol. 2, *Mainly Practice*, London and New York: Routledge.

Joseph, Betty (1989) *Psychic Equilibrium and Psychic Change. Selected Papers of Betty Joseph*, ed. Elizabeth Bott Spillius and Michael Feldman, London and New York: Tavistock/Routledge.

Kernberg, Otto F. (1969) 'A contribution to the ego-psychological critique of the Kleinian School', *International Journal of Psychoanalysis*, 50: 317–33.

Kernberg, Otto F. (1999) 'Psychoanalysis, psychoanalytic psychotherapy and supportive psychotherapy: contemporary controversies', *International Journal of Psychoanalysis*, 80, part 6: 1075–91.

King, Pearl and Steiner, Riccardo (eds) (1990) *The Freud–Klein Controversies 1941–45*, London: Routledge.

Klein, Melanie (1975) *The Writings of Melanie Klein* (4 vols). Vol. I, *Love, Guilt and Reparation and Other Works 1921–1945*. Vol. II, *The Psychoanalysis of Children*. Vol. III, *Envy and Gratitude and Other Works 1946–1963*. Vol. IV, *Narrative of a Child Analysis. The Conduct of the Psycho-Analysis of Children as Seen in the Treatment of a Ten-Year-Old Boy*, London: Hogarth Press and the Institute of Psychoanalysis.

Klein, Melanie, Heimann, Paula, Isaacs, Susan and Riviere, Joan (eds) (1952) *Developments in Psychoanalysis*, London: Hogarth Press and the Institute of Psychoanalysis.

Klein, Melanie, Heimann, Paula and Money-Kyrle, Roger (eds) (1955, reprinted 1971) *New Directions in Psychoanalysis*, London: Tavistock.

Likierman, M. (2001) *Melanie Klein: Her Work in Context*, London and New York: Continuum.
Menzies Lyth, Isabel (1988) *Containing Anxiety in Institutions. Selected Essays* (2 vols), London: Free Association Books.
Miller, Jonathan (1983) *States of Mind*, New York: Methuen.
Milton, Jane (2001) 'Psychoanalysis and cognitive behaviour therapy – rival paradigms or common ground?', *International Journal of Psychoanalysis*, 82: 431–47.
Mitchell, Juliet (1975) *Psychoanalysis and Feminism*, Harmondsworth: Penguin.
Mitchell, Juliet (ed.) (1986) *The Selected Melanie Klein*, London: Penguin Books.
Obholzer, Anton and Zagier Roberts, Vega (1994) *The Unconscious at Work. Individual and Organisational Stress in the Human Services*, London and New York: Routledge.
Orbach, Susie (1978) *Fat is a Feminist Issue*, London: Hamlyn.
Phillips, John and Stonebridge, Lyndsey (1998) *Reading Melanie Klein*, London and New York: Routledge.
Piontelli, Alessandra (1986) *Backwards in Time. A Study of Infant Observation by the Method of Esther Bick*, London: Clunie Press.
Piontelli, Alessandra (1992) *From Fetus to Child. An Observational and Psychoanalytic Study*, The New Library of Psychoanalysis, London, New York, Philadelphia: Brunner-Routledge.
Ramon, Shula (ed.) (1991) *Beyond Community Care*, London: Macmillan.
Riesenberg-Malcolm, Ruth (1986) 'Interpretation: the past in the present', *International Review of Psychoanalysis*, 13: 433–43. Reprinted in Elizabeth Bott Spillius (ed.) (1988), *Melanie Klein Today. Developments in Theory and Practice*, vol. 2, *Mainly Practice*, London and New York: Routledge, pp. 73–89.
Riesenberg-Malcolm, Ruth (1999) *On Bearing Unbearable States of Mind*, London and New York: Routledge.
Rosenfeld, Herbert (1965) *Psychotic States*, London: Hogarth Press and the Institute of Psychoanalysis.
Rosenfeld, Herbert (1987) *Impasse and Interpretation*, New Library of Psychoanalysis, Hove and New York: Brunner-Routledge.
Sayers, Janet (1991) *Mothering Psychoanalysis*, London: Hamish Hamilton.
Schafer, Roy (1994) 'Commentary: traditional Freudian and Kleinian Freudian analysis', *Psychoanalytic Inquiry*, 14 (3): 462–75.
Schore, Allan N. (1997) 'A century after Freud's project: is a rapprochement between psychoanalysis and neurobiology at hand?', *Journal of the American Psychoanalytic Association*, 45, 3: 807–40.
Segal, Hanna (1955) 'A psycho-analytical approach to aesthetics', in M. Klein, P. Heimann, and R. Money-Kyrle (eds) (reprinted 1971), *New Directions in Psychoanalysis*, London: Tavistock.
Segal, Hanna (1957) 'Notes on symbol formation', *International Journal of Psycho-Analysis*, 38; and in Segal (1981) and Spillius (1988).
Segal, Hanna (1973) *Introduction to the Work of Melanie Klein*, London: Hogarth Press and the Institute of Psychoanalysis.
Segal, Hanna (1979) *Klein*, Fontana Modern Masters, Brighton and London: Harvester Press. Republished London: Karnac Books and the Institute of Psychoanalysis, 1989.
Segal, Hanna (1981) *The Work of Hanna Segal*, New York: Aronson. Republished as *Delusion and Creativity*, London: Free Association Books, 1986.

Segal, Hanna (1982) 'Mrs Klein as I knew her', unpublished paper read at the Tavistock Clinic meeting to celebrate the centenary of the birth of Melanie Klein.

Segal, Hanna (1991) *Dream, Phantasy and Art*, New Library of Psychoanalysis, London and New York: Routledge.

Segal, Hanna (1993) 'On the clinical usefulness of the concept of the death instinct', *International Journal of Psychoanalysis*, 74: 55–61. Reprinted in Hanna Segal, *Psychoanalysis, Literature and War: Papers 1972–1995*, New Library of Psychoanalysis, London and New York: Routledge, 1997.

Segal, Julia C. (1979) 'Mother, sex and envy in a children's story', *International Review of Psycho-Analysis*, 6 (4): 483.

Segal, Julia C. (1985) *Phantasy in Everyday Life*, Harmondsworth and New York: Viking Penguin. Reprinted London: Karnac Books, 1995 and Northvale, NJ: Aronson, 1996.

Segal, Julia C. (1987) 'Independence and control: issues in the counselling of people with MS', *Counselling*, 62 (November): 146–9.

Segal, Julia C. (1989) 'Counselling people with disabilities/chronic illnesses', in Windy Dryden, Ray Woolfe and David Charles-Edwards (eds), *Handbook of Counselling in Britain*, London: Tavistock/Routledge, pp. 329–46.

Segal, Julia C. (1991a) 'The professional perspective', in Shula Ramon (ed.), *Beyond Community Care*, London: Macmillan.

Segal, Julia C. (1991b) 'The use of the concept of unconscious phantasy in understanding reactions to chronic illness', *Counselling*, 2 (4): 146–9.

Segal, Julia C. (1998) 'The role of a parent's illness in the emotional experience of a child: evidence from Klein's *Narrative of a Child Analysis*', *Psychodynamic Counselling*, 4 (November): 487–504.

Segal, Julia C. (2003) 'Your feelings or mine? Projective identification in a context of counselling families living with multiple sclerosis', *Psychodynamic Practice*, 9 (2): 153–71.

Seligman, Stephen (1999) 'Integrating Kleinian theory and intersubjective infant research observing projective identification', *Psychoanalytic Dialogues*, 9 (2): 129–59.

Spillius, Elizabeth Bott (ed.) (1988) *Melanie Klein Today*, 2 vols. Vol. I: *Mainly Theory*. Vol. II: *Mainly Practice*, London: Routledge and the Institute of Psychoanalysis.

Spillius, Elizabeth Bott (1994) 'Developments in Kleinian thought: overview and personal view', *Psychoanalytic Inquiry*, 14 (3): 324–64.

Steiner, John (1985) 'Turning a blind eye: the cover-up for Oedipus', *International Review of Psychoanalysis*, 12 (2): 161–73.

Steiner, John (1993) *Psychic Retreats*, London, USA and Canada: Routledge.

Stern, Daniel (1985) *The Interpersonal World of the Infant*, New York: Basic Books.

Thorne, Brian (2003) *Carl Rogers*, London: Sage.

Tuckett, David (1993) 'Some thoughts on the presentation and discussion of the clinical material of psychoanalysis', *International Journal of Psychoanalysis*, 74, part 6: 1175–89.

Tuckett, David (1994) 'The conceptualisation and communication of clinical facts in psychoanalysis', *International Journal of Psychoanalysis*, 75: 865–70.

Tustin, Frances (1974) *Autism and Childhood Psychosis*, London: Hogarth Press.

Waddell, Margot (1998) *Inside Lives: Psychoanalysis and the Growth of Personality*, Tavistock Clinic Series, London and New York: Karnac.

Winnicott, D.W. (1964) *The Child, the Family and the Outside World*, London: Penguin.

ウェブリンク

American Psychoanalytic Association: www.apsa-co.org
British Association for Counselling and Psychotherapy: www.bacp.co.uk
British Psychoanalytical Society and Institute of Psychoanalysis: www.psychoanalysis.org.uk
Melanie Klein Trust: www.melanie-klein-trust.org.uk

〔邦訳書〕

ベル，D.「投影同一化」，ブロンスタイン，C.編『現代クライン派入門』岩崎学術出版社
ビオン，W. R.『グループ・アプローチ』サイマル出版会；『集団精神療法の基礎』岩崎学術出版社
ビオン，W. R.『精神分析の方法Ⅰ・Ⅱ』法政大学出版局
ビオン，W. R.『再考：精神病の精神分析論』金剛出版
ブリトン，R.「エディプス状況と抑うつポジション」，アンダーソン，R.編『クラインとビオンの臨床講義』岩崎学術出版社
ブロンスタイン，C.編『現代クライン派入門』岩崎学術出版社
フロイト，S.『フロイト著作集1〜11』人文書院
ハイマン，P.「逆転移について」，松木邦裕編『対象関係論の基礎』新曜社
アイザックス，S.「空想の性質と機能」，松木邦裕編『対象関係論の基礎』新曜社
ジョセフ，B.「転移：全体状況」，スピリウス，E. B.編『メラニー・クライン トゥディ③』岩崎学術出版社
ジョセフ，B.『心的平衡と心的変化』岩崎学術出版社
クライン，M.『メラニー・クライン著作集1〜7』誠信書房
リーゼンバーグ-マルコム，R.「解釈：現在における過去」，スピリウス，E. B.編『メラニー・クライン トゥディ③』岩崎学術出版社
ローゼンフェルト，H.『治療の行き詰まりと解釈』誠信書房
スィーガル，H.『メラニー・クライン入門』岩崎学術出版社
スィーガル，H.『クライン派の臨床』岩崎学術出版社
スィーガル，H.『夢・幻想・芸術』金剛出版
スピリウス，E. B.編『メラニー・クライン トゥディ①〜③』岩崎学術出版社
シュタイナー，J.『こころの退避』岩崎学術出版社
スターン，D.『乳児の対人世界 臨床編・理論編』岩崎学術出版社
タスティン，F.『自閉症と小児精神病』創元社

訳者あとがき

　本書は，Julia Segal 著 "*Melanie Klein*" (Second Edition)，SAGE Publications，2004．の全訳である．SAGE 出版社は，《カウンセリングと心理療法における鍵となる人物》と銘うって，他にも類書をシリーズものとして出版している．たとえば，フロイト，ロジャーズ，ユング，エリック・バーン，フリッツ・パールズ，アーロン・ベック，アルバート・エリス，ウィニコット，等々である．シリーズ編者は，Windy Dryden である．

　本書の初版は 1992 年に刊行され，2000 年までに 4 刷を重ね，2004 年に改訂版の第二版が出た．好調な売れ行きである．おそらく本書ばかりでなく本シリーズ全体も世界中で愛読されているのだろう．読んでいただいてわかるように，クライン派の解説書としては，かなり噛み砕いて平易に書かれているので，一般読者にも接近しやすいし，しかもカウンセリングや心理療法の専門家の批評眼にも耐えられるほどの充実を兼ね備えている．それゆえ訳者は日本の臨床家がクライン派を学ぶには好適の書だと考えた．後で述べるが，本書は週一回，隔週一回の面接が一般的な日本の臨床状況にとてもマッチしたクライン派の治療論や臨床知見を提供してくれている．

　当初，訳者は初版を訳出していたが，その途上で第二版が出たので，急遽そちらに変更した．第二版は初版に比べ，特に第 5 章が加筆されている．すなわち，イギリスにおける近年のクライン派の知見，カウンセリングや心理療法全般の動向，ビオンの仕事，外傷に関してなど，である．

　著者 Julia Segal について紹介したい．彼女は精神分析家の Hanna Segal と名前を間違えられやすいかもしれないが，もちろん別人である．Julia 女史は，1968 年から 1971 年までケンブリッジ大学で数学と社会科学を学び，その後，1979 年から 1983 年まで，マンチェスターにてカウンセラーとしてのトレーニングを受けた．その間同時にマンチェスターの大学で，精神分析の考え方を教授していたことがある．1983 年にロンドンに転居してからは，主に多発性硬化症の患者のカウンセラーとして働いたり，さらには障害者と関わる専門家の訓練に携わったりして，現在に至っている．したがって，純

然たる分析家とは違い，週5回の個人面接ではなく，さまざまな臨床からの要請やクライエントの要求に応えて，臨機応変にカウンセリングを行なっているようである。このあたりは，日本の病院臨床畑の心理療法家のスタイルと近いものがある。

クラインの考えとの出会いは，1968年にケンブリッジ大学に在籍中のときである。それ以来，Julia女史はずっとクラインに興味を持ち続けていた。クラインの考えは，知的にも情緒的にも，仕事においても日常生活においても，満足感を与えてくれているという。

彼女は，34歳のときに結婚し，二人の息子と一人の娘がいる。長男にはすでに子どもがいるので，彼女はおばあちゃんでもある。このように家庭生活は充実したもののようだ。

著書としては，"*Helping Children with Ill or Disabled Parents*" Jessica Kingsley Publishers，"*Phantasy in Everyday Life*" Karnac Books，"*Ideas in Psychoanalysis : Phantasy*" Karnac Books など，論文としては，多発性硬化症，慢性疾患や障害へのカウンセリングに関するものが多い。すなわち，こころの病ばかりでなく，身体疾患（特に慢性の）に対して，クライン派特有の概念や治療論に基づいてカウンセリングを行い，論文も著している。

さて，本文中にも心理療法家，精神分析家，カウンセラーなど，治療者に関するさまざまな呼称が出てきて紛らわしいが，Julia女史の説明に添って，その異同について少し紹介しておきたい。

精神分析家は，言うまでもなく国際精神分析学会の会員である。イギリスにおいてその呼称はそれ以外の治療者には使うことが許可されていないという。クライン派の分析家は，たいてい週4, 5回の分析を行なっているが，他の分析家はそれ未満の回数でも分析と呼んだりしている。そのあたりは，分析家の考え方次第のようだ。

心理療法家（サイコセラピスト）は，分析家と違い，誰もが自分のことをそう呼ぶことができるという。ただ通常はその呼称は，力動的な心理療法家に使用される。クライン派の心理療法家は，クライン派の分析家とほぼ同じスタイルで仕事をし，カウチや自由連想法を使うとのことだ。イギリスにおいて力動的な心理療法家を訓練する機関は多数存在し，その考え方は，クラ

イン的であったり，ウィニコット的であったり，はたまた解釈に対して否定的であったり，日本の状況と同様にさまざまなようだ。

　カウンセラーに関しては，多種多様な経歴や素性の人が存在するとのことだ。イギリス・カウンセリング協会は，現在では，イギリス・カウンセリング・心理療法協会（BACP）と改名された。なぜなら，カウンセリングと心理療法の区別が多くの場合付けにくいからだという。ただし，Julia 女史は，彼女独自の考え方かもしれないがと断りを入れたうえで，カウンセリングは，クライエントが自分自身に問題を感じていない場合に提供されるべきもので，心理療法は，環境ばかりでなく，自分自身にも問題があると感じている場合に提供されるものだと，一応の区別をつけているという。

　ただし，イギリスにおいてカウンセラーといわれている人のなかには，BACP に登録されていない人もいるし，何のトレーニングも受けていない人もいるという。このあたりも，日本のカウンセラー事情とよく似ている。Julia 女史は，イギリスにおいて，カウンセラーや心理療法家の区別に関しては，歴史的，社会的，政治的にさまざまな経緯があるので，それらのことは無視して，本書においてはカウンセラーも心理療法家も同じような意味で用いていると言っている。

　メラニー・クラインに関する解説書は，日本においても周知のように，すでに好著が何冊も著されていたり訳出されたりしている。さらには，最近も哲学者で分析家でもある Julia Kristeva が本書と全く同名の書を著したり，タヴィストックの上級スタッフである Meira Likierman もクライン解説書を出した。このようにクラインに関する関心は，今後も変わらず続くことだろう。そのなかで本書が日本において訳出される意義だが，訳者は以下のように考える。

　まず，カウンセラーが著したクラインやクライン派に関する解説書であること。このことは先にも触れたが，日本の臨床状況を考えると，とても意義深い。すなわち，周知のように日本において分析家として臨床に携わるひとは，ごくごく一部である。その大半は，分析臨床がもたらす知見を援用したり応用したりしながら，自らの臨床実践に役立てている。したがって，従来のクライン派の解説書は，日本の普通の臨床家にとっていささか敷居が高い憾みがあった。むしろ，日本の力動的なオリエンテーションをもつ臨床家に

とっては，クライン派の治療論をいかに応用し，さまざまな臨床場面に役立てるか，という視点のほうが実際的である。クライン派の洞見は，とりわけ転移，治療関係，援助関係を理解し，扱ううえでとても役に立つことは論を待たない。特に陰性転移，陰性感情の扱いに関しては出色である。それがうまく扱えるようになれば，認知行動療法などのエヴィデンス・ベーストな治療では，射程の届かない治療効果が得られるし，カウンセラーや治療者の力量も格段に増す，と訳者は考えている。もっとも，私見によれば，クライン派に影響を受けた日本の臨床家の一部には，その扱いに関して誤解があり，隠れた陰性感情をひたすら明るみに出すことが治療だと思っている節がある。むやみに陰性感情を指摘していっても，患者の自尊心を傷つけ，悪い対象関係を再演するだけだ。本文中にもあるように，陰性転移は注意深くコンテイニングされながら名づけられねばならない。

　イギリスは精神分析の応用に関しても，先進国である。心理臨床家ばかりでなくケースワーカーや他の援助職までも，力動的オリエンテーションやクライン派の下地を持っていたりする。うらやましい限りだ。その意味で，今後，日本の精神分析が日本の精神医療，心理臨床，さらには福祉，教育，保育などの関連分野にさらに根を広げていくうえで，本書のようなカウンセラーが著した書物は，とりわけ貴重ではないか，と訳者は考える。ちなみに，最近イギリスのクライン派オリエンテッドなケースワーカーがものした著書が訳出された（『臨床現場に生かすクライン派精神分析』ウィッテンバーグ著，平井正三監訳，岩崎学術出版社）。これもクライン派精神分析が，日本の心理臨床や関連分野に浸透していくためには，喜ばしくも必要な動きであるし，本書訳出の意図と共有されるところもあるのではないか。

　本書の意義は他にもある。二つ目は，クラインの生涯がわかりやすく紹介されていることだ。従来，クラインに関しては，風評を含めさまざまな「感覚印象」が飛び交っていた。その割にはこれまでクラインのひととなりが詳しく紹介されたことはなかったのではないだろうか。本書はそれにきちんと応えている。これによって，今までクラインに対して「独断的だ」「非人間的だ」などとイメージを作ってきた人も，クラインのあまたある喪失体験の痛手，娘からの激烈な攻撃，垣間見える孤独感を知って，彼女のこころの痛みの深さに想いを馳せることも可能になったのではなかろうか。訳者には，

クラインは，良くも悪くも「あまりにも人間的」のように思えるのだ。

　第三はこれに関連するが，第4章の「批判と反論」にみられるように，これまでクライン派に対する批判をこれほどきちんと取り上げ，しかもそれに反論を加えた書物を寡聞にして知らない。第4章は，おそらくは分析を齧ったことのある人なら，誰しも一度は思うクライン派に対する批判や疑問がきちんと取り上げられている。読者は，これを読みながら，合点が行くこともあろうし，さらなる疑問が募ることもあろう。いずれにしろ，「クライン派との対話」を内的に体験することも可能となるのだ。

　これ以上は読者の判断にお任せしたい。ビオンの謂いにならえば，「根本的に重要なのは，あなたが自分に合ったものを見つけることができるかどうかということです」（『ビオンとの対話』金剛出版）。だが，本書を訳出する恩恵に浴したものとすれば，先にも述べたが，本書のようなクライン派精神分析のエッセンスが詰まったわかりやすい解説書が，今後，精神分析や心理臨床の分野に留まらず，福祉・教育・保育などの関連分野にも根をおろし，日本の治療・援助畑の専門家の力量を底揚げする一助になれば，これほどうれしいことはない。そう願うばかりである。

　訳語に関して一言言及しておきたい。クライン派の考え方に従い，phantasy は幻想，fantasy は空想と訳し分けた。本文中にもあるように，前者は無意識的な空想を指し，後者は白昼夢などの意識的な空想を意味する。Julia 女史に確認したところ，彼女もそのような意図で使い分けているということであった。細かいことだが，psychotherapist は心理療法家と訳した。精神療法家との訳もあるので，悩ましいところだ。他にも，もっと適訳があるものがあるかもしれないし，誤訳もあるかもしれない。ご批判，ご助言などいただければ幸いである。

　最後になりましたが，本書の訳出に尽力くださった元誠信書房編集部，長林伸生氏，さらに訳者の原稿に丹念に目を通してもらった誠信書房編集部，児島雅弘氏にこころから感謝申し上げます。

2007年8月　　祖父江典人

索引

ア行

アイザックス，スーザン　16, 17, 22, 23
愛する能力　135
愛と憎しみの葛藤　107, 147, 163
『新しい科学者』The New Scientist 誌　149
アードラー，A.　22
アバーファン災害　173
アブラハム，カール　12, 13, 14, 16, 33, 37, 182
アルファ機能　166
アルファ要素　54, 157, 165, 166, 167, 174, 176
アンナ・フロイト学派　35, 140, 159
言い知れぬ恐怖　166
「生きた」情緒体験　123
イギリス・カウンセリング／心理療法協会　160
イギリス精神分析協会　15, 21
移行対象　143
依存　163
今ここで　105
陰性治療反応　28
　　患者の——　127
陰性転移　94, 107, 122
ウィーン協会　12
ウィニコット，D. W.　34, 141, 142, 143, 159, 178
ウェルカム・トラスト記録保管所　2
『内側の人生』　56, 163
エヴィデンス・ベースト実践　148
エディプス・コンプレックス　8, 16, 90, 92, 134, 144, 150
エディプス葛藤　56
エディプス三角　69
エディプス不安　56
エルナ　45, 46, 57, 93, 94, 95

「援助される」側の難しさ　162
大袈裟に言っている　112
オースティン，ジェーン　113
大人の不安の象徴化　76
親/自己　75

カ行

解釈
　最深層の不安の——　1
　「知ったかぶりの」——　124
　羨望の——　28, 126
　タイミングの良い——　125
　——の問題　113
解釈オンリー　95
解釈すること　124
外傷　173, 175, 176
　——に対処する治療者　176
外傷カウンセリング　176
外傷後のストレス　168
解体恐怖　166
外的要因　137
ガーランド，キャロライン　174
感覚印象　166, 175
感情の記憶　7
癌　108
カーンバーグ，O.　146, 149
基底的想定　163
逆転移　25, 32, 52, 108, 109
　——の使用　110
「逆転移について」　25, 108, 115
「急性統合失調者における超自我葛藤の精神分析」　170
9番ベッドの腎臓　47
共感性
　過度の——　78
　並外れた——　135

狂気と正気の識別　173
行儀の悪い少女　125
去勢恐怖　71
去勢コンプレックス　86
去勢不安　38
キング，トルービー　142
『クライン』　33, 181
クライン，アーサー　6, 12
クライン，エマニュエル　3, 4, 5, 6, 19
クライン，エミリー　3
クライン，エリック　6, 7, 10, 11, 12, 38, 41
クライン，シドニー　3, 4
クライン，ハンス　6, 7, 18, 19
クライン，マイケル　30, 35
クライン，メリッタ　6, 21
クラインの伝記　2
グレンフェル，ジョイス　57
クロエツェル，C. Z.　19
グローバー，エドワード　18, 21, 23, 24, 148
グロスカース，フィリス　2, 22, 35, 116
「芸術作品および創造的衝動に表れた幼児の不安状況」　20
検閲　8
幻想　38, 74
　　恐ろしい乳首の――　44
　　原始的な――　168
　　攻撃的で性的な――　135
　　授乳――　62
　　創造的で良い乳首の――　44
　　父親――　67
　　破壊的――　67, 168
　　破壊的で攻撃的な――　107
　　迫害的――　130
　　母親/乳房――　98
幻想概念　40, 135
幻想間の葛藤　74
「幻想の性質と機能」　22
攻撃幻想　41, 42, 63, 135
攻撃者との同一化　40
口唇サディズム願望　144
コ・カウンセリング　116
『国際精神分析誌』　26
『国際精神分析誌』75周年特別記念号　151
孤独感　31

『子ども，家族，外的世界』　142
子ども/自己　75
「子どもにおける良心の早期発達」　72
子どもの幻想世界　39
子どもの攻撃性　135
「子どもの心的発達」　138
子どもの心理療法　159
子どもの精神病の分析　17
子どもの性理論　12
「子どもの知的発達に及ぼす性教育と権威の軽減の影響」　9
「子どもの発達」　9
子どもの分析　12, 13, 14
「子どもの物語における母親，セックス，羨望」　180
コンテイナー　164, 165
コンテイナー概念　150
コンテイニング　164, 165
コンテイニング機能　54, 69, 157, 163, 164
コンテインメント　173
コンテインメント概念　161

サ　行

罪悪感　39, 55, 84
　　最早期の――　144
　　――の緩和　128
『再考』　164
錯誤行為　8
サディズム，過度の　78
シェーファー，ロイ　157, 158, 159
ジェームズ　42
「自我の発達における象徴形成の重要性」　17, 73, 76, 99
自己愛，早期の　140
自己開示　117, 118
　　治療者による――　117
自己破壊的な衝動　147
嫉妬　55, 57, 60, 73, 74
嫉妬深いライバル心　40
『児童の精神分析』　15, 16, 80, 81
児童分析家の仕事　153
「児童分析に関するシンポジウム」　24, 93, 127, 133

索引 199

『児童分析の記録』　30, 32, 40, 75, 83, 86, 101, 121
死の概念　147
死の恐怖　166
死の本能　147, 148, 150, 163
自分の声を聞き取る技術　132
「社交的」返答　122
ジャックス，エリオット　177
終結の仕事　104
シュタイナー，ジョン　92, 150
シュミッドバーグ，メリッタ　18
正気の部分　172, 173
象徴　74, 75
象徴化　75, 158
象徴形成の研究　54
象徴的な償い　72
小児統合失調症　76
ジョーンズ，アーネスト　15, 16, 23, 33, 34, 71
ジョーンズウッド，セント　35
女性に馬乗りにされた協会　23
ジョセフ，ベティ　49, 150
神経過敏　7
身体接触　104
心的空間　69
心的退避　150
シンデレラ物語　39, 43, 59
スィーガル，ハンナ　25, 26, 27, 33, 34, 35, 49, 51, 54, 76, 110, 119, 126, 147, 150, 157, 158, 169, 170, 171, 181
スキーマ　129
スコット，W. C. M.　25
スターン，ダニエル　140
素敵なクラインおばちゃん　58
ストレイチー，アリックス　14, 15
ストレイチー，ジェームズ　38
ストーンブリッジ，リンゼイ　180, 181
スピリウス，エリザベス・ボット　49, 65, 126, 136, 158, 169
スプリッティング　44, 45, 46, 55, 60, 72, 102, 107, 121
スプリッティング・プロセス　59, 142
　早期の――　171
スプリッティング機制　47

スプリット　54, 58, 68, 142
スプリット・オフ　48, 73, 74, 75, 168
スプリット・オフされた蒼古的部分　78
性行為　62
「制止，症状，不安」　71
「正常な子どもにおける犯罪傾向」　31, 63
精神病
　――の切断　77
　――の特徴　77
　――の分析　169
精神病過程　77
精神病機制　77
精神病性の不安　78
「精神病的」　77
精神病的反応　170
『精神分析，文学，戦争』　147
『精神分析的対話』Psychoanalytic Dialogues 誌　158
『精神分析的探究』Psychoanalytic Inquiry 誌，1994年 14(3)号　157
『精神分析と認知行動療法――ライバル・パラダイムなのか共通基盤なのか？』　129
『精神分析とフェミニズム』　180
『精神分析における新しい方向性』　26
『精神分析の母』　180
性の制止　71
生の本能　163
セイヤーズ，ジャネット　180
セックス
　性器――　62
　――の過大評価　64
　――恐怖　64
セッティングの重要性　103
セリグマン，スティーヴン　49
「世話役」の感情　162
「戦争神経症」の治療　173
全体対象　59
羨望　27, 28, 43, 60, 73, 74, 127
　――と嫉妬　73
　――とその防衛　29
　――に満ちた部分　74
　――の分析　29, 101
　――や破壊性の解釈　28
　乳房――　27

治療者の能力への——　124
　　母親の優れた能力に対する——　66
　　分析家の理解力への——　127
羨望概念　27, 101
『羨望と感謝』　27, 29, 30, 73, 78, 126, 139
「躁うつ状態の心因論に関する寄与」　7, 19, 72, 181
『想起，反復，徹底操作』　106
「早期不安に照らしてみたエディプス・コンプレックス」　137, 144
喪失の苦痛　177
創造性　20
躁的防衛　177

夕　行

対象喪失の恐怖　71
タスティン，フランシス　99
多発性硬化症　108, 133, 178
「段階」概念　44
父親　64, 65, 67, 68, 69
　　——の役割　69, 143
　　——や同胞への愛情　66
乳房/母親　70
　　愛する——　103
乳房/母親/治療者　165
中核信念　129
中間派　23
中年期危機　139
超自我　144, 145
　　最早期の——　145
超自我恐怖　71
治療者-患者関係の反映　132
治療者のための治療　162
『治療の行き詰まりと解釈』　126
通常の献身的な母親　143
償い　21, 72, 98
ディック　17, 42, 76, 99, 100, 135, 137
　　——の分析　77
転移解釈　91, 92, 105
　　——のないセッションなどあるはずがない　91
転移関係　119
転移対象　122

転移と逆転移　54
転換症状　65
ドイチュ，ヘルマン　4
ドイチュ，ヘレーネ　180
ドイチュ，リブサ　3
同一化　53
投影同一化　17, 48, 49, 50, 51, 52, 53, 72, 78, 158, 163, 164, 169, 170
　　大規模な——　170
　　破壊的な——　105
投影同一化概念　54, 150, 151, 157, 178
統合失調症者の分析　25
統合失調症者への分析可能性　76
「統合失調症における抑うつ」　169
闘争-逃避　163
独立学派　23
トルード　67, 81, 84, 85, 86, 89, 92, 106

ナ　行

内的世界　19, 20, 21, 37, 75, 125
　　——と外的世界の関係　137
内的対象　61, 177
内的母親　20, 60, 61, 62, 71
認知行動療法　128, 129, 130, 148
認知行動療法家　129, 132, 151
認知療法家　128

ハ　行

ハイマン，ポーラ　16, 23, 25, 26, 27, 29, 32, 108, 109, 115, 116, 169
迫害不安　72, 96
母親の「自然な傾向」　142
母親の喪失　140
母親への幻想上の猛攻撃　48
ハリス，マーサ　141, 151
バリント，アリス　115
パワー・ゲームをしている　119
歯を持った膣　146
ハンス　134
『ハンナ・スィーガル著作集』　110, 153
万能感　9
悲哀のプロセス　152, 177

索　引　201

ビオン，ウィルフレッド　25, 26, 49, 50, 54, 76, 79, 150, 158, 161, 164, 165, 166, 167, 169, 170, 171, 172, 175
　　──の概念　157
　　──の仕事　163, 167
　　──の理論　174
ピオンテリ，アレッサンドラ　151
悲嘆　177
　　母親を失った赤ん坊の──　140
　　──の苦痛　61
　　──のプロセス　177
ビック，エスター　32, 141, 151
否認，大規模な　51
非人間的　119
平等さへの才　119
不安　72
　　最深層の──　1, 82, 103, 151
　　──への対処の仕方　73
不安緩和　131
ファン・ゴッホ　78
フィリップス，ジョン　180, 181
フェアバーン，R. D.　23, 24, 141
フェミニスト論者　180
フェレンツィ，シャンドア　7, 8, 13, 37, 103, 120, 182
　　──の見解　115
フォナジー，ピーター　149
フグ＝ヘルムス，ヘルマイン　13, 14, 134
復讐願望　43
ブタペスト精神分析協会　9, 12
部分対象　58, 59
『プライドと偏見』　113
プレイセラピー　81
フロイト，アンナ　12, 13, 14, 21, 22, 23, 24, 25, 27, 33, 35, 94, 127, 128, 134, 180
フロイト，ジクムント　1, 6, 8, 12, 13, 14, 16, 21, 23, 24, 26, 27, 32, 33, 37, 38, 39, 43, 44, 62, 64, 65, 69, 70, 71, 74, 76, 100, 103, 106, 109, 113, 126, 132, 134, 144, 145, 146, 147, 150, 163, 182
『フロイト-クライン論争1941-45』　22, 23
フロイント，アントン　9
分析家の役割　103
分析的スタンス　123

分離感　57
「分裂的機制についての覚書」　24, 141, 142
ペアリング　163
ペイン，シルビア　135
ベータ要素　54, 157, 166, 168, 174, 175, 176
　　言い知れぬ──　167
ベータ要素理論　167
ベック，アーロン　128
ペニス
　　授乳　146
　　──と膣の幻想　146
　　──の代理物　69, 70
ペニス羨望　27, 29
ペニス喪失の恐怖　71
ヘラルド・オブ・フリー・エンタープライズの沈没　173
ベル，デヴィッド　49, 52
ヘルマン，イルス　35
ベルリン精神分析協会　12, 15
暴力的な性体験　168
ボウルビィ，J.　141, 142, 143, 178, 179
「ポジション」概念　44
ポジティブに考える　130
保証　120, 121
ホーナイ，カレン　180

マ　行

マイケル　30
マスターベーションの快感　63
マックギボン，ジーン　35
ミッチェル，ジュリエット　180
ミラー，ジョナサン　147
ミルトン，ジェーン　122, 123, 129
無意識的感情　113, 114
無意識的空想　38
無意識的幻想　136, 161
無意識的罪悪感への認識　102
無意識的な罪悪感　31, 63
無意識の研究　8
無意識への鍵　109
無力さ　111
『メラニー・クライン トゥディ』　126
メラニー・クライン・トラスト　33

メラニー・クライン・トラスト・ウェブサイト　181
『メラニー・クライン入門』　181
『メラニー・クラインを読むこと』　180
メルツァー，D.　49
メンツィス・リス，イザベル　47, 177, 178
妄想分裂状態　57
妄想分裂不安　70
妄想分裂ポジション　44, 46, 47, 48, 55, 56, 58, 59, 72, 73, 78, 158, 170
「喪とその躁うつ状態との関係」　19
モネー-カイル，R.　26, 169
モールティング・ハウス・スクール　17

ヤ　行

「夢について」　1, 8
ユング，C. G.　22
良い対象　57, 60
良い乳房，内的な　28
良い内的母親　60
良い内的母親/乳房像　61
良い母親/乳房の喪失　140
陽性転移　94, 107
抑圧された性的好奇心　9
抑うつ的統合と妄想分裂的スプリッティングの交替　76
抑うつ不安　72
抑うつポジション　21, 44, 54, 55, 56, 57, 58, 59, 70, 72, 73, 158, 170

ラ　行

ライツェス，モーリツ　2
ライヒ，W.　22
ラカン，ジャック　179, 180, 181
ラド，シャンドア　14
ランク，O.　22
リヴィエール，ジョアン　16, 23
リーゼンバーグ=マルコム，ルース　150
理想化　46
リタ　121, 144
リチャード　30, 31, 40, 58, 75, 83, 86, 87, 88, 89, 90, 91, 92, 95, 96, 97, 98, 121, 137, 144
離乳　138
療養　7
レイン，R. D.　179
ロジャーズ，C. R.　125, 160
ロジャーズ学派　124
ローゼンフェルト，ハーバート　25, 26, 49, 50, 76, 101, 124, 126, 127, 150, 157, 158, 169, 170, 171
論争につぐ論争　22, 25, 135, 144

ワ　行

ワデル，マーゴット　56, 163, 164
悪いクラインおばちゃん　58
悪い対象　61

訳者紹介

祖父江典人（そぶえ・のりひと）

1957年　生まれる
1980年　東京都立大学人文学部卒業
現　在　愛知教育大学大学院教育学研究科学校教育臨床専攻教授
　　　　名古屋心理療法研究所
　　　　博士（心理学）
専　攻　臨床精神分析学
著訳書　『対象関係論の実践』新曜社　2008
　　　　『ビオンと不在の乳房』誠信書房　2010
　　　　『対象関係論に学ぶ心理療法入門』誠信書房　近刊
　　　　『心理療法の実践』（共著）北樹出版　2004
　　　　『オールアバウト「メラニー・クライン」現代のエスプリ
　　　　　別冊』（共著）至文堂　2004
　　　　『臨床心理学にとっての精神科臨床』（共著）人文書院　2007
　　　　『松木邦裕との対決』（共著）岩崎学術出版社　2012
　　　　ビオン『ビオンとの対話』金剛出版　1998
　　　　ビオン『ビオンの臨床セミナー』（共訳）金剛出版　2000

ジュリア・スィーガル
メラニー・クライン――その生涯と精神分析臨床

2007年10月25日　第1刷発行
2014年10月25日　第2刷発行

訳　者　祖父江　典人
発行者　柴田　敏樹
印刷者　日岐　浩和

発行所　株式会社　誠信書房
〒112-0012　東京都文京区大塚3-20-6
電話　03 (3946) 5666
http://www.seishinshobo.co.jp/

中央印刷　清水製本　　落丁・乱丁本はお取り替えいたします
検印省略　　　　無断で本書の一部または全部の複写・複製を禁じます
© Seishin Shobo, 2007　　　　　　　　　　　Printed in Japan
ISBN 978-4-414-41428-8 C3011

クリニカル・クライン
クライン派の源泉から現代的展開まで
ISBN978-4-414-40272-8

R．D．ヒンシェルウッド著
福本 修・木部則雄・平井正三訳

クライン派の基本的な考え方を臨床的な視点から包括的に解説。クラインの重要な概念はすべて症例を引用して解説されており，読者はそれらを具体的に理解することができる。さらに現代クライン派の最先端の問題にも言及したユニークな書。

目　次
第1部　基礎
　1背景となる精神分析の流れ　2摂取と投影
　3無意識的空想
第2部　メラニー・クラインの貢献
　4子どものための方法　5内的対象　6抑うつポジション　7妄想分裂ポジション　8投影同一化　9死の本能と羨望
第3部　情動的接触と「K」結合
　10逆転移　11知ることと知られること
　12エディプス的に知ること　13動かされること　14袋小路とパーソナリティの組織体　15変化と発達
展望　進歩と歴史

現代クライン派の展開
ISBN978-4-414-41414-1

R．シェーファー編　福本 修訳

フロイトの理論と技法に重要な改良を加えたメラニー・クラインの貢献は，その後ビオンやローゼンフェルトといった傑出した後継者を経て，ロンドンを拠点とする現代クライン派に引き継がれている。本書は，そのなかからシーガルやジョゼフをはじめオショネシー，フェルドマン，ブリトン，アンダーソンらの優れた業績がそれぞれ編者の解説つきで一望できる精選論文集である。さらに，巻末に付した詳しい訳者解題は読者の理解に大いに役立とう。

目　次
序論：ロンドン現代クライン派
第1部　理論形成と基本概念
第2部　「病理的組織化」概念と臨床
第3部　エディプス・コンプレックスと「第三の位置」
第4部　妄想分裂ポジションと治療技法
第5部　精神分析過程
エピローグ
訳者解題：ロンドン現代クライン派の展開